浙东运河文化研究丛书

浙东运河
名人传纪

谭徐明　李云鹏　陈方舟　等著

Biographies of
Famous People
along the
Zhedong Canal

ZHEJIANG UNIVERSITY PRESS
浙江大学出版社
·杭州·

"绍兴文化研究工程成果文库"序

文化是观察世界的窗口，每一种文化都有其独特的符号、价值和历史。文化是理解自身的钥匙，我们的身份认同、思维方式、行为模式等，都深深打上了文化的烙印。文化更是纵览时空的明灯，它映射着我们来时的足迹，照亮了我们前行的道路。

绍兴是中华文明体系中一个极具辨识度的地域样本，早在近万年前的新石器时代早中期，嵊州小黄山就有於越先民繁衍生息。华夏文明的重要奠基人尧、舜、禹等，都在绍兴留下大量的遗迹遗存和典故传说。有历史记载以来，绍兴境域和地名屡有递嬗，春秋时期为越国都城腹地，秦汉时期为会稽郡，隋唐时期称越州，南宋时取"绍奕世之宏休，兴百年之丕绪"之意改越州为绍兴，至今已沿用近千年。

绍兴地处长江三角洲南翼，神奇的北纬30°线把绍兴和世界诸多璀璨文明发源地联结在一起。绍兴有会稽山脉南北蜿蜒和浙东运河东西横贯，"从山阴道上行，山川自相映发，使人应接不暇"，"千岩竞秀，万壑争流，草木蒙笼其上，若云兴霞蔚"。基于坐陆面海的独特地理环境，越地先民以山为骨为脊，以水为脉为魂，艰苦卓绝，不断创造，形成了与自然风光交相辉映的壮丽人文景观。

越史数千年，可以说是一部跨越时空的文化史诗，它融合了地域特色、人文特质、时代特征，生动展现了绍兴人民孜孜不倦的热爱、追求与创造，早已渗透到了一代又一代绍兴人的血脉中。绍兴文化以先秦於越民族文化暨越国文化为辉煌起点，在与吴文化、楚文化等交流融合中，不断吐故纳新、丰富发展，逐渐形成了刚柔并济的独有特质，这在"鉴湖越台名士乡"彪炳史册的先贤们身上得到充分展现：从大禹的公而忘私、治水定邦，到勾践的卧薪尝胆、发愤图强；从王充的求真务实、破除谶纬，到谢安的高卧东山、决胜千里；从陆游的壮志未酬、诗成万首，到王阳明的知行合一、"真三不朽"；从徐渭的狂狷奇绝、"有明一人"，到张岱的心怀故国、"私史无贰"；从秋瑾的豪迈任侠、大义昭昭，到蔡元培的兼容并包、开明开放；从周恩来"面壁十年图破壁"的凌云志，到鲁迅"我以我血荐轩辕"的"民族魂"……一代代英雄豪杰无不深刻展现着绍兴鲜明的文化品格。

"稽山何巍巍，浙江水汤汤。"世纪之初，时任浙江省委书记习近平同志敏锐感知文化对经济社会发展的独特作用，强调进一步发挥浙江的人文优势，把"加快建设文化大省"纳入"八八战略"总体布局。他曾多次亲临绍兴调研文化工作，对文化基因挖掘、文化阵地打造、文化设施建设、文化队伍提升、人文经济发展等方面作出重要指示，勉励绍兴为繁荣和发展社会主义文化事业作出新的贡献。习近平总书记还在多种场合反复讲到王充、陆游、王阳明、秋瑾、蔡元培、鲁迅等绍兴文化名人，征引诗文、阐发思想，其言谆谆，其意殷殷。这些年来，绍兴广大干部群众始终把习近平总书记的深情厚爱牢记于心、见效于行，努力把文化这个最深沉的动力充分激发出来，把这个绍兴最鲜明的特质充分彰显出来，把这个共富最靓丽的底色充分展示出来，不断以人文底蕴赋能经济发展，以经济发展助推文化繁荣，全力打造人文经济学绍兴范例。这种人文经济共荣共生的特质，正是这座千年古城穿越时空的独特魅力，也是其阔步前行的深层动力。

2022年3月，为深入贯彻习近平总书记在哲学社会科学工作座谈会上的重要讲话精神，认真落实浙江文化研究工程实施十五周年座谈会精神，绍兴在全省率先启动绍兴市"十四五"文化研究工程，对文化历史与现状展开全面、系统、有序的研究。一方面，借此挖掘和梳理绍兴历史文化资源，繁荣和丰富当代文化建设，规划和指导未来文化发展；另一方面，绍兴文化作为中华文化的重要组成部分，其当代的研究与传承是深入贯彻习近平文化思想的生动体现，对推动中华优秀传统文化保护传承具有重要意义。这是绍兴实施文化研究工程的初心和使命。

绍兴文化研究工程围绕"今、古、人、文"四个方面展开，出版系列图书，打造浙江文化研究工程的"绍兴样板"。在研究内容上，重点聚焦诗路文化、宋韵文化、运河文化、黄酒文化、戏曲文化等文化形态，挖掘绍兴历史文化底蕴；深入开展绍兴名人研究，解码名士之乡的文化基因；全面荟萃地方文献典籍，编纂出版《绍兴大典》，梳理绍兴千年文脉传承；系统展示古城精彩蝶变，解读人文经济绍兴实践。在研究力量上，通过建设特色研究平台、加强市内外院校与研究机构合作、公开邀约全国顶尖学者参与等方式，形成内外联动的整体合力，进一步提升研究层次和学术影响。

2023 年 9 月，习近平总书记再次亲临浙江考察，对浙江提出"要在建设中华民族现代文明上积极探索"的新要求，赋予绍兴"谱写新时代胆剑篇"的新使命。站在新的历史起点上，我们期待，通过深化绍兴文化研究工程，进一步擦亮历史文化名城和"东亚文化之都"的金名片，通过集结文化研究成果，进一步夯实赓续历史文脉、推进文化创造性转化和创新性发展的坚实根基。我们坚信，在习近平文化思想的指引下，坚持历史为根、文化为魂，必将能够更好扛起新的文化使命，打造更多中华民族现代文明建设的标志性成果，创造新时代绍兴文化新的高峰。

是为序。

中共绍兴市委书记　施惠芳

2024 年 8 月

"浙东运河文化研究丛书"序

　　四十余年的水利史、运河史及相关研究厚积薄发,多学科的学者合力推出了"浙东运河文化研究丛书"十卷本,将水利史、运河史研究扩展到水文化、运河文化研究领域,绍兴文化界迎来了又一个丰收季。丛书即将出版,主编嘱我作序。绍兴本就是蕴含深厚历史文化传统的城市,如今重点组织完成一套围绕浙东运河的包括历史、文化、地理、水利等多方面的研究成果,本是顺理成章的事,不需要他人多语。但是绍兴市领导为这个项目的启动和完成注入精力颇多,诸位作者付出了诸多心血和努力,所取得的成绩令人鼓舞,因此必须表示祝贺!并附带着对水文化研究的意义以及水历史与水文化的关系,谈点个人的看法,以就教于方家。

　　历史上的水文化研究蔚为大观。黄河流域的龙山文化、二里头文化,附属于长江流域的三星堆文化、河姆渡文化等,大都保有水文化的内容。当然考古学所揭示出来的物质创造和生产力水平,远落后于当今社会的计算机技术、航天工程所代表的物质进步和科技水平。但由于时代久远,这些远逝的物质成果和精神创造,都已演变成为一种文化符号。可见,文化概念是和历史密切相关的,如都江堰、大运河已被列为世界文化遗产,它们既是文化的物质载体,也是历史文化。进入春秋战国时期,老子、孔子、管子、荀子等先祖,对水的物质性和社会性也有许多深刻的阐释。《管子·水地》揭示了水的物质性,认为水是造就地球、构成生物的基本物质:"水者何也?万物之本原也,诸生之宗室也","万物莫不以生"。在水的精神文化方面,大师们也都有生动的阐释。例如《荀子·宥坐》记载了孔子和弟子子贡之间的对话，这些对话颇为生动有趣。子贡问孔子：您为什么遇见大水都要停下来仔细观察呢？孔子答曰：你看，水滋养着万种生物，似德；水始终遵循着向低处流的道理，似义；水浩浩荡荡无穷无尽，似道；水跌落万丈悬崖而不恐惧，似勇；水无论居于何种容器，表面都是平的，似法；水满不必用"概"而自然平整，似正；水能深入细小孔隙，似察；水能使万物清洁，似善化；河水虽经过万种曲折，必流向东，似志。因此君子见到大水必然要停下来仔细观察。孔子阐述了对水文化的认知，他说水性，又从水性中提炼出人性和社会性，以及其中蕴含的哲理，展示水文化的美丽、丰富、生动和深刻。类似的认识不胜枚举，这里仅举此例。

近代以来，文科和理科相互融通的理念颇受推崇，许多著名学者纷纷倡导。祖籍绍兴的北大校长蔡元培在 1918 年前后曾多次在文章中提倡文理融通的理念。他曾力主"破学生专己守残之陋见"，要求学生"融通文、理两科之界限：习文科各门者，不可不兼习理科中之某种（如习史学者，兼习地质学；习哲学者，兼习生物学之类）；习理科者，不可不兼习文科之某种（如哲学史、文明史之类）"。他还指出："治自然科学者，局守一门，而不肯稍涉哲学，而不知哲学即科学之归宿，其中如自然哲学一部，尤为科学家所需要。"他坚信文理融通可以生发新思考和新认识。今时今日，融通的理念更应成为学术界的共识。近现代科学巨匠爱因斯坦也曾致力于科学与人文的相互融通。1931 年，他在对加州理工学院学生的演讲中提出："如果你们想使你们一生的工作有益于人类，那么，你们只懂得应用科学本身是不够的。关心人的本身，应当始终成为一切技术上奋斗的主要目标。……在你们埋头于图表和方程时，千万不要忘记这一点！"爱因斯坦自身贯彻实践了他科学应该服务于人文的理念。由此，视文化为政治、经济、科技的原动力，亦无不可。

文化体现出一种思维方式。

无论是东方文明还是西方文明，科学在古代都与人文处于同一体系，后来才发生分化。近百年来，西方更强调分析，而东方更强调综合。历史上的水问题，本来是在多种复杂条件下发生的，如果脱离了人文的背景，将难以获得全面的解读。历史、人文与科学相互融通，才能寻得可信的答案。以水利所属的学科为例，早前它是属于土木工程类的，后来单独分出来，再后来又分属水资源、泥沙、结构、岩土、机电等学科门类。学科门类越分越细，但各学科并非原本就是这样独立存在的，而是由于我们一时从整体上认识不了那么复杂的水问题，于是将其分解成一个个学科来研究，一个学科之中再分若干研究方向。然而细分以后，分解的各个部分就逐渐远离水利的整体，甚至妨碍对整体的理解。对学科的细分促进了认识的深入，但原本的整体被拆分后，在使用单一的、精密的分析方法去解读受多因子影响的问题时，可能得出与实际相差甚远的结论。诺贝尔奖获得者、比利时物理化学家普里高津就认为，"现代科学的新趋势已经走向一个新的综合，一个新的归纳"，他呼吁"将强调实验及定量表述的西方传统，和整合研究的自在系统的中国传统结合起来"，倡导对已有的学科门类进行整合，并要求历史和人文研究的加入。文艺复兴时期，欧洲一些思想家力求在古希腊和古罗马的优秀思想中寻找智慧。如今，我们在科学研究和方法论上是否也需要"复兴"点什么？这种"复兴"或可以使人们的认识得到某种程度的升华。

自然科学需要持有怀疑态度和批判精神，而其来源之一便是比较与融通，便是科学与人文的结合。新的学科生长点往往便生发于可以激发更多想象力的交叉领域研究。苏轼在观察庐山时说："横看成岭侧成峰，远近高低各不同。不识庐山真面目，只缘身在此山中。"大自然千姿百态，有无数个角度可以解读它，科学是一个，人文是另一个，而科学与人文的交叉融合将会使认识更加全面和丰富。既然现代基础科学在继承传统文化的过程中，依然能够推陈出新，正如数学家吴文俊和药理学家屠呦呦的工作所展现的那样，那么像水问题这样以大自然为背景、受人文因素影响更多、边界条件更复杂的学科领域，更要发挥交叉研究的优势。

古往今来，水问题的历史研究相沿不断。即使在近百年来水利科学技术突飞猛进的时代，水问题的历史研究仍不失其光辉，其本质便在于具有整合融通的优势。例如，近几十年来，水利史在着重探讨水利工程技术及其溯源研究的基础上，又加强了水利与社会相互影响的研究，其着眼点是进一步考察社会、政治、经济、文化、环境对水利的影响；同时引入相关自然科学学科如地理、气象和相关社会科学学科如哲学、经济的研究方法，以及开发相关的整合研究途径与方法，在师法古今中引申出对现实水问题，特别是宏观问题有实际价值的意见和办法。

研究水问题，水利史的加入甚至是提供了一条捷径。水利史的研究在大型工程和水利思想建设中的作用是有迹可循的。中国水利水电科学研究院水利史研究所就曾提出有说服力的成果。1989年，《长江三峡地区大型岩崩与滑坡的历史与现状初步考察》被纳入《长江三峡地质地震专家论证文集》；1991年提出的"灾害的双重属性"概念，被2002年修订的《中华人民共和国水法》所吸收；1991年在"纪念鉴湖建成1850周年暨绍兴平原古代水利研讨会"上提出的"人与自然和谐发展"，被时任水利部部长认为是"破解中国水问题的核心理念"；1994年完成的"三峡库区移民环境容量研究"项目，提出"分批外迁到环境容量相对宽裕的地区，实施开发性移民"的新方针，由长江水利委员会上报国务院三峡工程建设委员会办公室，两年后直接引起原定的长江三峡水库移民"就地后靠"方针的根本改变。2000年以来，多项中国灌溉工程遗产的历史研究被国际组织认可，多项工程被纳入世界灌溉工程遗产名录。围绕京杭运河、隋唐运河、浙东运河全线及其重要节点的一系列成果，对中国大运河申遗起到了基础性支撑作用。这些成果是水利史基础研究长期积累的显现，其中一些成果既是水历史研究，又是水文化研究。

现代人有时轻视古人，认为他们的认知"简单"。但哪怕是"简单"的水问题，也包含了最基本的水流与建筑物间错综复杂的相互作用，以及对人与自然关系最基本的理解。这种"简单"其实是在排除了一些非基本的复杂因素的干扰后，问题本质得以更清晰地呈现，体现了大道至简、古今相通的智慧。爱因斯坦曾在1944年尖锐地指出："物理学的当前困难，迫使物理学家比其前辈更深入地去掌握哲学问题。"这句话不仅限于物理学范畴，实乃振聋发聩的警世恒言，提醒我们所有学科领域都应重视对历史与文化的探究。在此再一次重申："现代科学技术的发展对古老历史科学提出了新的要求，同时它又为历史研究的深入提供了新的方法和手段。科学的发展非但不应排斥历史与文化，相反地，把历史的经验和信息科学化，正是科学所要完成的重要课题。"

文化还是一种精神。

大禹治水的"禹疏九河""三过家门而不入"的佳话，铸就了中华民族艰苦奋斗的民族精神，其中蕴含的改造与顺应自然、人与自然和谐共生的思想尤为宝贵。世上许多民族有大洪水再造世界的故事流传，但只有大禹治水是讲先民在领袖带领下通过众志成城的奋斗战胜了洪水，奠定了中华大地的繁荣发展，并使得禹文化从此成为民族文化宝库中的一颗璀璨明珠。

又如都江堰飞沙堰与分水鱼嘴和宝瓶口配合，实现了自动调节内外江的分流比，既使枯水期多送水入宝瓶口，又利用凤栖窝前的弯道，强化了弯道环流，使洪水期多排沙到外江，把水力学与河流泥沙动力学原理发挥得近乎完美，可谓"乘势利导，因时制宜"哲学思想在工程实践中的生动应用，深刻诠释了人与自然和谐共生的理念。有赖科学与人文的结合，都江堰实现了运行两千多年的举世公认的卓越成就。

在水文化中，人与自然的和谐是永恒的主题。北宋时期，黄河堤防频繁决溢，治河思想因此空前活跃。苏轼在《禹之所以通水之法》一文中提出："治河之要，宜推其理，而酌之以人情。"这里的"理"，是治河的科学原理，"人情"则是社会。他认为："古者，河之侧无居民，弃其地以为水委。今也，堤之而庐民其上，所谓爱尺寸而忘千里也。"他继承了大禹的治水理念，结合宋代人居情况，建议设置滞洪区以减轻洪灾损失，极有见地。

重视水历史和水文化研究不是一时兴起，它就是中华文化的重要组成部分。在水利科学技术迅猛发展的今天，传统水利工程技术已经陈旧，但随着时代的发展，人们越来越清楚地看到，水利的成败得失不仅取决于对水的运动规律的认知和水利设施安全的保障，也直接受到诸多社会因素的影响。离开广阔而深刻的人文、历史背景来孤立地就水利谈水利是片面的。甚至可以认为，对许多水问题的解答，只靠自然科学是无能为力的，急需人文学科的参与。我们在五千年文明史中积累的许多经验和教训，都来自传统文化。因此，面对水问题，我们需要跨学科的综合视角，将自然科学与人文科学紧密结合。如果我们只寄希望于人为设计的各种各样的模型，其局限性显而易见，我们必须同时向大自然学习，因为大自然才是真正的大师。

以上对水历史和水文化的认识，是我有感于本丛书的布陈表达了类似的理解而就此说点补充的话。

至于夏商周三代之后的我国早期运河工程，《史记·河渠书》就曾历数。司马迁说："此渠皆可行舟，有余则用溉浸，百姓飨其利。"此中所言也包括吴越一带的运河在内。《越绝书》具体记载的有吴国境内太湖西边的胥溪，东边围绕太湖并入长江的常州、无锡、苏州间的水路，再向南横绝钱塘江而直入山阴（即今之绍兴）。山阴再向东则有"山阴故水道"直通曹娥江，这就是本丛书重点讨论的浙东运河的前身。越国有了古代浙东运河之利，就有了向北与吴国争锋以及与诸侯争霸的资本，于是演绎了"卧薪尝胆"和"十年生聚，十年教训"的历史剧目。交通的便利更促进了本地区文化的发展。

学习文化，理解其中丰富的内涵，对研究运河的历史发展大有裨益；同时，深入钻研运河工程和运河历史，也会对其文化内涵有更深度的解读，二者相得益彰，非只注重一方可比。"浙东运河文化研究丛书"十卷本的布陈涵盖了运河史、文化遗存、运河生态廊道、通江达海交通衔接与文化传播、名人行迹、历代文学与诗歌、名城与名镇、民俗与民风、传统产业继承与发扬等诸方面。丛书在以往研究基础上吸纳了最新的研究成果，通过近年来对史料的进一步挖掘和多视角的解读，以及对文化遗存的新发现，还原了浙东运河历史文化的诸多细节，将浙东运河与中国大运河的相关性、独特性及其在中国历史中的地位更为生动地呈现了出来，诠释了主流学界对文化的定义，即文化是"人类知识、信仰和行为的整体。在这一定义上，文化包括语言、思想、信仰、风俗习惯、禁忌、法规、制度、工具、技术、艺术品、礼仪、仪式及其他有关成分"（《不列颠百科全书》国际中文版）。由此也可见本丛书的内容丰富和意义深远。

丛书作者们通过努力完成了一项创新性的工作，促进了水利史尤其是运河史和运河文化研究的进一步成长。由此继之，也期待浙东运河与文化交叉研究的再深入，产出更多的优秀成果，让古老的浙东运河展现出时代的风采。

谨致祝贺。

周魁一

2024 年 1 月 26 日于白浮泉畔

致读者

浙东运河，或谓山阴水道，西北通钱塘江，东南抵甬江口，为大运河通江达海的南端。浙东运河铺陈于浙东萧绍、宁绍之间，触地成川，支津交渠，勾连萧山、绍兴、上虞、余姚、宁波诸城。水道何止于水运、灌溉、排水诸功能，它跨越时空，或浩然存于史，留下遥远的古越文明走向中华的印迹；或沉淀于会稽山水之间，留住了古往今来行走的背影和文字。

距今 7000 年左右，黄河、淮河、长江流域分布着不同的氏族部落文明。浙江余姚河姆渡文化遗址揭示出这一时期在杭州湾以东滨海平原上的古越人已经拥有发达的稻作农业。河姆渡文明消失在 4000 年前的大规模海侵中。距今 3000 年至 4000 年间，正当中国远古的传说时代，大洪水是彼时各不同部族共同的遭遇，也是旷世洪水下古越民族灾难与重生历程的展现。

当海水吞噬平原古越人的家园时，幸存者向浙东西部和东部会稽山、虞山、四明山、天目山迁徙。海退后，幸存的越人走出灾害，开启新的文明。浙东因洪水中断的历史，重启于舜、禹同期的传说时代。会稽山、四明山的越人部落从采集植物、逐禽鹿以给食，到海退后在咸潮往返的濡沼之地开沟排水定居下来，逐渐演变为农耕民族。成书于东汉（25—220）的《越绝书》记载了夏商至战国初期的古越历史，称大禹两次来越，会诸侯，爵封功臣，最后葬于茅山。茅山因大禹的行迹而更名会稽山。文字记载越人部族兴修水利至迟始于约 2500 年前的越王勾践。此后越人或是来自中原的人将这一改变归为大禹治水而后地平天成的因果，遂将勾践附会为禹的后裔、夏后帝少康的庶子。据称大禹东巡至会稽驾崩，葬于会稽山，勾践受封会稽为越王，以岁时祭祀禹。口口相传的传说折射出越地文明的更替契合于华夏部族走向中华的历史进程。

公元前496年，勾践即位。在他治下，越国水利建设成就卓著。公元前490年越国营建山阴城，次年大城建成。浙东平原的江河大多为南北流向，为了打通山阴东西向的交通，勾践开山阴水道以及吴塘、富中大塘、练塘等水利工程。这些大塘以堤为主，位于山原相接的山麓地带，抵挡咸潮，拦截溪流，形成带状水域。大塘经过整治，构成了以山阴为中心的东西南北相通的水路，是为后来的浙东运河。

越王勾践统治时期越国跻身战国早期强国之列。公元前474年，越灭吴国，随即勾践迁都琅琊（今山东省青岛市南境），走向问鼎中原之路。遗留在越国故土的越族部分南徙。公元前356年，越为楚所灭，后再并入秦的版图。秦始皇二十五年（前222）秦置会稽郡，辖吴、越故地。郡治在吴，是吴国故都（今江苏省苏州市）所在。直到东汉中期，吴郡才从会稽郡析出，会稽郡治所移至山阴县（今浙江省绍兴市），领浙东十五县。

春秋战国时浙东属华夏九州的扬州，会稽为周王朝之南镇，秦汉王朝以禹陵为大禹的法定祭祀地。但是，秦至西汉，越地仍是远离中原的化外之地。及至东汉中期中央政府对越的经营才真正开始。东汉会稽太守马臻修鉴湖，扼会稽诸水于一湖，既通舟楫又兼有灌溉排水之利，运河雏形初具。以水利为先导，浙东平原因水而繁盛，人文亦兴焉。魏晋时浙东运河工程体系大抵形成，会稽已是人文荟萃之地。唐至北宋时浙东与江南并为中国最富庶地区，浙东运河为中原与海路联系之纽带，山阴水道为坝为闸，节制有差，可常年通航，不独船辖往来，亦为诗词歌赋之路。南宋都临安，浙东地区为京畿所在，遂成国家政治、经济中心及文化高地。继之元明清迄今，浙东平原依然为经济、文化充盈之区。浙东运河岂止是物流通道，更是历史文化的标识，以人物为纲，其著述、行迹可以丰厚运河史、水利史，更可以得见其所处时代的历史细节。

浙东为文化昌盛之地，文人典籍、历代地方志之多居全国前列，各类文献所记历史人物更是不计其数。尽管本书选取的多数人物为学界和公众熟悉，但是作者以各时期运河和相关水利为视角审视人物，史料挖掘、选取、解读等皆有独到之处。如南宋两位著名人物赵构和陆游，赵构一节突出了南宋第一位皇帝高宗更元"绍兴"和绍兴得名的历史，以此反映相应时期浙东区域、运河之于南宋的重要已露端倪；通过他反对围湖垦殖的作为，又呈现出高宗多元的历史形象。而陆游一节则选取他与大运河、水利相关的经历，勾勒出12、13世纪中国大运河，即浙东运河、江南运河、淮扬运河各段的情况，以及陆游寄托水利的大国情怀。通过他的《过丈亭》诗，阐释了其文字所表达的浙东运河复线段借潮行运的科学内涵。又如明弘治时朝鲜王朝官员崔溥的经历，他由济州岛返回全罗道罗州时遭遇风暴，漂流到浙江临海，后经由大运河北上。崔溥是朝鲜文科进士出身，是典型的中国通，他将经行大运河的过程事无巨细地记录下来，其中对各河段工程、漕行黄河吕梁洪水道的记载尤为珍贵。崔溥对沿途风土人情、官场百态的描写，则是15世纪末中国社会的生动影像。又如明人王守仁、清李亨特二节则还原了16、18世纪水道失修与守住中兴水利的史实。本书的名人，还包括了大运河研究者。通过学术权威的立言，将浙东运河演变及其技术体系呈现出来，不仅普及大运河学问，还为读者提供了由水利认知历史的通道。

　　总之，本书以时间为主轴，把浙东运河置于中国大运河体系中，名人的选取不仅突出其"水"的文化内涵，也触及他们的历史观、文化观。本书为行走于山阴水道的古代、近现代名人作传，以他们记录的运河、水利工程及行迹为纪，为浙东运河留存更多生动的历史细节，供读者两相互鉴。本书著者皆附注于各人物条目之下。

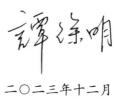

二〇二三年十二月

目　录 | C O N T E N T S

目　录 | C O N T E N T S

概　述[*]

　　浙东运河是中国大运河中历史最悠久、连续运用时间最长的河段之一，也是内陆水运通江达海的重要人工水道，其走向、形成特点、工程体系与特征、功能及社会经济影响相较其他河段都有独特之处。浙东运河的开凿始于春秋时期的山阴水道，与江南运河、淮扬运河（邗沟）大致起源于同一历史时期。到宋代，浙东运河已形成全程超过 200 公里、沟通杭州内地与宁波外海的人工水道与渠化自然河道相结合的连续水运通道，工程体系基本完善。浙东运河形成之后，成为浙东平原的东西向骨干水道，将区域内的自然水系串联成为浙东水网，对区域的水运交通、水利格局、社会经济、商贸文化都产生了深远影响。

　　浙东地区文化底蕴深厚，浙东运河流经地区是浙东文化的核心区，运河的营造和发展对区域文化也产生了重要影响。这里人类文明起源历史悠久，跨湖桥、河姆渡、良渚遗址等考古发现见证了早期区域文明的灿烂形态，成为中华文明"满天星斗"中的闪亮一颗。大禹治水开启了中华文明发展的新纪元，传说大禹死后葬在会稽山下，禹陵历来为绍兴名胜。春秋时为越国，《越绝书》载："夫越性脆而愚，水行而山处，以船为车，以楫为马，往若飘风，去则难从，锐兵任死，越之常性也。"这是对越地水乡早期习俗和民风文化的高度概括。越王勾践、西施等的历史故事家喻户

＊　作者：李云鹏

晓。著名书法家王羲之的《兰亭序》流传千古，被奉为经典。南宋时都临安，浙东成为腹地，运河工程及区域政治、经济、文化都达到一个历史顶峰。宁波港历来是日本、琉球、朝鲜登陆中国的主要港口，通过浙东运河中转内陆水网，浙东运河也因此成为中华文明对外交流的重要通道、连通海上丝绸之路的重要枢纽。浙东平原水网密布，北、东临海，直面钱塘江湾，水利历来是区域发展的重中之重，由此也衍生出丰富多样的水利文化。鉴湖、运河、海塘的建设，伴随海岸线的变迁、浦阳江等江河湖泊的变迁，支撑了区域土地的开发与经济文化的发展。复杂的水利问题创造出独具特色的管理制度，水则的定量监测与工程运行控制从鉴湖始，发展到戴琥水则、三江闸水则，以及宁波的平水则，形成独具特色的水利遗产和水文化。

浙东地区历史上名人辈出，群星璀璨，数不胜数，其中与运河有关的文化名人也为数甚多。因此，本书中浙东运河文化名人的选取紧扣"浙东运河"这一主题，在人物选取范围上以与浙东运河相关为第一原则，具体包括如下三类：一是出生、生活在浙东运河沿线地区的历史名人，不局限在水利领域；二是对浙东运河建设、维修、管理、研究等有突出贡献的名人，不局限在浙东生人；三是曾在浙东运河上经过、留下一些关于浙东运河的历史记录和文化印记的名人，不局限在中国人。据此共选取了 30 个历史人物，其历史年代自大禹治水传说时期开始直至近现代：既有水利人物如大禹、马臻，又有文化学者如司马迁、王阳明、鲁迅；既有封建帝王如赵构、康熙，也有革命志士如邵力子；既有地方官员如贺循、汤绍恩、李亨特，也有科学家如王充、程鹤翥、潘家铮。很多人同时具备多重身份属性，如陆游等；人物国籍跨越中、日、韩，如行走和记录浙东运河的日本僧人成寻、朝鲜官员崔溥。可能不同读者对"浙东运河文化名人"的理解有差异，本书中收录人物一难求全，二难满足不同视角、不同知识背景读者的需求，但希望能够紧紧围绕"浙东运河"这一主题，即使是大家耳熟能详的历史名人也能在本书中写出新意。具体人物内容上，除了其基本信息和重要履历外，也尽量突出其与浙东运河的渊源与关系。以一条运河来梳理历史文化名人、以名人事迹来侧面展现运河文化，本书力图作出新的尝试。

禹[*]

禹是古史时代部族联盟治水领袖。大禹的治水活动，推动了以华夏文化为中心的中国的诞生。

《尚书·尧典》："汤汤洪水方割，荡荡怀山襄陵，浩浩滔天。"改变历史的大洪水发生在部落联盟时代末期。来自黄土高原几经迁徙定居于黄河中下游平原的华夏部族在尧的时代困于洪水，继之舜帝先后命共工、鲧治水。共工和鲧治水九年不成而被放逐。鲧之子禹承父业治水。禹治水十三年，疏九川、陂九泽，平治水

汉代大禹像（山东嘉祥出土）

土，华夏乂安。舜遂禅位于禹，禹因称大禹或禹帝。后禹传位于其子启，由此第一个朝代——夏诞生。

古史时代，中原主要有华夏、东夷（或称淮夷）、苗蛮三个部族。这是充斥着部族间征伐略地的时代，而禹统领的治水却促进了部族间的联盟。禹治水的区域大致在黄河、海河和淮河三大流域的交汇地带，即华北平原核心区，河北东南部、山东西部和河南中部区域，先秦时期冀州的范围。大禹治水推动了炎黄、东夷、苗蛮三个部族的同化。大禹之后的夏朝有400多年历史，在洪水后幸存的其他部落先后融合而为华夏民族，即中华民族。治水成为一个民族创世纪的篇章。禹因治水而为水神，因部落氏族走向中国而为祖先神。

自战国至秦汉，禹逐渐被塑造为华夏民族的先帝。大洪水及其平定造就了两个具有宗教意义的偶像：黄帝和禹。前者是氏族的（华夏族），后者是疆域的（九州），这是中国人的文化基因。两千余年来，中国的民族和

---

[*] 作者：谭徐明

疆域之所以没有发生多大变化，皆归因于此。而疆域开始的可寻历史印迹就是治水活动。20 世纪 20 年代，有学者对禹和大洪水的真实性提出了质疑。随着 20 世纪 40 年代以后河南二里头、浙江余姚河姆渡、余杭良渚等文化遗址的考古发现，距今 4000 年左右世纪大洪水的真实性得到了证实。这些代表黄河流域（华夏）、长江上游（蜀）、长江下游（越）的文化遗存都无一例外毁于洪水。大洪水后幸存的部族，在领袖的带领下走出灾害，他们的重生之地就是华夏文明的诞生之地。

战国至西汉时，诸子各家以各自的政治理念塑造大禹，大禹的形象及其行迹日趋丰满。其中《庄子·天下》对大禹治水形象的阐释最具代表性："昔者禹之湮洪水，决江河而通四夷九州也，名川三百，支川三千，小者无数。禹亲自操橐耜而九杂天下之川。腓无胈，胫无毛，沐甚雨，栉疾风，置万国。禹大圣也，而形劳天下也如此。"公而忘私、身先士卒、劳作于四野、奔走于江河之间的大禹的神圣形象，至此大致确立。

遂公盨

约 2900 年前铸造的记载禹绩的青铜鼎——遂公盨。遂公盨将禹治水的年代从《尚书》的记载提前了约 300 年

徐州汉画石的大禹生平图

由左至右，画像石上表现的分别为禹出生、治水、涂山娶妻、封王，子启出生、承帝位的内容

中国古文明是独立发生、发展的文明。20世纪60年代，中国河南偃师二里头考古发掘中出现了早于商的宫殿和宗庙遗存。20世纪70年代发掘的河南登封王城岗遗址，被认为是先秦文献所记载的禹都阳城，始建于约公元前2070年。现代考古学界和历史学界也由此重新认知历史所载夏代及大禹治水的真实性。

考古发掘证实10000—4000年前的黄淮海流域、辽河流域、长江中下游和太湖平原以及四川盆地等已经有多个区域文明。伴随稻作农业，诞生了灌溉工程。距今约4000年时发生了世纪性大洪水，其影响贯穿了尧、舜、禹时期。《史记·殷本纪》记载，大禹治水以后，"四渎已修，万民乃有居"。中华文明进程迈入了全新阶段。

从夏至春秋战国1800多年间，中原城邑王国蜕变为西周封建制下的诸侯列国，从游牧业过渡到以农业为主的经济体系。这段时期水利的历史意义不仅仅体现在水对农业的重要支撑，更重要的是在伴随治水的疆域扩张过程中，华夏民族逐渐形成了对山川地理和水土资源的认知。这些认知以"禹迹"的名义记录下来，经过若干代的采集、整编、梳理而构成了中国最早的地理论述，主要集中于《尚书·禹贡》《山海经》《周礼·职方氏》《诗经》《左传》《吕氏春秋》等先秦著作中。夏、商、周皆以城邑邦国为政治中心，各邦国有各自的文化，不同文化地域也有各自的治水传说。大禹治水开启了华夏疆域认同的时代。西周时指称禹治水的"九川""九泽"，应该是见于文字记载的最早禹迹，与现代地理大多可一一对应。对后世影响很大的"禹河"，即公元前7世纪之前黄河下游的水道，其流经冀州地即今河南、河北至天津一带入海的多支水道，在汉代典籍中多被认为是禹疏之"九河"，即司马迁所说"（禹）至于大陆，播为九河，同为逆河，入于勃海"。至于影响更大的"九川"，则是遍布九州的重要江河的总称，所谓"九川既疏，九泽既洒，诸夏艾安，功施于三代"。在先秦文献中，被指为禹迹的还有黄河流域的积石山（"导河积石"）、龙门山（"禹开龙门"），长江流域的岷山（"岷山导江"）等。到了两汉时期，会稽郡的大禹陵、蜀郡的禹穴相继被官方列为祀禹之地。

西周至春秋战国时期，诸侯国仿法周天子，将受封的疆域表为"处禹之都"。遂、齐、秦等国先后铸造青铜礼器，宣称自己的封国来自禹的疆域，铸于2900年前的遂公盨，98字的铭文开篇即是"天命禹敷土，随山浚川，乃差地设征"。铸于齐灵公时（前581—前554）的齐叔夷镈记齐祖先："伊小臣唯辅，咸有九州，处禹之堵。"秦礼器秦公簋（约公元前7世纪）颂秦景公拓疆之功称"不显朕皇，且受天命，鼏宅禹迹，十又二公"。都在强调自己的土地为"禹迹"。晋国则指称平地隆起的山丘为"夏墟"（今山西省夏县），是其先王受封之地。至此禹被各诸侯国奉为共同祖先神，在各自的疆域上立庙祭祀祖先神，口口相传的禹迹所在即为故国家园的文化表达由此形成。自西周至明清，禹迹世代叠加。魏晋南北朝、宋元之交、明清之交的大移民时期，移民们将大禹崇拜带到新的家园，更多的同名禹迹或禹庙出现在大江南北，成为寄托家国情怀的精神纽带。

会稽祭禹

浙东先秦时属百越之东越，其进入中华的历史进程以大禹崇拜为文化先导。据《越绝书》记载，大禹两次到越地，先是治水，后是巡狩，是为越融入中华的标志性历史事件。禹在越地去世，葬于会稽山。《吴越春秋》记载会稽祭禹之典，发端于夏王启，"启使使以岁时春秋而祭禹于越，立宗庙于南山之上"。启之后的帝少康"恐禹祭之绝祀，乃封其庶子于越，号曰无余。……春秋祠禹墓于会稽"。无余之后，禹的祭祀不绝如缕，直到秦始皇会稽祭禹，会稽山为中华五镇之南镇，绍兴会稽山下遂逐渐成为禹崇拜的名胜，著名的禹陵、禹庙、禹祠，荟集于此，成为悠久文明的地标之一。

汉司马迁《史记》记载了公元前210年秦始皇"上会稽，祭大禹"的史实，一统中国的文化基因由此而世代传承。秦汉以降，禹祠、禹庙逐渐遍及大江南北，大禹与三皇五帝同居祖先神至尊地位。纳入国家礼制体系的祭禹之地，历朝历代不尽相同。魏晋南北朝持续四百多年的动乱中，国家礼制体系崩塌，及至唐朝才得以重新树立。唐确立河东安邑为国家祭禹之地，安邑即今山西省夏县，传说为夏都所在。唐宋至清末，凡大祀之礼，礼部或遣使代表皇帝遥祭，是为"告祭"，或委派地方官前往专祭，或称"致祭"。明代修改礼制，改绍兴会稽山大禹陵为国家礼祭之地，清沿袭明制。清康熙二十八年（1689）二月十四日，康熙帝第二次南巡巡视河工，过钱塘江至会稽禹陵祭大禹。这是秦始皇之后，一统帝国的皇帝第二次亲至会稽祭祀。乾隆十六年（1751）三月八日，乾隆皇帝第一次南巡便选择了会稽祭禹。清代，大祀遣官致祭有40多次。民国时期会稽禹陵祭禹，仍循岁时春秋两祀的礼制，祀官以浙江或县最高行政长官主祭。1934年，时任华北水利委员会委员长、中国水利工程师学会会长李仪祉（1882—1938）代表国民政府主持了绍兴大禹陵祭禹仪礼，在大禹庙立《会稽大禹庙碑》。1947年，中国工程师学会决议以六月六日为大禹诞辰日，为中国工程师节，继之向全国颁发《大禹纪念歌》。现代大禹崇拜和祭祀更加强调大禹治水的文化内涵，以凝聚民心，兴水利，除水害。

至迟在东汉时，大禹崇拜向民间延伸，演变而为会稽郡的民俗节庆。《吴越春秋》载，"众民喜悦，皆助奉禹祭，四时致贡"。宋代，浙东地区民间衍生出农历三月五日禹生日的节庆。"三月五日俗传禹生之日，禹庙游人最盛"（《嘉泰会稽志》），其时自禹庙山门外至南镇殿前三里开外，路旁棚帐接踵，万商云集，游人不息，社戏连台，空巷观望。大禹的官祭与民间的节庆融为浙东地区特有的文化景观，持续千年而不衰。

1995年4月20日，在中断近五十年之后，绍兴重启大禹陵祭禹祀礼大典，中央、省、市级领导官员、学者和海内外包括大禹后裔在内的各界代表数千人致祭。自此，大禹陵祭禹成为当今国家级祭祀大礼。

文献辑存

史记·夏本纪

夏禹，名曰文命。禹之父曰鲧，鲧之父曰帝颛顼，颛顼之父曰昌意，昌意之父曰黄帝。禹者，黄帝之玄孙而帝颛顼之孙也。禹之曾大父昌意及父鲧皆不得在帝位，为人臣。

当帝尧之时，鸿水滔天，浩浩怀山襄陵，下民其忧。尧求能治水者，群臣四岳皆曰鲧可。尧曰："鲧为人负命毁族，不可。"四岳曰："等之未有贤于鲧者，愿帝试之。"于是尧听四岳，用鲧治水。九年而水不息，功用不成。于是帝尧乃求人，更得舜。舜登用，摄行天子之政，巡狩。行视鲧之治水无状，乃殛鲧于羽山以死。天下皆以舜之诛为是。于是舜举鲧子禹，而使续鲧之业。

尧崩，帝舜问四岳曰："有能成美尧之事者使居官？"皆曰："伯禹为司空，可成美尧之功。"舜曰："嗟，然！"命禹："女平水土，维是勉之。"禹拜稽首，让于契、后稷、皋陶。舜曰："女其往视尔事矣。"

禹为人敏给克勤；其德不违，其仁可亲，其言可信；声为律，身为度，称以出；亹亹穆穆，为纲为纪。

禹乃遂与益、后稷奉帝命，命诸侯百姓兴人徒以傅土，行山表木，定高山大川。禹伤先人父鲧功之不成受诛，乃劳身焦思，居外十三年，过家门不敢入。薄衣食，致孝于鬼神。卑宫室，致费于沟淢。陆行乘车，水行乘船，泥行乘橇，山行乘樏。左准绳，右规矩，载四时，以开九州，通九道，陂九泽，度九山。令益予众庶稻，可种卑湿。命后稷予众庶难得之食。食少，调有余相给，以均诸侯。禹乃行相地宜所有以贡，及山川之便利。

禹行自冀州始。冀州：既载壶口，治梁及岐。既修太原，至于岳阳。覃怀致功，至于衡漳。其土白壤。赋上上错，田中中，常、卫既从，大陆既为。鸟夷皮服。夹右碣石，入于海。

济、河维沇州：九河既道，雷夏既泽，雍、沮会同，桑土既蚕，于是民得下丘居土。其土黑坟，草繇木条。田中下，赋贞，作十有三年乃同。其贡漆丝，其篚织文。浮于济、漯，通于河。

海、岱维青州：嵎夷既略，潍、淄其道。其土白坟，海滨广潟，厥田斥卤。田上下，赋中上。厥贡盐絺，海物维错，岱畎丝、枲、铅、松、怪石，莱夷为牧，其篚檿丝。浮于汶，通于济。

海、岱及淮维徐州：淮、沂其治，蒙、羽其艺。大野既都，东原底平。其土赤埴坟，草木渐包。其田上中，赋中中。贡维土五色，羽畎夏狄，峄阳孤桐，泗滨浮磬，淮夷蠙珠暨鱼，其篚玄纤缟。浮于淮、泗，通于河。

淮、海维扬州：彭蠡既都，阳鸟所居。三江既入，震泽致定。竹箭既布。其草惟夭，其木惟乔，其土涂泥。田下下，赋下上上杂。贡金三品，瑶、琨、竹箭，齿、革、羽、旄，岛夷卉服，其篚织贝，其包橘、柚锡贡。均江海，通淮、泗。

荆及衡阳维荆州：江、汉朝宗于海。九江甚中，沱、潜已道，云土、梦为治。其土涂泥。田下中，赋上下。贡羽、旄、齿、革，金三品，杶、干、栝、柏，砺、砥、砮、丹，维菌簵、楛，三国致贡其名，包匦菁茅，其篚玄纁玑组，九江入赐大龟。浮于江、沱、潜、汉，逾于雒，至于南河。

荆、河惟豫州：伊、雒、瀍、涧既入于河，荥播既都，道荷泽，被明都。其土壤，下土坟垆。田中上，赋杂上中。贡漆、丝、絺、纻，其篚纤絮，锡贡磬错。浮于雒，达于河。

华阳、黑水惟梁州：汶、嶓既艺，沱、潜既道，蔡、蒙旅平，和夷底绩。其土青骊。田下上，赋下中三错。贡璆、铁、银、镂、砮、磬，熊、黑、狐、狸、织皮。西倾因桓是来，浮于潜，逾于沔，入于渭，乱于河。

黑水、西河惟雍州：弱水既西，泾属渭汭。漆、沮既从，沣水所同。荆、岐已旅，终南、敦物至于鸟鼠。原隰底绩，至于都野。三危既度，三苗大序。其土黄壤。田上上，赋中下。贡璆、琳、琅玕。浮于积石，至于龙门西河，会于渭汭。织皮昆仑、析支、渠搜，西戎即序。

道九山：汧及岐至于荆山，逾于河；壶口、雷首至于太岳；砥柱、析城至于王屋；太行、常山至于碣石，入于海；西倾、朱圉、鸟鼠至于太华；熊耳、外方、桐柏至于负尾；道嶓冢，至于荆山；内方至于大别；汶山之阳至衡山，过九江，至于敷浅原。

道九川：弱水至于合黎，余波入于流沙。道黑水，至于三危，入于南海。道河积石，至于龙门，南至华阴，东至砥柱，又东至于盟津，东过雒汭，至于大邳，北过降水，至于大陆，北播为九河，同为逆河，入于海。嶓冢道漾，东流为汉，又东为苍浪之水，过三澨，入于大别，南入于江，东汇泽为彭蠡，东为北江，入于海。汶山道江，东别为沱，又东至于醴，过九江，至于东陵，东迤北会于汇，东为中江，入于海。道沇水，东为济，入于河，溢为荥，东出陶丘北，又东至于荷，又东北会于汶，又东北入于海。道淮自桐柏，东会于泗、沂，东入于海。道渭自鸟鼠同穴，东会于沣，又东北至于泾，东过漆沮，入于河。道雒自熊耳，东北会于涧、瀍，又东会于伊，东北入于河。

于是九州攸同，四奥既居，九山刊旅，九川涤原，九泽既陂，四海会同。六府甚修，众土交正，致慎财赋，咸则三壤，成赋中国，赐土、姓："祗台德先，不距朕行。"

令天子之国以外五百里甸服：百里赋纳总，二百里纳铚，三百里纳秸服，四百里粟，五百里米。甸服外五百里侯服：百里采，二百里任国，三百里诸侯。侯服外五百里绥服：三百里揆文教，二百里奋武卫。绥服外五百里要服：三百里夷，二百里蔡。要服外五百里荒服：三百里蛮，二百里流。

东渐于海，西被于流沙，朔、南暨：声教讫于四海。于是帝锡禹玄圭，以告成功于天下。天下于是大平治。

皋陶作士以理民。帝舜朝，禹、伯夷、皋陶相与语帝前。皋陶述其谋曰："信其道德，谋明辅和。"禹曰："然，如何？"皋陶曰："于！慎其身修，思长，敦序九族，众明高翼，近可远在已。"禹拜美言，曰："然。"皋陶曰："於！在知人，在安民。"禹曰："吁！皆若是，惟帝其难之。知人则智，能官人；能安民则惠，黎民怀之。能知能惠，何忧乎驩兜，何迁乎有苗，何畏乎巧言善色佞人？"皋陶曰："然，於！亦行有九德，亦言其有德。"乃言曰："始事事，宽而栗，柔而立，愿而共，治而敬，扰而毅，直而温，简而廉，刚而实，强而义，章其有常，吉哉。日宣三德，蚤夜翊明有家。日严振敬六德，亮采有国。翕受普施，九德咸事，俊乂在官，百吏肃谨。毋教邪淫奇谋。非其人居其官，是谓乱天事。天讨有罪，五刑五用哉。吾言底可行乎？"禹曰："女言致可绩行。"皋陶曰："余未有知，思赞道哉。"

帝舜谓禹曰："女亦昌言。"禹拜曰："於，予何言！予思日孳孳。"皋陶难禹曰："何谓孳孳？"禹曰："鸿水滔天，浩浩怀山襄陵，下民皆服于水。予陆行乘车，水行乘舟，泥行乘橇，山行乘檋，行山刊木。与益予众庶稻鲜食。以决九川致四海，浚畎浍致之川。与稷予众庶难得之食。食少，调有余补不足，徙居。众民乃定，万国为治。"皋陶曰："然，此而美也。"

禹曰："於，帝！慎乃在位，安尔止。辅德，天下大应。清意以昭待上帝命，天其重命用休。"帝曰："吁，臣哉，臣哉！臣作朕股肱耳目。予欲左右有民，女辅之。余欲观古人之象，日月星辰，作文绣服色，女明之。予欲闻六律五声八音，来始滑，以出入五言，女听。予即辟，女匡拂予。女无面谀，退而谤予。敬四辅臣。诸众谗嬖臣，君德诚施皆清矣。"禹曰："然。帝即不时，布同善恶则毋功。"

帝曰："毋若丹朱傲，维慢游是好，毋水行舟，朋淫于家，用绝其世。予不能顺是。"禹曰："予娶涂山，辛壬癸甲；生启，予不子，以故能成水土功。辅成五服，至于五千里，州十二师，外薄四海，咸建五长，各道有功。苗顽不即功，帝其念哉。"帝曰："道吾德，乃女功序之也。"

皋陶于是敬禹之德，令民皆则禹。不如言，刑从之。舜德大明。

于是夔行乐，祖考至，群后相让，鸟兽翔舞，《箫韶》九成，凤皇来仪，百兽率舞，百官信谐。帝用此作歌曰："陟天之命，维时维几。"乃歌曰："股肱喜哉，元首起哉，百工熙哉！"皋陶拜手稽首扬言曰："念哉，率为兴事，慎乃宪，敬哉！"乃更为歌曰："元首明哉，股肱良哉，庶事康哉！"又歌曰："元首丛脞哉，股肱惰哉，万事堕哉！"帝拜曰："然，往钦哉！"于是天下皆宗禹之明度数声乐，为山川神主。

帝舜荐禹于天，为嗣。十七年而帝舜崩。三年丧毕，禹辞辟舜之子商均于阳城。天下诸侯皆去商均而朝禹。禹于是遂即天子位，南面朝天下，国号曰夏后，姓姒氏。

帝禹立而举皋陶荐之，且授政焉，而皋陶卒。封皋陶之后于英、六，或在许。而后举益，任之政。

十年，帝禹东巡狩，至于会稽而崩。以天下授益。三年之丧毕，益让帝禹之子启，而辟居箕山之阳。禹子启贤，天下属意焉。及禹崩，虽授益，益之佐禹日浅，天下未洽。故诸侯皆去益而朝启，曰"吾君帝禹之子也"。于是启遂即天子之位，是为夏后帝启。

夏后帝启，禹之子，其母涂山氏之女也。

有扈氏不服，启伐之，大战于甘。将战，作《甘誓》，乃召六卿申之。启曰："嗟！六事之人，予誓告女：有扈氏威侮五行，怠弃三正，天用剿绝其命。今予维共行天之罚。左不攻于左，右不攻于右，女不共命。御非其马之政，女不共命。用命，赏于祖；不用命，僇于社，予则帑僇女。"遂灭有扈氏。天下咸朝。

夏后帝启崩，子帝太康立。帝太康失国，昆弟五人，须于洛汭，作五子之歌。

太康崩，弟中康立，是为帝中康。帝中康时，羲和湎淫，废时乱日。胤往征之，作《胤征》。

中康崩，子帝相立。帝相崩，子帝少康立。帝少康崩，子帝予立。帝予崩，子帝槐立。帝槐崩，子帝芒立。帝芒崩，子帝泄立。帝泄崩，子帝不降立。帝不降崩，弟帝扃立。帝扃崩，子帝厪立。帝厪崩，立帝不降之子孔甲，是为帝孔甲。帝孔甲立，好方鬼神，事淫乱。夏后氏德衰，诸侯畔之。天降龙二，有雌雄，孔甲不能食，未得豢龙氏。陶唐既衰，其后有刘累，学扰龙于豢龙氏，以事孔甲。孔甲赐之姓曰御龙氏，受豕韦之后。龙一雌死，以食夏后。夏后使求，惧而迁去。

孔甲崩，子帝皋立。帝皋崩，子帝发立。帝发崩，子帝履癸立，是为桀。帝桀之时，自孔甲以来而诸侯多畔夏，桀不务德而武伤百姓，百姓弗堪。乃召汤而囚之夏台，已而释之。汤修德，诸侯皆归汤，汤遂率兵以伐夏桀。桀走鸣条，遂放而死。桀谓人曰："吾悔不遂杀汤于夏台，使至此。"汤乃践天子位，代夏朝天下。汤封夏之后，至周封于杞也。

太史公曰：禹为姒姓，其后分封，用国为姓，故有夏后氏、有扈氏、有男氏、斟寻氏、彤城氏、褒氏、费氏、杞氏、缯氏、辛氏、冥氏、斟戈氏。孔子正夏时，学者多传《夏小正》云。自虞、夏时，贡赋备矣。或言禹会诸侯江南，计功而崩，因葬焉，命曰会稽。会稽者，会计也。

辑自（汉）司马迁：《史记》卷二《夏本纪》，中华书局，1972年，第49—90页。

勾践*

　　勾践（？—前464），越国会稽（今浙江省绍兴市）人，春秋时期越国君主（前496—前464），亦作"句践"，《竹书纪年》作"菼执"。勾践，系春秋时期越地的中原音译。

　　周敬王二十三年（前497），越王允常卒，次年勾践继位。吴王阖闾趁机兴师伐越，战于槜李（今浙江省嘉兴市），越军大败吴军，阖闾负重伤，败退至离槜李七里之陉亡。越王勾践三年（前494），越与吴战于太湖西南夫椒（今江苏省苏州市），越败退会稽，被迫向吴求和。勾践携夫人，及范蠡入质于吴。三年后，勾践被释放返国，克己自责，置胆于座，坐卧饮食每每尝胆，曰："汝忘会稽之耻耶？"是为"卧薪尝胆"的典故之由来。勾践更是厚遇宾客，求贤问策，重用范蠡、文种，越国"十年生聚，十年教训"，内修其德，外布其道，富民养士，越国国力日渐强盛。越王勾践十五年（前482），吴王夫差率军渡淮，与齐、晋等诸侯会盟于黄池。勾践抓住机会率兵而起，大败吴师，欲问鼎中原。夫差仓促与晋国订盟而返，与勾践连战惨败，不得已与越议和。越王勾践十九年（前478），勾践再度率军攻打吴国，在笠泽之战中三战三捷，大败吴军主力。越王勾践二十四年（前473），破吴都，迫使夫差自尽，灭吴称霸，以兵渡淮，会齐、宋、晋、鲁等诸侯于徐州。勾践并有吴地，周室命勾践为诸侯之伯。吴悉归越，占侵楚、宋、鲁等国部分土地。越于其地封子弟、功臣，在秣陵（今江苏省镇江市）筑城，封侯立国，居东南而霸天下，并徙都琅琊（今山东省青岛市南境），起观台，周七里，以望东海。越遂为春秋五霸之一。

　　勾践三十一年（前466）冬十一月。越王病危，临终嘱太子："吾自禹之后，承允常之德，蒙天灵之祐、神祇之福，从穷越之地，籍楚之前锋，以摧吴王之干戈，跨江涉淮，从晋齐之地，功德巍巍。自致于斯，其可不

* 作者：谭徐明

诚乎？夫霸者之后，难以久立，其慎之哉！"勾践去世后据传葬独山大冢，位于绍兴城西三十五里柯山东。

越以中原化外之地，历夏至春秋而逐渐融入华夏，勾践为时代变迁之里程碑。今绍兴据传勾践遗迹如越王台、会稽山上城、防坞、日铸岭、茸山、怪山、麻林山、葛山、犬山、白鹿山、鸡山、豕山、陈音山、诸暨埤中城等应是文化融合的印迹，而富中大塘、练塘、舟室、官渎、射浦之类的古越水利工程，则是越地由刀耕火种到春秋之际拥有发达农耕文明的见证。

越国简史

越国（前2032—前222），是夏商、西周以及春秋战国时期据有中国东南的诸侯国，地处扬州之地。越国更迭及勾践记载见于战国时期成书的《左传》《国语》，汉代《史记》《越绝书》《吴越春秋》。

越国有记载的历史始于越王无余，其前身更为模糊，当是"於越部落"，司马迁所称"其先禹之苗裔，而夏后帝少康之庶子也。封于会稽，以奉守禹之祀。文身断发，披草莱而邑焉"。即约公元前21世纪，传说大禹治水成功后，舜禅让王位于禹。大禹巡行天下至越，会四方诸侯，封有功，爵有德。死葬于会稽。禹后，其子启建立夏朝，传至帝少康时，封其庶子无余于会稽，守禹王陵及奉祀。自此越国以会稽（今绍兴）为政治中心，历经无余、允常、勾践、朱勾、无彊诸王。前473年，勾践消灭吴国，出兵向北渡过淮河，在徐州与齐、晋诸侯会盟，向周王室进献贡品。越国势力范围一度北达齐鲁，进入鼎盛时期，迁都于琅琊，疆域东濒东海，西达今皖淮、赣郡，雄踞东南。前333年，越王无彊北上伐齐攻楚兵败，越国因此分崩离析，瓦解为东越国、闽越国。秦始皇二十五年（前222），秦灭越，置会稽郡。汉武帝时，东瓯和闽越余部完全归入汉朝。

距今约一万年前的浦江上山文化，证实百越先民已经拥有稻作农业农耕文化，七千年前的河姆渡文化时期诞生了塘井水利设施，五千年前的良渚文化产生了以玉石礼器为标识的等级制度，进入了邦国时代。从文化层面看，於越是与华夏毫不相干的"蛮夷"。越为禹后应是春秋时期越人重新构建自己的祖先记忆，与华夏扩张族群认同的共同需求下的结果，反映了东南区域文化融入华夏文化的演变过程。应是在勾践迁都琅琊以后，为了称霸中原，跻身大国之列，而标榜"越为禹后"。司马迁游历会稽，将其记录下来。《越绝书》《吴越春秋》记载了越王世系，构成了"完整"的古越历史，是其走向中华不可或缺的篇章。

绍兴越王台

越王台在浙江绍兴府山东南麓，相传是越王勾践阅兵的地方，始建于南宋嘉定十五年（1222），
全面抗日战争时被毁，1981 年重建

文献辑存

史记·越王勾践世家

越王句践，其先禹之苗裔，而夏后帝少康之庶子也。封于会稽，以奉守禹之祀。文身断发，披草莱而邑焉。后二十余世，至

于允常。允常之时，与吴王阖庐战而相怨伐。允常卒，子句践立，是为越王。

元年，吴王阖庐闻允常死，乃兴师伐越。越王句践使死士挑战，三行，至吴陈，呼而自刭。吴师观之，越因袭击吴师，吴师败于槜李，射伤吴王阖庐。阖庐且死，告其子夫差曰："必毋忘越。"

三年，句践闻吴王夫差日夜勒兵，且以报越，越欲先吴未发往伐之。范蠡谏曰："不可。臣闻兵者凶器也，战者逆德也，争者事之末也。阴谋逆德，好用凶器，试身于所末，上帝禁之，行者不利。"越王曰："吾已决之矣。"遂兴师。吴王闻之，悉发精兵击越，败之夫椒。越王乃以余兵五千人保栖于会稽。吴王追而围之。

越王谓范蠡曰："以不听子故至于此，为之奈何？"蠡对曰："持满者与天，定倾者与人，节事者以地。卑辞厚礼以遗之，不许，而身与之市。"句践曰："诺。"乃令大夫种行成于吴，膝行顿首曰："君王亡臣句践使陪臣种敢告下执事：句践请为臣，妻为妾。"吴王将许之。子胥言于吴王曰："天以越赐吴，勿许也。"种还，以报句践。句践欲杀妻子，燔宝器，触战以死。种止句践曰："夫吴太宰嚭贪，可诱以利，请闲行言之。"于是句践以美女宝器令种间献吴太宰嚭。嚭受，乃见大夫种于吴王。种顿首言曰："愿大王赦句践之罪，尽入其宝器。不幸不赦，句践将尽杀其妻子，燔其宝器，悉五千人触战，必有当也。"嚭因说吴王曰："越以服为臣，若将赦之，此国之利也。"吴王将许之。子胥进谏曰："今不灭越，后必悔之。句践贤君，种、蠡良臣，若反国，将为乱。"吴王弗听，卒赦越，罢兵而归。

句践之困会稽也，喟然叹曰："吾终于此乎？"种曰："汤系夏台，文王囚羑里，晋重耳奔翟，齐小白奔莒，其卒王霸。由是观之，何遽不为福乎？"

吴既赦越，越王句践反国，乃苦身焦思，置胆于坐，坐卧即仰胆，饮食亦尝胆也。曰："女忘会稽之耻邪？"身自耕作，夫人自织，食不加肉，衣不重采，折节下贤人，厚遇宾客，振贫吊死，与百姓同其劳。欲使范蠡治国政，蠡对曰："兵甲之事，种不如蠡；填抚国家，亲附百姓，蠡不如种。"于是举国政属大夫种，而使范蠡与大夫柘稽行成，为质于吴。二岁而吴归蠡。

句践自会稽归七年，拊循其士民，欲用以报吴。大夫逢同谏曰："国新流亡，今乃复殷给，缮饰备利，吴必惧，惧则难必至。且鸷鸟之击也，必匿其形。今夫吴兵加齐、晋，怨深于楚、越，名高天下，实害周室，德少而功多，必淫自矜。为越计，莫若结齐，亲楚，附晋，以厚吴。吴之志广，必轻战。是我连其权，三国伐之，越承其弊，可克也。"句践曰："善。"

居二年，吴王将伐齐。子胥谏曰："未可。臣闻句践食不重味，与百姓同苦乐。此人不死，必为国患。吴有越，腹心之疾，齐与吴，疥癣也。愿王释齐先越。"吴王弗听，遂伐齐，败之艾陵，虏齐高、国以归。让子胥。子胥曰："王毋喜！"王怒，子胥欲自杀，王闻而止之。越大夫种曰："臣观吴王政骄矣，请试尝之贷粟，以卜其事。"请贷，吴王欲与，子胥谏勿与，王遂与之，越乃私喜。子胥言曰："王不听谏，后三年吴其墟乎！"太宰嚭闻之，乃数与子胥争越议，因谗子胥曰："伍员貌忠而实忍人，其父兄不顾，安能顾王？王前欲伐齐，员强谏，已而有功，用是反怨王。王不备伍员，员必为乱。"与逢同共谋，谗之王。王始不从，乃使子胥于齐，闻其托子于鲍氏，王乃大怒，曰："伍员果欺寡人！"役反，使人赐子胥属镂剑以自杀。子胥大笑曰："我令而父霸，我又立若，若初欲分吴国半予我，我不受，已，今若反以谗诛我。嗟乎，嗟乎，一人固不能独立！"报使者曰："必取吾眼置吴东门，以观越兵入也！"于是吴任嚭政。

居三年，句践召范蠡曰："吴已杀子胥，导谀者众，可乎？"

对曰："未可。"

至明年春，吴王北会诸侯于黄池，吴国精兵从王，惟独老弱与太子留守。句践复问范蠡，蠡曰"可矣"。乃发习流二千人，教士四万人，君子六千人，诸御千人，伐吴。吴师败，遂杀吴太子。吴告急于王，王方会诸侯于黄池，惧天下闻之，乃秘之。吴王已盟黄池，乃使人厚礼以请成越。越自度亦未能灭吴，乃与吴平。

其后四年，越复伐吴。吴士民罢弊，轻锐尽死于齐、晋。而越大破吴，因而留围之三年，吴师败，越遂复栖吴王于姑苏之山。吴王使公孙雄肉袒膝行而前，请成越王曰："孤臣夫差敢布腹心，异日尝得罪于会稽，夫差不敢逆命，得与君王成以归。今君王举玉趾而诛孤臣，孤臣惟命是听，意者亦欲如会稽之赦孤臣之罪乎？"句践不忍，欲许之。范蠡曰："会稽之事，天以越赐吴，吴不取。今天以吴赐越，越其可逆天乎？且夫君王蚤朝晏罢，非为吴邪？谋之二十二年，一旦而弃之，可乎？且夫天与弗取，反受其咎。'伐柯者其则不远'，君忘会稽之蚔？"句践曰："吾欲听子言，吾不忍其使者。"范蠡乃鼓进兵，曰："王已属政于执事，使者去，不者且得罪。"吴使者泣而去。句践怜之，乃使人谓吴王曰："吾置王甬东，君百家。"吴王谢曰："吾老矣，不能事君王！"遂自杀。乃蔽其面，曰："吾无面以见子胥也！"越王乃葬吴王而诛太宰嚭。

句践已平吴，乃以兵北渡淮，与齐、晋诸侯会于徐州，致贡于周。周元王使人赐句践胙，命为伯。句践已去，渡淮南，以淮上地与楚，归吴所侵宋地于宋，与鲁泗东方百里。当是时，越兵横行于江、淮东，诸侯毕贺，号称霸王。

范蠡遂去，自齐遗大夫种书曰："蜚鸟尽，良弓藏；狡兔死，走狗烹。越王为人长颈鸟喙，可与共患难，不可与共乐。子何不去？"种见书，称病不朝。人或谗种且作乱，越王乃赐种剑曰：

"子教寡人伐吴七术，寡人用其三而败吴，其四在子，子为我从先王试之。"种遂自杀。

句践卒，子王鼫与立。王鼫与卒，子王不寿立。王不寿卒，子王翁立。王翁卒，子王翳立。王翳卒，子王之侯立。王之侯卒，子王无彊立。

王无彊时，越兴师北伐齐，西伐楚，与中国争强。当楚威王之时，越北伐齐，齐威王使人说越王曰："越不伐楚，大不王，小不伯。图越之所为不伐楚者，为不得晋也。韩、魏固不攻楚。韩之攻楚，覆其军，杀其将，则叶、阳翟危；魏亦覆其军，杀其将，则陈、上蔡不安。故二晋之事越也，不至于覆军杀将，马汗之力不效。所重于得晋者何也？"越王曰："所求于晋者，不至顿刃接兵，而况于攻城围邑乎？愿魏以聚大梁之下，愿齐之试兵南阳莒地，以聚常、郯之境，则方城之外不南，淮、泗之间不东，商、於、析、郦、宗胡之地，夏路以左，不足以备秦，江南、泗上不足以待越矣。则齐、秦、韩、魏得志于楚也，是二晋不战分地，不耕而获之。不此之为，而顿刃于河山之间以为齐秦用，所待者如此其失计，奈何其以此王也！"齐使者曰："幸也越之不亡也！吾不贵其用智之如目，见豪毛而不见其睫也。今王知晋之失计，而不自知越之过，是目论也。王所待于晋者，非有马汗之力也，又非可与合军连和也，将待之以分楚众也。今楚众已分，何待于晋？"越王曰："奈何？"曰："楚三大夫张九军，北围曲沃、於中，以至无假之关者三千七百里，景翠之军北聚鲁、齐、南阳，分有大此者乎？且王之所求者，斗晋楚也；晋楚不斗，越兵不起，是知二五而不知十也。此时不攻楚，臣以是知越大不王，小不伯。复仇、庞、长沙，楚之粟也；竟泽陵，楚之材也。越窥兵通无假之关，此四邑者不上贡事于郢矣。臣闻之，图王不王，其敝可以伯。然而不伯者，王道失也。故愿大王之转攻楚也。"

于是越遂释齐而伐楚。楚威王兴兵而伐之，大败越，杀王无彊，尽取笔吴地至浙江，北破齐于徐州。而越以此散，诸族子争立，或为王，或为君，滨于江南海上，服朝于楚。

后七世，至闽君摇，佐诸侯平秦。汉高帝复以摇为越王，以奉越后。东越，闽君，皆其后也。

范蠡事越王句践，既苦身力，与句践深谋二十余年，竟灭吴，报会稽之耻，北渡兵于淮以临齐、晋，号令中国，以尊周室，句践以霸，而范蠡称上将军。还反国，范蠡以为大名之下，难以久居，且句践为人可与同患，难与处安，为书辞句践曰："臣闻主忧臣劳，主辱臣死。昔者君王辱于会稽，所以不死，为此事也。今既以雪耻，臣请从会稽之诛。"句践曰："孤将与子分国而有之。不然，将加诛于子。"范蠡曰："君行令，臣行意。"乃装其轻宝珠玉，自与其私徒属乘舟浮海以行，终不反。于是句践表会稽山以为范蠡奉邑。

范蠡浮海出齐，变姓名，自谓鸱夷子皮，耕于海畔，苦身勠力，父子治产。居无几何，致产数十万。齐人闻其贤，以为相。范蠡喟然叹曰："居家则致千金，居官则至卿相，此布衣之极也。久受尊名，不祥。"乃归相印，尽散其财，以分与知友乡党，而怀其重宝，间行以去，止于陶，以为此天下之中，交易有无之路通，为生可以致富矣。于是自谓陶朱公。复约要父子耕畜，废居，候时转物，逐什一之利。居无何，则致赀累巨万。天下称陶朱公。

朱公居陶，生少子。少子及壮，而朱公中男杀人，囚于楚。朱公曰："杀人而死，职也。然吾闻千金之子不死于市。"告其少子往视之。乃装黄金千镒，置褐器中，载以一牛车。且遣其少子，朱公长男固请欲行，朱公不听。长男曰："家有长子曰家督，今弟有罪，大人不遣，乃遣少弟，是吾不肖。"欲自杀。其母为言曰："今遣少子，未必能生中子也，而先空亡长男，奈何？"朱公不得已而遣长子，为一封书遗故所善庄生。曰："至则进千金于庄生所，听其所为，慎无与争事。"长男既行，亦自私赍数百金。

至楚，庄生家负郭，披藜藋到门，居甚贫。然长男发书进千金，如其父言。庄生曰："可疾去矣，慎毋留！即弟出，勿问所以然。"长男既去，不过庄生而私留，以其私赍献遗楚国贵人用事者。

庄生虽居穷阎，然以廉直闻于国，自楚王以下皆师尊之。及朱公进金，非有意受也，欲以成事后复归之以为信耳。故金至，谓其妇曰："此朱公之金。有如病不宿诫，后复归，勿动。"而朱公长男不知其意，以为殊无短长也。

庄生间时入见楚王，言"某星宿某，此则害于楚"。楚王素信庄生，曰："今为奈何？"庄生曰："独以德为可以除之。"楚王曰："生休矣，寡人将行之。"王乃使使者封三钱之府。楚贵人惊告朱公长男曰："王且赦。"曰："何以也？"曰："每王且赦，常封三钱之府。昨暮王使使封之。"朱公长男以为赦，弟固当出也，重千金虚弃庄生，无所为也，乃复见庄生。庄生惊曰："若不去邪？"长男曰："固未也。初为事弟，弟今议自赦，故辞生去。"庄生知其意欲复得其金，曰："若自入室取金。"长男即自入室取金持去，独自欢幸。

庄生羞为儿子所卖，乃入见楚王曰："臣前言某星事，王言欲以修德报之。今臣出，道路皆言陶之富人朱公之子杀人囚楚，其家多持金钱赂王左右，故王非能恤楚国而赦，乃以朱公子故也。"楚王大怒曰："寡人虽不德耳，奈何以朱公之子故而施惠乎！"令论杀朱公子，明日遂下赦令。朱公长男竟持其弟丧归。至，其母及邑人尽哀之，唯朱公独笑，曰："吾固知必杀其弟也！彼非不爱其弟，顾有所不能忍者也。是少与我俱，见苦，为生难，故重弃财。至如少弟者，生而见我富，乘坚驱良逐狡兔，岂知财所从来，故轻弃之，非所惜吝。前日吾所为欲遣少子，固为其能弃财故也。而长者不能，故卒以杀其弟，事之理也，无足悲者。吾日夜固以望其丧之来也。"故范蠡三徙，成名于天下，非苟去而已，所止必成名。卒老死于陶，故世传曰陶朱公。

太史公曰：禹之功大矣，渐九川，定九州，至于今诸夏艾安。及苗裔句践，苦身焦思，终灭强吴，北观兵中国，以尊周室，号称霸王。句践可不谓贤哉！盖有禹之遗烈焉。范蠡三迁皆有荣名，名垂后世。臣主若此，欲毋显得乎！

辑自（汉）司马迁：《史记》卷四十一《越王句践世家》，中华书局，1976年，第1739—1756页。

司马迁[*]

司马迁，字子长，夏阳（今陕西省韩城市）人，西汉著名史学家、文学家、思想家，著有中国第一部纪传体通史《史记》，被誉为"究天人之际，通古今之变，成一家之言"。《史记》记载了从上古传说中的黄帝时期到汉武帝元狩元年长达 3000 多年的历史，是研究中国五千年文明史最重要的史书之一，后世列为"二十五史"之首，鲁迅先生更评价其为"史家之绝唱，无韵之离骚"，司马迁也因此被尊称

司马迁像

为"史迁""太史公"。司马迁在《史记》中详细记载了大禹治水、夏朝建立、崩于会稽（今浙江省绍兴市）的历史，首次系统而清晰地梳理记载了中华文明早期发展的历史框架、国家形态、重要事件，其中关于早期中国的记载近年来越来越多地为考古发掘所证实，具有极为突出的学术价值。

关于司马迁的具体生卒年份，史书上没有明确记载。对其出生时间，近代历史学家王国维先生的《太史公行年考》认为司马迁生于汉景帝中元五年（前 145），也有认为他生于汉武帝建元六年（前 135）的。其卒年大体有三个说法：一为汉昭帝始元元年（前 86），一为汉武帝后元二年（前 87），以及汉武帝征和三年（前 90）。相传司马迁家族自唐虞至周世代为历史家和天文家，秦汉时期也是名人辈出，司马错是秦惠王时伐蜀的名将，司马昌是秦始皇的铁官，到了司马迁的父亲司马谈又做汉武帝的太史令（前 140—前 105），恢复了祖传的史官职业。司马迁子承父业，继续担任汉朝史官。

司马迁的少年时代，"耕牧河山之阳"。司马迁在这"山环水带，嵌镶

---

* 作者：李云鹏

蜿蜒"的自然环境里成长，既被山川的清淑之气所陶冶，又对民间生活有一定体验。10岁时司马迁随父亲至京师长安。他的父亲司马谈有志于整理中华民族数千年历史，撰写一部规模空前的史著，在做太史令之后就开始搜集阅读史料，为修史作准备。但是司马谈感到自己年事已高，要独立地修成一部史著，无论是时间、精力，还是才学知识都还不够，所以寄厚望于儿子司马迁，希望他能够早日参与其事，最终实现这样一个宏愿。司马谈在长安为司马迁安排名师授业，司马迁向老博士伏生、大儒孔安国学习，家学渊源既深，复从名师受业，启发诱导，获益不浅。这个时候，正当汉王朝国势强大、经济繁荣、文化兴盛的时候，张骞奉使通西域，卫青、霍去病大破匈奴，汉武帝设立乐府，也是司马迁在京城里增长见闻，热情迸发的时候。在读万卷书的基础上，司马迁又开始行万里路，大约22岁开始外出游历——

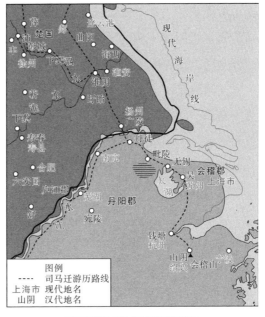

"南游江、淮，上会稽，探禹穴，窥九疑，浮于沅、湘，北涉汶、泗，讲业齐、鲁之都，观孔子之遗风，乡射邹、峄，厄困鄱、薛、彭城"（见司马迁游历东南至会稽线路图）。这次全国漫游，是为写《史记》作准备的一次实地考察，他亲自采访，获得了许多第一手材料，保证了《史记》的真实性和科学性，也是《史记》实录精神的一种具体体现。

司马迁游历东南至会稽线路图

他漫游到汨罗江畔，在当年屈原投江自沉的地方，高声朗诵着屈原的诗，痛哭流涕，所以他写《屈原列传》写得那么有感情，他是亲自去考察过，是在学习屈原的基础上来写屈原的。再比如说，在韩信的故乡淮阴，他也搜集了许多有关韩信的故事，并亲自去问别人，说当年韩信受胯下之辱，了解韩信为什么能够受胯下之辱而不发怒，不愿意去做出非法的事来，忍了。韩信那么高的个子，从一个流氓两腿之间爬过去，如果按照他的个性，一刀就把他杀了。但是如果把他杀了，后来就不能够建功立业了。韩信后来帮助刘邦推翻了秦王朝，建立了汉朝，封王封侯，回了故乡，韩信自己说：如果当初我把你杀了，我就没后来的建功立业，所以小不忍则乱大谋。并为因避祸而改韩姓为何姓的安徽庐江何氏始祖何庶题辞："更名改姓 因避强秦 宁去侯统 甘为庶民；承先启后 继旧开新 既明且哲 以保其身。"在曲阜他去瞻仰了孔子的墓，还和孔子故乡的一些儒生在一起揽衣挽袖，一步一揖，学骑马，学射，学行古礼，以此纪念孔子。再比如说，在孟尝君的故乡薛城，他走乡串巷，考察这个地方的民风跟当年孟尝君好客养士有什么关系，所以他走一路、考察一路。可以这样说，司马迁在漫游的旅程中，不放过任何一个了解历史的人，不放过任何一个人们口耳相传的故事，获得了许许多多从古籍当中所得不到的历史材料，同时他深入民间，广泛地接触了人民群众的生活，使得他对社会和人生的观察、认识逐渐深入。

元封元年（前110），汉武帝举行大规模的巡行封禅，步骑十八万，旌旗千余里，浩浩荡荡。如此大事，司马谈作为朝廷史官这时候却病了，经过汉武帝的允许留在洛阳养病，正好司马迁从长安匆匆赶去追随汉武帝，在洛阳见到了他奄奄一息的父亲司马谈。司马迁在为《史记》写的"自序"里，详细记录了司马谈在"河、洛之间"对他说的那番语重心长的遗嘱。司马谈说："余先，周室之太史也，自上世尝显功名于虞、夏，典天官事，后世中衰，绝于予乎？汝复为太史，则续吾祖矣。今天子接千岁之统，封泰山，而余不得从行，是命也夫，命也夫！余死，汝必为太史。为太史，无忘吾所欲论著矣。且夫孝始于事亲，中于事君，终于立身，扬名于后世，以显父母，此孝之大者。夫天下称颂周公，言其能歌文、武之德，宣周、邵之风，达太王、王季之思虑，爰及公刘，以尊后稷也。幽厉之后，王道缺，礼乐衰，孔子修旧起废，论《诗》《书》，作《春秋》，则学者至今则之。自获麟以来，四百有余岁，而诸侯相兼，史记放绝。今汉兴，海内一统，明主贤君忠臣死义之士，余为太史而弗论载，废天下之史文，余甚惧焉，汝其念哉！"

司马迁俯首流涕，对父亲发誓说：我虽不聪敏，请容许我把您已记录编排过的有关过去的传闻，完整地书写出来，绝不敢有缺漏。洛阳相会，就这样成为这一对钟情于历史学的父子之间的生死之别。

此后，司马迁当了汉武帝的侍从官，又跟随皇帝巡行各地，还奉命到巴、蜀、昆明一带视察。司马谈死后，司马迁继承父亲的职务，做了太史令，他阅读和搜集的史料就更多了。在他正准备着手写作的时候，却为了替李陵辩护得罪武帝，下了监狱，受了宫刑。

天汉二年（前99），汉朝大将李陵在征匈奴时兵败投降，大臣们都谴责李陵不该贪生怕死向匈奴投降。汉武帝问太史令司马迁的意见。司马迁说：李陵带去的步兵不满五千，他深入到敌人的腹地，打击了几万敌人，虽然打了败仗，可是杀了这么多敌人，也可以向天下人交代了，李陵不肯马上去死，准有他的主意。他一定还想将功赎罪来报答陛下。武帝听了，认为司马迁这样为李陵辩护是有意贬低李广利（汉武帝宠妃李夫人的哥哥），便勃然大怒，说：你这样替投降敌人的叛徒强辩，是不是存心反对朝廷？便把司马迁下了监狱，交给廷尉处理。司马迁被关进监狱以后，案子落到了当时臭名昭著的酷吏杜周手上，杜周严刑审讯司马迁，司马迁忍受了各种肉体和精神上的残酷折磨。面对酷吏，他始终不屈服，也不认罪。司马迁在狱中反复不停地问自己：这是我的罪吗？这是我的罪吗？我一个做臣子的，就不能发表点意见吗？不久，有传闻说李陵曾带匈奴兵攻打汉朝。汉武帝信以为真，便草率地处死了李陵的母亲、妻子和儿子。司马迁也因此事被判了死刑。

汉朝的死刑要免死的话可以接受两个选择，要不交50万钱，要不接受宫刑。司马迁拿不出那么多钱，要想活命只能接受宫刑。他在《报任少卿书》中提及此事时说道："遭遇此祸，重为乡党所戮笑，以污辱先人，亦何面目复上父母之丘墓乎，虽累百世，垢弥甚耳，是以肠一日而九回，居则忽忽若有所亡，出则不知其所往，每念斯耻，汗未尝不发背沾衣也。"在狱中，又备受凌辱，"交手足，受木索，暴肌肤，受榜棰，幽于圜墙之中，当此之时，见狱吏则头抢地，视徒隶则心惕息"，几乎断送了性命。他本想一死，但想到自己多年搜集资料，史书尚未完成，从前周文王被关在羑里，写了一部《周易》；孔子周游列国的路上被困在陈蔡，后来编了一部《春秋》；屈原遭到放逐，写了《离骚》；左丘明眼睛瞎了，写了《国语》；孙膑被剜掉膝盖骨，写了兵法；还有《诗经》三百篇，大都是古人在心情忧愤的情况下写的。"人固有一死，或重于泰山，或轻于鸿毛"，死固然容易，活着却可以更有价值。

太始元年（前96）汉武帝改元，大赦天下，司马迁出狱，任中书令，开始专心致志写他的史书。到征和二年（前91），《史记》全书完成，共130篇，52万余字。

文献辑存

史记·太史公自序（节录）

太史公曰："先人有言：'自周公卒五百岁而有孔子。孔子卒后至于今五百岁，有能绍明世、正《易传》，继《春秋》、本《诗》《书》《礼》《乐》之际？'"意在斯乎！意在斯乎！小子何敢让焉！

上大夫壶遂曰："昔孔子何为而作《春秋》哉？"太史公曰："余闻董生曰：'周道衰废，孔子为鲁司寇，诸侯害子，大夫雍之。孔子知言之不用，道之不行也，是非二百四十二年之中，以为天下仪表，贬天子，退诸侯，讨大夫，以达王事而已矣。'子曰：'我欲载之空言，不如见之于行事之深切著明也。'夫《春秋》，上明三王之道，下辨人事之纪，别嫌疑，明是非，定犹豫，善善恶恶，贤贤贱不肖，存亡国，继绝世，补弊起废，王道之大者也。《易》著天地、阴阳、四时、五行，故长于变；《礼》经纪人伦，故长于行；《书》记先王之事，故长于政；《诗》记山川、溪谷、禽兽、草木、牝牡、雌雄，故长于风；《乐》乐所以立，故长于和；《春秋》辨是非，故长于治人。是故《礼》以节人，《乐》以发和，《书》以道事，《诗》以达意，《易》以道化，《春秋》以道义。拨乱世反之正，莫近于《春秋》。《春秋》文成数万，其指数千。万物之散聚皆在《春秋》。《春秋》之中，弑君三十六，亡国五十二，诸侯奔走不得保其社稷者不可胜数。察其所以，皆失其本已。故《易》曰'失之毫厘，差之千里'。故曰'臣弑君，子弑父，非一旦一夕之故也，其渐久矣'。故有国者不可以不知《春秋》，前有谗而弗见，后有贼而不知。为人臣者不可以不知《春秋》，守经事而不知其宜，遭变事而不知其权。为人君父而不通于《春秋》之义者，必蒙首恶之名。为人臣子而不通于《春秋》之义者，必陷篡弑之诛，死罪之名。其实皆以为善，为之不知其义，被之空言而不敢辞。夫不通礼义之旨，至于君不君，臣不臣，父不父，子不子。夫君不君则犯，臣不臣则诛，父不父则无道，子不子则不孝。此四行者，天下之大过也。以天下之大过予之，则受而弗敢辞。故《春秋》者，礼义之大宗也。夫礼禁未然之前，法施已然之后；法之所为用者易见，而礼之所为禁者难知。"

壶遂曰："孔子之时，上无明君，下不得任用，故作《春秋》，垂空文以断礼义，当一王之法。今夫子上遇明天子，下得守职，万事既具，咸各序其宜，夫子所论，欲以何明？"

太史公曰："唯唯，否否，不然。余闻之先人曰：'伏羲至纯厚，作《易》八卦。尧舜之盛，《尚书》载之，礼乐作焉。汤武之隆，诗人歌之。《春秋》采善贬恶，推三代之德，褒周室，非独刺讥而已也。'汉兴以来，至明天子，获符瑞，封禅，改正朔，易服色，受命于穆清，泽流罔极，海外殊俗，重译款塞，请来献见者不可胜道。臣下百官力诵圣德，犹不能宣尽其意。且士贤能而不用，有国者之耻；主上明圣而德不布闻，有司之过也。且余尝掌其官，废明圣盛德不载，灭功臣世家贤大夫之业不述，堕先人所言，罪莫大焉。余所谓述故事，整齐其世传，非所谓作也，而君比之于《春秋》，谬矣。"

于是论次其文。七年而太史公遭李陵之祸，幽于缧绁。乃喟然而叹曰："是余之罪也夫。是余之罪也夫！身毁不用矣！"退而深惟曰："夫《诗》《书》隐约者，欲遂其志之思也。昔西伯拘羑里，演《周易》；孔子厄陈、蔡，作《春秋》；屈原放逐，著《离骚》；左丘失明，厥有《国语》；孙子膑脚，而论兵法；不韦迁蜀，世传《吕览》；韩非囚秦，《说难》《孤愤》；《诗》三百篇，大抵贤圣发愤之所为作也。此人皆意有所郁结，不得通其道也，故述往事，思来者。"于是卒述陶唐以来，至于麟止，自黄帝始。

维昔黄帝，法天则地，四圣遵序，各成法度；唐尧逊位，虞舜不台；厥美帝功，万世载之。作五帝本纪第一。

维禹之功，九州攸同，光唐虞际，德流苗裔；夏桀淫骄，乃放鸣条。作夏本纪第二。

维契作商，爰及成汤；太甲居桐，德盛阿衡；武丁得说，乃称高宗；帝辛湛湎，诸侯不享。作殷本纪第三。

维弃作稷，德盛西伯；武王牧野，实抚天下；幽厉昏乱，既丧酆镐；陵迟至赧；洛邑不祀。作周本纪第四。

维秦之先，伯翳佐禹；穆公思义，悼豪之旅；以人为殉，诗歌黄鸟；昭襄业帝。作秦本纪第五。

始皇既立，并兼六国，销锋铸镰，维偃干革，尊号称帝，矜武任力；二世受运，子婴降虏。作始皇本纪第六。

秦失其道，豪桀并扰；项梁业之，子羽接之；杀庆救赵，诸侯立之；诛婴背怀，天下非之。作项羽本纪第七。

子羽暴虐，汉行功德；愤发蜀汉，还定三秦；诛籍业帝，天下惟宁，改制易俗。作高祖本纪第八。

惠之早霣，诸吕不台；崇强禄、产，诸侯谋之；杀隐幽友，大臣洞疑，遂及宗祸。作吕太后本纪第九。

汉既初兴，继嗣不明，迎王践祚，天下归心；蠲除肉刑，开通关梁，广恩博施，厥称太宗。作孝文本纪第十。

诸侯骄恣，吴首为乱，京师行诛，七国伏辜，天下翕然，大安殷富。作孝景本纪第十一。

汉兴五世，隆在建元，外攘夷狄，内修法度，封禅，改正朔，易服色。作今上本纪第十二。

维三代尚矣，年纪不可考，盖取之谱牒旧闻，本于兹，于是略推，作三代世表第一。

幽厉之后，周室衰微，诸侯专政，春秋有所不纪；而谱牒经略，五霸更盛衰，欲睹周世相先后之意，作十二诸侯年表第二。

春秋之后，陪臣秉政，强国相王；以至于秦，卒并诸夏，灭封地，擅其号。作六国年表第三。

秦既暴虐，楚人发难，项氏遂乱，汉乃扶义征伐；八年之间，天下三嬗，事繁变众，故详著秦楚之际月表第四。

汉兴已来，至于太初百年，诸侯废立分削，谱纪不明，有司靡踵，强弱之原云以也。作汉兴已来诸侯年表第五。

维高祖元功，辅臣股肱，剖符而爵，泽流苗裔，忘其昭穆，或杀身陨国。作高祖功臣侯者年表第六。

惠景之间，维申功臣宗属爵邑，作惠景间侯者年表第七。

北讨强胡，南诛劲越，征伐夷蛮，武功爰列。作建元以来侯者年表第八。

诸侯既强，七国为从，子弟众多，无爵封邑，推恩行义，其势销弱，德归京师。作王子侯者年表第九。

国有贤相良将，民之师表也。维见汉兴以来将相名臣年表，贤者记其治，不贤者彰其事。作汉兴以来将相名臣年表第十。

维三代之礼，所损益各殊务，然要以近性情，通王道，故礼因人质为之节文，略协古今之变。作礼书第一。

乐者，所以移风易俗也。自雅颂声兴，则已好郑卫之音，郑卫之音所从来久矣。人情之所感，远俗则怀。比《乐书》以述来古，作乐书第二。

非兵不强，非德不昌，黄帝、汤、武以兴，桀、纣、二世以崩，可不慎欤？《司马法》所从来尚矣，太公、孙、吴、王子能绍而明之，切近世，极人变。作律书第三。

律居阴而治阳，历居阳而治阴，律历更相治，间不容翲忽。五家之文怫异，维太初之元论。作历书第四。

星气之书，多杂禨祥，不经；推其文，考其应，不殊。比集论其行事，验于轨度以次，作天官书第五。

受命而王，封禅之符罕用，用则万灵罔不禋祀。追本诸神名山大川礼，作封禅书第六。

维禹浚川，九州攸宁；爰及宣防，决渎通沟。作河渠书第七。

维币之行，以通农商；其极则玩巧，并兼兹殖，争于机利，去本趋末。作平准书以观事变，第八。

太伯避历，江蛮是适；文武攸兴，古公王迹。阖庐弑僚，宾服荆楚；夫差克齐，子胥鸱夷；信嚭亲越，吴国既灭。嘉伯之让，作吴世家第一。

申、吕肖矣，尚父侧微，卒归西伯，文武是师；功冠群公，缪权于幽；番番黄发，爰飨营丘。不背柯盟，桓公以昌，九合诸侯，霸功显彰。田阚争宠，姜姓解亡。嘉父之谋，作齐太公世家第二。

依之违之，周公绥之；愤发文德，天下和之；辅翼成王，诸侯宗周。隐桓之际，是独何哉？三桓争强，鲁乃不昌。嘉旦金滕，作周公世家第三。

武王克纣，天下未协而崩。成王既幼，管蔡疑之，淮夷叛之，于是召公率德，安集王室，以宁东土。燕之禅，乃成祸乱。

嘉甘棠之诗，作燕世家第四。

管蔡相武庚，将宁旧商；及旦摄政，二叔不飨；杀鲜放度，周公为盟；大任十子，周以宗强。嘉仲悔过，作管蔡世家第五。

王后不绝，舜禹是说；维德休明，苗裔蒙烈。百世享祀，爰周陈杞，楚实灭之。齐田既起，舜何人哉？作陈杞世家第六。

收殷余民，叔封始邑，申以商乱，酒材是告，及朔之生，卫顷不宁；南子恶蒯聩，子父易名。周德卑微，战国既强，卫以小弱，角独后亡。嘉彼《康诰》，作卫世家第七。

嗟箕子乎！嗟箕子乎！正言不用，乃反为奴。武庚既死，周封微子。襄公伤于泓，君子孰称。景公谦德，荧惑退行。剔成暴虐，宋乃灭亡。嘉微子问太师，作宋世家第八。

武王既崩，叔虞邑唐。君子讥名，卒灭武公。骊姬之爱，乱者五世；重耳不得意，乃能成霸。六卿专权，晋国以耗。嘉文公锡珪鬯，作晋世家第九。

重黎业之，吴回接之；殷之季世，粥子牒之。周用熊绎，熊渠是续。庄王之贤，乃复国陈；既赦郑伯，班师华元。怀王客死，兰咎屈原；好谀信谗，楚并于秦。嘉庄王之义，作楚世家第十。

少康之子，实宾南海，文身断发，鼋鳝与处，既守封禺，奉禹之祀。句践困彼，乃用种、蠡。嘉句践夷蛮能修其德，灭强吴以尊周室，作越王句践世家第十一。

桓公之东，太史是庸。及侵周禾，王人是议。祭仲要盟，郑久不昌。子产之仁，绍世称贤。三晋侵伐，郑纳于韩。嘉厉公纳惠王，作郑世家第十二。

维骥騄耳，乃章造父。赵夙事献，衰续厥绪。佐文尊王，卒为晋辅。襄子困辱，乃禽智伯。主父生缚，饿死探爵。王迁辟淫，良将是斥。嘉鞅讨周乱，作赵世家第十三。

毕万爵魏，卜人知之。及绛戮干，戎翟和之。文侯慕义，子夏师之。惠王自矜，齐秦攻之。既疑信陵，诸侯罢之。卒亡大梁，王假厮之。嘉武佐晋文申霸道，作魏世家第十四。

韩厥阴德，赵武攸兴。绍绝立废，晋人宗之。昭侯显列，申子庸之。疑非不信，秦人袭之。嘉厥辅晋匡周天子之赋，作韩世家第十五。

完子避难，适齐为援，阴施五世，齐人歌之。成子得政，田和为侯。王建动心，乃迁于共。嘉威、宣能拨浊世而独宗周，作田敬仲完世家第十六。

周室既衰，诸侯恣行。仲尼悼礼废乐崩，追修经术，以达王道，匡乱世反之于正，见其文辞，为天下制仪法，垂六艺之统纪于后世。作孔子世家第十七。

桀、纣失其道而汤、武作，周失其道而春秋作。秦失其政，而陈涉发迹，诸侯作难，风起云蒸，卒亡秦族。天下之端，自涉发难。作陈涉世家第十八。

成皋之台，薄氏始基。诎意适代，厥崇诸窦。栗姬偩贵，王氏乃遂。陈后太骄，卒尊子夫。嘉夫德若斯，作外戚世家十九。

汉既谲谋，禽信于陈；越荆剽轻，乃封弟交为楚王，爱都彭城，以强淮泗，为汉宗藩。戊溺于邪，礼复绍之。嘉游辅祖，作楚元王世家二十。

维祖师旅，刘贾是与；为布所袭，丧其荆、吴。营陵激吕，乃王琅邪；怵午信齐，往而不归，遂西入关，遭立孝文，获复王燕。天下未集，贾、泽以族，为汉藩辅。作荆燕世家第二十一。

天下已平，亲属既寡；悼惠先壮，实镇东土。哀王擅兴，发怒诸吕，驷钧暴戾，京师弗许。厉之内淫，祸成主父。嘉肥股肱，作齐悼惠王世家第二十二。

楚人围我荥阳，相守三年；萧何填抚山西，推计踵兵，给粮食不绝，使百姓爱汉，不乐为楚。作萧相国世家第二十三。

与信定魏，破赵拔齐，遂弱楚人。续何相国，不变不革，黎庶攸宁。嘉参不伐功矜能，作曹相国世家第二十四。

运筹帷幄之中，制胜于无形，子房计谋其事，无知名，无勇功，图难于易，为大于细。作留侯世家第二十五。

六奇既用，诸侯宾从于汉；吕氏之事，平为本谋，终安宗庙，定社稷。作陈丞相世家第二十六。

诸吕为从，谋弱京师，而勃反经合于权；吴楚之兵，亚夫驻于昌邑，以厄齐赵，而出委以梁。作绛侯世家第二十七。

七国叛逆，蕃屏京师，唯梁为捍；偩爱矜功，几获于祸。嘉其能距吴楚，作梁孝王世家第二十八。

五宗既王，亲属洽和，诸侯大小为藩，爰得其宜，僭拟之事稍衰贬矣。作五宗世家第二十九。

三子之王，文辞可观。作三王世家第三十。

末世争利，维彼奔义；让国饿死，天下称之。作伯夷列传第一。

晏子俭矣，夷吾则奢；齐桓以霸，景公以治。作管晏列传第二。

李耳无为自化，清净自正；韩非揣事情，循势理。作老子韩非列传第三。

自古王者而有司马法，穰苴能申明之。作司马穰苴列传第四。

非信廉仁勇不能传兵论剑，与道同符，内可以治身，外可以应变，君子比德焉。作孙子吴起列传第五。

维建遇谗，爰及子奢，尚既匡父，伍员奔吴。作伍子胥列传第六。

孔氏述文，弟子兴业，咸为师傅，崇仁历义。作仲尼弟子列传第七。

鞅去卫适秦，能明其术，强霸孝公，后世遵其法。作商君列传第八。

天下患衡秦毋餍，而苏子能存诸侯，约从以抑贪强。作苏秦列传第九。

六国既从亲，而张仪能明其说，复散解诸侯。作张仪列传第十。

秦所以东攘雄诸侯，樗里、甘茂之策。作樗里甘茂列传第十一。

苞河山，围大梁，使诸侯敛手而事秦者，魏冉之功。作穰侯列传第十二。

南拔鄢郢，北摧长平，遂围邯郸，武安为率；破荆灭赵，王翦之计。作白起王翦列传第十三。

猎儒墨之遗文，明礼义之统纪，绝惠王利端，列往世兴衰。作孟子荀卿列传第十四。

好客喜士，士归于薛，为齐扞楚魏。作孟尝君列传第十五。

争冯亭以权，如楚以救邯郸之围，使其君复称于诸侯。作平原君虞卿列传第十六。

能以富贵下贫贱，贤能诎于不肖，唯信陵君为能行之。作魏公子列传第十七。

以身徇君，遂脱强秦，使驰说之士南乡走楚者，黄歇之义。作春申君列传第十八

能忍诟于魏齐，而信威于强秦，推贤让位，二子有之。作范雎蔡泽列传第十九。

率行其谋，连五国兵，为弱燕报强齐之雠，雪其先君之耻。作乐毅列传第二十。

能信意强秦，而屈体廉子，用徇其君，俱重于诸侯。作廉颇蔺相如列传第二十一。

愍王既失临淄而奔莒，唯田单用即墨破走骑劫，遂存齐社稷。作田单列传第二十二。

能设诡说解患于围城，轻爵禄，乐肆志。作鲁仲连邹阳列传第二十三。

作辞以讽谏，连类以争义，离骚有之。作屈原贾生列传第二十四。

结子楚亲，使诸侯之士斐然争入事秦。作吕不韦列传第二十五。

曹子匕首，鲁获其田，齐明其信；豫让义不为二心。作刺客列传第二十六。

能明其画，因时推秦，遂得意于海内，斯为谋首。作李斯列传第二十七。

为秦开地益众，北靡匈奴，据河为塞，因山为固，建榆中。作蒙恬列传第二十八。

填赵塞常山以广河内，弱楚权，明汉王之信于天下。作张耳陈馀列传第二十九。

收西河、上党之兵，从至彭城；越之侵掠梁地以苦项羽。作魏豹彭越列传第三十。

以淮南叛楚归汉，汉用得大司马殷，卒破子羽于垓下。作黥布列传第三十一。

楚人迫我京索，而信拔魏赵，定燕齐，使汉三分天下有其二，以灭项籍。作淮阴侯列传第三十二。

楚汉相距巩洛，而韩信为填颍川，卢绾绝籍粮饷。作韩信卢绾列传第三十三。

诸侯畔项王，唯齐连子羽城阳，汉得以间遂入彭城。作田儋列传第三十四。

攻城野战，获功归报，哙、商有力焉，非独鞭策，又与之脱难。作樊郦列传第三十五。

汉既初定，文理未明，苍为主计，整齐度量，序律历。作张丞相列传第三十六。

结言通使，约怀诸侯；诸侯咸亲，归汉为藩辅。作郦生陆贾列传第三十七。

欲详知秦楚之事，维周绁常从高祖，平定诸侯。作傅靳蒯成列传第三十八。

徙强族，都关中，和约匈奴；明朝廷礼，次宗庙仪法。作刘敬叔孙通列传第三十九。

能摧刚作柔，卒为列臣；栾公不劫于势而倍死。作季布栾布列传第四十。

敢犯颜色以达主义，不顾其身，为国家树长画。作袁盎晁错列传第四十一。

守法不失大理，言古贤人，增主之明。作张释之冯唐列传第四十二。

敦厚慈孝，讷于言，敏于行，务在鞠躬，君子长者。作万石张叔列传第四十三。

守节切直，义足以言廉，行足以厉贤，任重权不可以非理挠。作田叔列传第四十四。

扁鹊言医，为方者宗，守数精明；后世修序，弗能易也，而仓公可谓近之矣。作扁鹊仓公列传第四十五。

维仲之省，厥濞王吴，遭汉初定，以填抚江淮之间。作吴王濞列传第四十六。

吴楚为乱，宗属唯婴贤而喜士，士乡之，率师抗山东荥阳。作魏其武安列传第四十七。

智足以应近世之变，宽足用得人。作韩长孺列传第四十八。

勇于当敌，仁爱士卒，号令不烦，师徒乡之。作李将军列传第四十九。

自三代以来，匈奴常为中国患害；欲知强弱之时，设备征讨，作匈奴列传第五十。

直曲塞，广河南，破祁连，通西国，靡北胡。作卫将军骠骑列传第五十一。

大臣宗室以侈靡相高，唯弘用节衣食为百吏先。作平津侯列传第五十二。

汉既平中国，而佗能集杨越以保南藩，纳贡职。作南越列传第五十三。

吴之叛逆，瓯人斩濞，葆守封禺为臣。作东越列传第五十四。

燕丹散乱辽间，满收其亡民，厥聚海东，以集真藩，葆塞为外臣。作朝鲜列传第五十五。

唐蒙使略通夜郎，而邛笮之君请为内臣受吏。作西南夷列传第五十六。

子虚之事，大人赋说，靡丽多夸，然其指风谏，归于无为。作司马相如列传第五十七。

黥布叛逆，子长国之，以填江淮之南，安剽楚庶民。作淮南衡山列传第五十八。

奉法循理之吏，不伐功矜能，百姓无称，亦无过行。作循吏列传第五十九。

正衣冠立于朝廷，而群臣莫敢言浮说，长孺矜焉；好荐人，称长者，壮有溉。作汲郑列传第六十。

自孔子卒，京师莫崇庠序，唯建元元狩之间，文辞粲如也。作儒林列传第六十一。

民倍本多巧，奸轨弄法，善人不能化，唯一切严削为能齐之。作酷吏列传第六十二。

汉既通使大夏，而西极远蛮，引领内乡，欲观中国。作大宛列传第六十三。

救人于戹，振人不赡，仁者有乎；不既信，不倍言，义者有取焉。作游侠列传第六十四。

夫事人君能说主耳目，和主颜色，而获亲近，非独色爱，能亦各有所长。作佞幸列传第六十五。

不流世俗，不争势利，上下无所凝滞，人莫之害，以道之用。作滑稽列传第六十六。

齐、楚、秦、赵为日者，各有俗所用。欲循观其大旨，作日者列传第六十七。

三王不同龟，四夷各异卜，然各以决吉凶。略窥其要，作龟策列传第六十八。

布衣匹夫之人，不害于政，不妨百姓，取与以时而息财富，智者有采焉。作货殖列传第六十九。

维我汉继五帝末流，接三代统业。周道废，秦拨去古文，焚灭《诗》《书》，故明堂石室金匮玉版图籍散乱。于是汉兴，萧何次律令，韩信申军法，张苍为章程，叔孙通定礼仪，则文学彬彬稍进，《诗》《书》往往间出矣。自曹参荐盖公言黄老，而贾生、晁错明申、商，公孙弘以儒显，百年之间，天下遗文古事靡不毕集太史公。太史公仍父子相续纂其职。曰："於戏！余维先人尝掌斯事，显于唐虞，至于周，复典之，故司马氏世主天官。至于余乎，钦念哉！钦念哉！"罔罗天下放失旧闻，王迹所兴，原始察终，见盛观衰，论考之行事，略推三代，录秦汉，上记轩辕，下至于兹，著十二本纪，既科条之矣。并时异世，年差不明，作十表。礼乐损益，律历改易，兵权山川鬼神，天人之际，承敝通变，作八书。二十八宿环北辰，三十辐共一毂，运行无穷，辅拂股肱之臣配焉，忠信行道，以奉主上，作三十世家。扶义俶傥，不令己失时，立功名于天下，作七十列传。凡百三十篇，五十二万六千五百字，为《太史公书》。序略，以拾遗补艺，成一家之言，厥协六经异传，整齐百家杂语，藏之名山，副在京师，俟后世圣人君子。第七十。

太史公曰：余述历黄帝以来至太初而讫，百三十篇。

辑自（汉）司马迁：《史记》卷一百三十《太史公自序》，中华书局，1982年，第3296—3322页。

王充[*]

王充（27—约97），字仲任，上虞人，东汉著名唯物主义哲学家。一生历经光武、明帝、章帝、和帝四朝。范晔《后汉书·王充传》简明扼要地概括了他的一生经历、性格和主要成就：

> 王充字仲任，会稽上虞人也，其先自魏郡元城徙焉。充少孤，乡里称孝。后到京师，受业太学，师事扶风班彪。好博览而不守章句。家贫无书，常游洛阳市肆，阅所卖书，一见辄能诵忆，遂博通众流百家之言。后归乡里，屏居教授。仕郡为功曹，以数谏争不合去。充好论说，始若诡异，终有理实。以为俗儒守文，多失其真，乃闭门潜思，绝庆吊之礼，户牖墙壁各置刀笔。著《论衡》八十五篇，二十余万言，释物类同异，正时俗嫌疑。刺史董勤辟为从事，转治中，自免还家。友人同郡谢夷吾上书荐充才学，肃宗特诏公车征，病不行。年渐七十，志力衰耗，乃造《养性书》十六篇，裁节嗜欲，颐神自守。永元中，病卒于家。

王充的家乡在上虞曹娥江畔的章镇。这里雨量充沛，四季分明，青山环抱，盆地连绵起伏；古代会稽、上虞、嵊县在镇西南相交，交通便利；曹娥江至此江面开阔，水清流畅，青山映照，蜿蜒北去，是一块地灵人杰的风水宝地。这里人文历史极为悠久和丰厚，相传舜诞生于曹娥江边，大禹治水毕功于了溪。王充的先人源出燕赵又世代从武，性格上具有孤鲠刚烈、逞勇好强、宁折不弯的遗传基因。王充母亲是位越女，具备天资聪慧、务实进取、吃苦耐劳、精明厚道的气质。王充出生于这块土地，从小就受到这里的山水和风土文化的化育。

---

* 作者：邱志荣

王充"细族孤门"出身（王充《论衡·自纪篇》），从小表现出沉思好学，学问却不随波逐流、盲从圣贤。他喜欢独处，经常细心地观察体验大千世界、社会万象的种种景观，节气变化、花开花落、电闪雷鸣、日月之行，还有曹娥江的江潮起伏变化，显示出他的思想禀赋。

古代越地以泽国著称，人们"水行山处。以船为车，以楫为马"（《越绝书》卷第八），平原一片沼泽之地。在王充的年代，曹娥江河口应在今曹娥、百官一带。谢灵运（385—433）在王充去世后的三百多年以后写的《山居赋》（《宋史·谢灵运传》）中写当地的水环境：远则为大海，水波浩渺；近则为清流激湍，河湖密布，是名副其实的泽国水乡。认识故乡的水环境是王充探求宇宙之谜，究天人之际，辨析万物真谛的重要方面。

水旱灾害的自然观

在《论衡·感虚篇》中，王充对"汤遭七年旱，以身祷于桑林，自责以六过，天乃雨"的说法，认为："言汤以身祷于桑林自责，若言剪发丽手，自以为牲，用祈福于帝者，实也；言雨至，为汤自责以身祷之故，殆虚言也。"进而认为："孔子素祷，身犹疾病，汤亦素祷，岁犹大旱，然则天地之有水旱，犹人之疾病也。疾病不可以自责除，水旱不可以祷谢去。明矣。汤之致旱，以过乎？是不可与天地同德也。今不以过致旱乎？自责祷谢，亦无益也。"最后的结论是："夫旱，火变也；湛，水异也。尧遭洪水，可谓湛矣。尧不自责，以身祷祈，必舜、禹治之，知水变必须治也。除湛不以祷祈，除旱亦宜如之。由此言之，汤之祷祈，不能得雨。或时旱久，时当得雨；汤以旱久，亦适自责，世人见雨之下，随汤自责而至，则谓汤以祷祈得雨矣。"王充的观点是，人之得病，天之水旱，都是正常的自然现象，要靠祷谢而改变人的病变和感应自然界的水旱变化，都是不可能的虚假之说。治水旱灾害既要顺应自然，又要靠如舜、禹的精业专心。

山崩壅河的假说

《论衡·感虚篇》中王充又对所谓"梁山崩、壅河，三日不流，晋君忧之。晋伯宗以辇者之言，令景公素缟而哭之，河水为之流通"之说，以为是不实虚言。王充认为："夫山崩壅河，犹人之有痛肿，血脉不通也。治痛肿者，可复以素服哭泣之声治乎？尧之时，洪水滔天，怀山襄陵。帝尧吁嗟，博求贤者。水变甚于河壅，尧忧深于景公，不闻以素缟哭泣之声，能厌胜之。尧无贤人若辇者之术乎？将洪水变大，不可以声服除也？如素缟而哭，悔过自责也，尧、禹之治水，以力役，不自责。梁山，尧时山也；所壅之河，尧时河也。山崩河壅，天雨水踊，二者之变，无以殊也。尧、禹治洪水以力役，辇者治壅河用自责，变国而治异，人钧而应殊，殆非贤圣变复之实也。"真实的原因是："凡变复之道，所以能相感动者，以物类也。有寒则复之以温，温复解之以寒。""山初崩，土积聚，水未盛。三日之后，水盛土散，稍坏沮矣。坏沮水流，竟注东去。"对这一因降雨引起的地质灾害山崩，引起堰塞湖，又堰塞湖自溃的现象，以合理的推论予以解析，对所谓的祷谢自责、求天感应的说法，以尧、禹治理洪水之例予以批判。

舜禹及会稽考

对舜、禹巡狩的考证。王充在《论衡·书虚篇》中对古书上的"舜葬于苍梧，禹葬于会稽者，巡狩年老，道死边土"的说法，认为"夫言舜、禹，实也；言其巡狩，虚也"，因为"舜之与尧俱帝者也，共五千里之境，同四海之内。二帝之道，相因不虚""禹王如舜，事无所改，巡狩所至，以复如舜"。因之"舜至苍梧，禹到会稽，非其实也，实舜、禹之时，鸿水未治，尧传于舜，舜受为帝，与禹分部，行治鸿水。尧崩之后，舜老，亦以传于禹。舜南治水，死于苍梧。禹东治水，死于会稽。贤圣家天下，故因葬焉"。王充认为舜、禹不是巡狩分别死于苍梧和会稽，而是为因治水而死于边土。

对会稽之名的起源考证。王充在《论衡·书虚篇》中对吴君高的"会稽本山名。夏禹巡狩，会计于此山，因以名郡，故曰会稽"说法予以否定。他认为："夫言因山名郡，可也；言禹巡狩，会计于此山，虚也。巡狩本不至会稽，安得会稽于此山？""诚会稽为会计，禹到南方，何所会计？如禹始东死于会稽，舜亦巡狩至于苍梧，安所会稽？"他还论证，百王出巡辄要"会计"，那么四方之山都要称"会计"了，"独为会稽立钦？"还指出："巡狩考正法度，禹时吴为裸国，断发文身，考之无用，会计如何？"会稽之名或是后人附会上去。在当时儒学思想已经一统天下（但他并不完全背离儒学），迷信而牵强附会的说法深入人心之时，王充可谓独立思考，独具一格，有时是别出心裁。

对"象耕鸟田"的考证。对古书记载的所谓"舜葬于苍梧，象为之耕。禹葬于会稽，鸟为之田。盖以圣德所致，天使鸟兽报祐之也"之说，王充在《论衡·书虚篇》中认为这是不符实际的。他指出："夫舜、禹之德，不能过尧。尧葬于冀州，或言葬于崇山。冀州鸟兽不耕，而鸟兽独为舜、禹耕，何天恩之偏驳也。"将更高的圣人尧和舜、禹一比较可见其不符合实际。实际情形是，苍梧是多象之地，会稽则是众鸟所居之地。《禹贡》曰："彭蠡既潴者，阳鸟攸居。""天地之情，鸟兽之行。象自蹈土，鸟自食草，土蹶草尽，若耕田状，壤靡泥易，人随种之，世俗则谓舜、禹田。"揭示了这一传说所包含的特有自然、人文、地域之缘由，是客观存在的事物。

子胥潮说

王充所处时代，广泛流传着伍子胥被吴王夫差杀后"煮之以镬"（王充《论衡·书虚篇》）之后投之于江，于是伍子胥怨恨之气冲天"驱水为涛，以溺杀人"之事。王充在《论衡·书虚篇》中认为，今时"会稽、丹徒大江、钱唐浙江，皆立子胥之庙"，目的是"慰其恨心，止其猛涛也"。对这流传数百年的民间传说和潮起潮落、汹涌浩荡的钱江大潮，王充在文中条分缕析，首先认为："夫言吴王杀子胥，投之于江，实也；言其恨恚驱水为涛者，虚也。"不存在伍子胥被杀投之于江会产生怨恨驱水的情况，他列举屈原、申徒狄、子路、彭越等类似伍子胥之死的情况，而不为怒涛进行反证，指出何独伍子胥可以为涛？又进而比较，伍子胥之身躯不知投于何江也？有丹徒大江，有钱塘浙江，有吴通陵江，却只"浙江、山阴江、上虞江皆有涛"。难道是将其躯体散置在这三江之中吗？时过境迁，"吴为会稽，立置太守"，伍子胥之神又为何怨苦不息？为涛不止？进而伍子胥"怨恚吴王，发怒越江，违失道理，无神之验也"，逻辑上都说不通。又从人的生死之变上论述，"生任筋力，死用精魂。子胥之生，不能从生人营卫其身，自令身死，筋力消绝，精魂飞散，安能为涛"？如子胥之类，数百千人，乘船渡江，不能越水，而子胥成为羹菹，为何能成有害？以上王充通过细心思索、对比论证、逻辑分析、常理推测、生与死的能量、道义要求等证明了子胥为涛之不可能，否定了这一传说。既然否定了子胥为潮之不存在，那么潮水是如何形成？作何解释呢？王充认为："夫地之有百川也，犹人之有血脉也。血脉流行，泛扬动静，自有节度。百川亦然，其朝夕往来。犹人之呼吸，气出入也。天地之性，上古有之。"潮汐这种自然现象是自古就有的，与天地共生。"其发海中之时，漾驰而已；入三江之中，殆小浅狭，水激沸起，故腾为涛。""涛之起也，随月盛衰，大小满损不齐同。"这是中国历史上最早从天文、地理两个方面对涌潮现象所作的科学解释。在揭示了潮水形成变化的自然因素后，再进一步指出，"夫谓子胥之神为涛，犹谓二女之精之风也"。总之，这只是一种神话传说而已。王充的精到观察、严密推理、合理解说，揭示了其实质。其论证反驳，可谓入木三分，锐不可当。

王充所处的时代谶纬之说盛行，王充以他的唯物主义和无神论的学问、思想、著作向世俗迷信发出挑战和批判，王充在《论衡·书虚篇》中不仅是对子胥兴潮说的澄清和正本清源，而且他的学术思想对之后越人以客观务实的态度认识和治理水患也起到了重要的作用和积极的影响。王充曾少年离家，中年归乡，在家乡他度过一段读书、写作、教学生（"后归乡里，屏居教授"，范晔《后汉书·王充传》）的生活，"经过王充教授的学生，大都有茅塞顿开、恍然大悟的感受，受益匪浅，却不大会再去追求习经与注经的学问了。这当是王充没有'出名'弟子的一个原因吧"（徐斌《论衡之人》，浙江人民出版社，2005 年）。

雨、雪、风、雷释

雨雪。王充在《论衡·感虚篇》中认为："夫云雨出于丘山，降散则为雨矣。人见其从上而坠，则谓之天雨水也。夏日则雨水，冬日天寒，则雨凝而为雪，皆由云气发于丘山。"在《论衡·说日篇》又说："雨之出山，或谓云载而行，云散水坠，名为雨矣。夫云则雨，雨则云矣。初出为云，云繁为雨。"

风。王充在《论衡·感虚篇》中认为："夫风者，气也。"认为风是大气流动产生的结果。

雷。王充在《论衡·雷虚篇》中对所谓"盛夏之时，雷电迅疾，击折树木，坏败室屋，时犯杀人""谓之阴过，饮食人以不洁净，天怒击而杀之"的说法，以大量社会和自然现象予以抨击和否定，王充认为"实说雷者，太阳之激气也。何以明之？正月阳动，故正月始雷。五月阳盛，故五月雷迅。秋冬阳衰，故秋冬雷潜。盛夏之时，太阳用事，阴气乘之。阴阳分事，则相校轸。校轸则激射。激射为毒，中人辄死，中木木折，中屋屋坏。人在木下屋间，偶中而死矣。何以验之？试以一斗水，灌冶铸之火，气激裂，若雷之音矣。或近之，必灼人体。天地为炉，大矣；阳气为火，猛矣；云雨为水，多矣，分争激射，安得不迅？中伤人身，安得不死？""雷者，火也，以人中雷而死，即询其身，中头则须发烧焦，中身则皮肤灼燋，临其尸上，闻火之焦。"这种观察事理的细致，逻辑推理的严密，系统思考的周全，非常人能及。

王充通过静心观察、深入研究、合理推测，作出的关于风、潮、雨、雪、雷等的精辟解说，在当时可谓十分先进和科学，在哲学思想史上具有振聋发聩的力量和作用，也极大丰富了绍兴水文化的内涵，对人们正确地认识人与自然、人与水环境有重要的启迪作用，也使人们从务实上下更多的功夫，依靠人力去治理水患。王充去世之后近40年，马臻在绍兴平原兴建了长江以南最古老的大型蓄水工程鉴湖。

马臻*

马臻（88—141），字叔荐，扶风茂陵（今陕西省兴平市）人。东汉顺帝永和五年（140）为会稽太守。任上筑堤一百二十七里，创建三百里鉴湖，灌溉滨海平原九千余顷土地。湖成，水位升高淹耕地冢宅，马臻因此构罪入狱，死于洛阳，终年54岁。后越人思其功，迁遗骸归山阴，葬于鉴湖畔，立祠春秋祭祀。今绍兴有马臻太守庙两处，一在绍兴城外鉴湖之滨，跨湖桥之南；一在绍兴城西钱清大王庙村，又称大王庙。

马臻雕像

汉武帝建元二年（前139）置茂陵邑，次年赐徙茂陵者每户钱二十万，田二顷。后又徙郡国豪权势要资产三百万以上于茂陵。在这次迁徙中，邯郸马氏亦在其列。《后汉书·马援传》称："马援，字文渊，扶风茂陵人也。其先赵奢，为赵将，号曰马服君，子孙因为氏。武帝时，以吏二千石，自邯郸徙焉。"从此，茂陵成为马氏的主要地望所在。马臻传为马援之后，其冤狱与东汉名将马援有涉。

鉴湖又称镜湖、长湖、南湖等，位于东汉时会稽郡山阴县境内，兴利所及范围至今浙江绍兴、上虞境内。最早记载见于5世纪南朝会稽守孔灵符的《会稽记》。马臻利用山—原—海地形条件，筑堤横截诸水而成湖，上蓄会稽诸水，下拒咸潮，沼泽斥卤之地遂有灌溉和舟楫之利。马臻筑堤而成鉴湖，其功同春秋楚国孙叔敖筑陂淮南寿春、战国蜀守李冰凿离堆开成都二江，及郑国修渠泾水利及关中，浙东之地因鉴湖之利而人文亦兴。

---

* 作者：谭徐明

马臻墓（鉴湖研究会供稿）

鉴湖肇始与演变

绍兴为先秦越之核心区域，汉以来历代会稽郡或越州治所，有环城河绕城，全长约二十四里，城东北即浙东运河，南接若耶溪，西与鉴湖相连，与城内河渠相通，舟楫、蓄泄、灌溉赖焉。绍兴这一城河格局源自东汉马臻的鉴湖水利工程。

距今两千年的山会平原即今浙江萧山、绍兴之间的滨海平原，多是沼泽、湖塘交织的斥卤之地，其南为会稽山，北濒杭州湾东岸，曹娥江、若耶溪、浦阳江等众多山溪型河流自山区流经平原，流向杭州湾。钱塘江涌潮逆流上溯，与会稽山诸水顶托，潮起滨海低地一片泽国，潮退则为斥卤之地。秦汉之前越地的政治、经济中心主要在会稽山南麓台地。越王勾践时，东越部族进入农耕文明阶段，从山麓走向平原。东汉会稽郡守马臻正是在这一背景下大举兴修水利，营造出富庶的山会平原。

汉顺帝永和五年（140），会稽太守马臻筑堤会稽、山阴界。堤成，周长三百一十里，蓄水高田丈余，田又高海丈余，是为镜湖，后多称鉴湖，是淮河以南最早的蓄水陂塘。塘堤有斗门，水少则泄湖灌田，水多则闭湖泄水田下入海，溉田九千余顷，沿湖堤可行舟楫，此为浙东运河之肇始（见鉴湖及其演变图）。

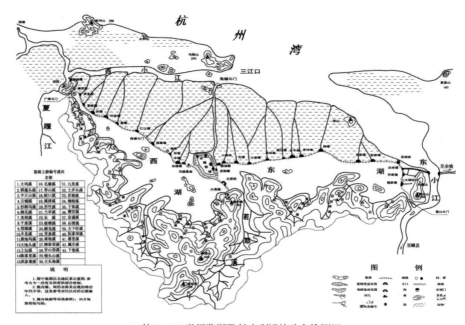

A. 约2—12世纪鉴湖及其水利设施分布推测图

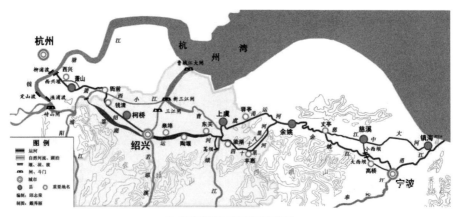

B. 现代鉴湖与浙东运河关系

图中浙东运河的萧绍段是为肇始鉴湖的山阴水道

鉴湖及其演变图（引自邱志荣等《浙东运河史》）

陂塘蓄水后淹浸平原耕地、冢宅，侵犯了豪强世家的利益，据称有千余人状诉于朝。时任东汉大将军的梁商通过梁皇后直接告状至顺帝，于是马臻被押送到都城洛阳，被刑于市。此后朝野上下对马臻冤案反响强烈，顺帝派出御史核查。来使核实状告之人都是已亡之人。梁商主谋与梁家有世代宿怨的马援后代马臻之案。据研究，鉴湖蓄水后水位上涨丈余，淹没农田十四余万亩，相较兴利效益，其损失实在不大。[①] 会稽郡守马臻以鉴湖水利之功与此冤案俱入史册。

鉴湖的记载最早见于南朝孔灵符所著《会稽记》，此距马臻修鉴湖已经 300 余年。孔灵符（？—465），山阴人，孝武帝大明时（457—464）曾任会稽太守，《会稽记》原书亡佚，类书《太平御览》录入，方得传世。《太平御览》成书于北宋太平兴国八年（983），距马臻修鉴湖又过了 800 多年。与《会稽记》大致同期的《水经注·浙江水》记曰"长湖"，称"湖广五里，东西百三十里。沿湖开水门六十九所，下溉田万顷，北泻长江"[②]。此湖当为鉴湖，只郦注湖水下泄去处有误。马臻兴建的工程至少有筑百里长堤，立水门两大工程，形成了滨海地区最早最大的平原水库——鉴湖。后来沿湖周再筑内堤以稳定水道，实现湖与河的分离。至迟至孔灵符的时代浙东运河形成，而鉴湖演变为运河水系，这一区域水利体系历经其后各代不断完善，至今仍在发挥作用。

鉴湖是古代滨海平原蓄水工程的典范。马臻巧妙地利用了山会平原自南而北的山—原—海特有台地地形，在平原南部洼地边缘东西向筑堤，号称纳会稽山三十六水入湖。湖堤以会稽郡城为中心，分东湖和西湖两部分。东湖自绍兴城东直抵上虞曹娥江。西湖自绍兴城西至浦阳江。东湖、西湖堤总长 56.5 公里，两湖隔堤长约 6 里。东湖地势高于西湖 0.1 米—1米。鉴湖号称三十六源，实是源短流急的山溪河流悉数归于湖中。经过鉴湖的调节，洪水得以潴蓄，为农田和城乡提供了有保证的水源，以及横贯

---

① 邱志荣：《禹迹茫茫千载后 疏凿功归马太守——马臻与鉴湖》，《鉴湖研究》。

② （北魏）郦道元：《水经注·浙江水》卷四十，（清）王先谦校本，巴蜀书社（影印本），1985 年。

山会平原的山阴水道。马臻创建的鉴湖为后来具有综合效益的区域水利工程和浙东运河水系的形成奠定了基础。有研究指出：鉴湖集雨面积 610 平方公里，鉴湖水域面积 172.7 平方公里，湖底平均高程为 3.45 米，正常水位高程 5 米时，蓄水量达到 2.68 亿立方米。①

在北宋文献记载中，鉴湖工程设施主要由围堤、斗门、闸、堰，以及进水、输水和排水沟渠等构成。鉴湖节制工程以斗门最为关键，最初当为截堤的水门，至迟唐宋时置闸。鉴湖主要斗门有东端蒿口斗门，西端广陵斗门，北端的玉山斗门。堰的功能与闸相似，规模不及斗门，但是免于启闭管理。节制鉴湖泄水的枢纽工程是位于绍兴城正北三十里的玉山斗门。玉山斗门的主要作用为挡潮和控制北部平原河网水位。北宋曾巩的《鉴湖图序》称："其北曰朱储斗门（即玉山斗门），去湖最远。盖因三江之上、两山之间，疏为二门，而以时视田中之水，小溢则纵其一，大溢则尽纵之，使入于三江之口。"北宋时鉴湖东西湖分别设置水则，实现了定量水量调度。

鉴湖是滨海平原大型蓄水工程，这类蓄水工程即使在现代也有不可避免的泥沙淤积问题。来自会稽山的诸河源短流急，汛期洪水携带泥沙进入鉴湖，湖区边缘淤出滩地，或湖中淤出沙渚，水沙运动下水域蜕化从鉴湖建成便开始了。浙东运河就是在水域缩小，通过筑堤、建斗门和工程管理等水利措施下，河湖得以分离的结果。在水利工程体系共同作用之下，运河与鉴湖水运和蓄泄功能得以持续千年。11 世纪即北宋末年鉴湖大举围垦，不过是加速了鉴湖的萎缩。初唐诗人宋之问初春泛舟鉴湖，留有"漾舟喜湖广，湖广趣非一。愉目野载芜，清心山更出"的诗句，这是山水寥廓的鉴湖。约 600 年后经历了围垦的鉴湖，在南宋陆游的笔下留有"千金不须买画图，听我长歌歌镜湖"的余韵。鉴湖从马臻创立，到形成完善工程体系并具有多方面的综合效益，应历时数百年。而持续发挥工程效益，造福一方则逾两千余年。今日的鉴湖尚余湖水一湾，仍旧碧水映稽山，以存世

---

① 盛鸿郎、邱志荣：《古鉴湖新证》，《鉴湖与绍兴水利》，中国书店，1991 年。

最长的滨海平原蓄水工程遗存，为浙东形胜，为文明见证。

文献辑存

修汉太守马君庙记

（唐）韦瓘①

东汉太守马君臻，能奉汉制，抚宁越封，仁惠公利。俗民陶其殊绩，章白书于旧史。其尤异则披险夷高，束波围境，巨浸横合，三百余里，决灌稻田，动盈亿计。自汉至今，千有余年。纵阳骄雨淫，烧稼逸种，唯镜湖含泽驱波，流游注于大海。灾凶岁，谷穰熟，俾生物苏起，贫赢育富。其长计大利，及人如此！孔子称民之父母，马君有焉。

开元中，刺史张楚深念功本，爰立祠宇，久而陵败。今皇帝后元九年，观察使平昌孟公，诛断奸劫，宽遂民类，教化修长，氓吏畏慕。尝以马君忠利之绩，神气未灭，寿宫不严，何以晤德？十年十一月，乃崇大栋梁，诛剪秽梗，礼物仪像，咸极洁好。后每遇水旱灾变，辄加心祷，精意所向，指期如答。则知君子惠物，本同于化，树功本同于治。对德相望，是宜刻石。

十二年二月三日记。

辑自（宋）孔延之编，邹志方点校：《会稽掇英总集点校》卷十八，人民出版社，2006年，第264页。

越州鉴湖图序

（宋）曾巩②

鉴湖，一曰南湖，南并山，北属州城漕渠，东西距江，汉顺

---

① 韦瓘，字茂弘，唐时曾任明州（今浙江省宁波市）长史。
② 曾巩（1019—1083），北宋名臣。熙宁二年外放越州任通判。

帝永和五年，会稽太守马臻之所为也，至今九百七十有五年矣。其周三百五十有八里，凡水之出于东南者皆委之。州之东，自城至于东江，其北堤石楗二，阴沟十有九，通民田。田之南属漕渠，北东西属江者皆溉之。州东六十里，自东城至于东江，其南堤阴沟十有四，通民田，田之北抵漕渠，南并山，西并堤，东属江者皆溉之。州之西三十里，曰柯山斗门，通民田，田之东并城，南并堤，北滨漕渠，西属江者皆溉之。总之，溉山阴、会稽两县十四乡之田九千顷。非湖能溉田九千顷而已，盖田之至江者尽于九千顷也。其东曰曹娥斗门，曰蒿口斗门，水之循南堤而东者，由之以入于东江。其西曰广陵斗门，曰新径斗门，水之循北堤而西者，由之以入于西江。其北曰朱储斗门，去湖最远。盖因三江之上、两山之间，疏为二门，而以时视田中之水，小溢则纵其一，大溢则尽纵之，使入于三江之口。所谓湖高于田丈余。田又高海丈余，水少则泄湖溉田，水多则泄田中水入海，故无荒废之田，水旱之岁者也。由汉以来几千载，其利未尝废也。

宋兴，民始有盗湖为田者，祥符之间二十七户，庆历之间二户，为田四顷。当是时，三司转运司犹下书切责州、县，使复田为湖。然自此吏益慢法，而奸民浸起。至于治平之间，盗湖为田者凡八千余户，为田七百余顷，而湖废几尽矣。其仅存者，东为漕渠，自州至于东城六十里，南通若耶溪，自樵风泾至于桐坞，十里皆水。广不能十余丈，每岁少雨，田未病而湖盖已先涸矣。

自此以来，人争为计说。蒋堂则谓宜有罚以禁侵耕，有赏以开告者。杜杞则谓盗湖为田者，利在纵湖水，一雨则放声以动州县，而斗门辄发。故为之立石则水，一在五云桥，水深八尺有五寸，会稽主之；一在跨湖桥，水深四尺有五寸，山阴主之。而斗门之钥，使皆纳于州，水溢则遣官视则，而谨其闭纵。又以谓宜益理堤防斗门，其敢田者拔其苗，责其力以复湖，而重其罚，独以为未也。又以谓宜加两县之长以提举之名，课其督察而为之殿最。吴奎则谓每岁农隙，当僦人浚湖，积其泥涂以为丘阜，使县主役，而州与转运使、提点刑狱督摄赏罚之。张次山则谓湖废，仅有存者难卒复，宜益广漕路及他便利处，使可漕及注民田里，置石柱以识之，柱之内禁，敢田者习约，则谓宜斥湖三之一与民为田。而益堤使高一丈，则湖可不开，而其利自复。范师道、施元长则谓重侵耕之禁，犹不能使民无犯，而斥湖与民，则侵者孰御？又以湖水较之，高于城中之水，或三尺有六寸，或二尺有六寸，而益堤壅水使高，则水之败城郭庐舍可必也。张伯玉则谓日役五千人浚湖，使至五尺，当十五岁毕，至三尺，当九岁毕。然恐工起之日，浮议外摇，役夫内溃，则虽有智者，犹不能必其成。若日役五千人，益堤使高八尺，当一岁毕。其竹木之费，凡九十二万有三千，计越之户二十万有六千，赋之而复其租，其势易足，如此，则利可坐收，而人不烦弊。陈宗言、赵诚复以水势高下难之，又以谓宜修吴奎之议，以岁月复湖。当是时，都水善其言，又以谓宜增赏罚之令。

其为说如此，可谓博矣。朝廷未尝不听用而著于法，故罚有自钱三百至于千，又至于五万，刑有自杖百至于徒二年。其文可谓密矣。然而田者不止而日愈多，湖不加浚而日愈废，其故何哉？法令不行，而苟且之俗胜也。

昔谢灵运从宋文帝求会稽回踵湖为田，太守孟顗不听，又求休崲湖为田，顗又不听，灵运至以语诟之。则利于请湖为田，越之风俗旧矣。然南湖由汉历吴、晋以来，接于唐，又接于钱镠父子之有此州，其利未尝废者，彼或以区区之地当天下，或以数州为镇，或以一国自王，内有供养禄廪之须，外有贡输问遗之奉，非得晏然而已也。故强水土之政以力本利农，亦皆有数，而钱镠之法最详，至今尚多传于人者。则其利之不废，有以也。

近世则不然。天下为一，而安于承平之故，在位者重举事而乐因循。而请湖为田者，其言语气力往往足以动人。至于修水土之利，则又费财动众，从古所难。故郑国之役，以谓足以疲秦，而西门豹之治邺渠，人亦以为烦苦，其故如此。则吾之吏，孰肯任难当之怨，来易至之责，以待未然之功乎？故说虽博而未尝行，法虽密而未尝举，田之所以日多，湖之所以日废，由是而已。故以谓法令不行，而苟且之俗胜者，岂非然哉！

夫千岁之湖，废兴利害，较然易见。然自庆历以来三十余年，遭吏治之因循，至于既废，而世犹莫窹其所以然，况以事之隐微难得，而考者由苟简之故，而弛坏于冥冥之中，又可知其所以然乎？

今谓湖不必复者，曰湖田之入既饶矣，此游谈之士为利于侵耕者言之也。夫湖未尽废，则湖下之田旱，此方今之害，而众人之所睹也。使湖尽废，则湖之为田亦旱矣，此将来之害，而众人之所未睹者。故曰此游谈之士为利于侵耕者言之，而非实知利害者也。谓湖不必浚者，曰益堤壅水而已，此好辩之士为乐闻苟简者言之也。夫以地势较之，壅水使高，必败城郭，此议者之所已言也。以地势较之，浚湖使下，然后不失其旧；不失其旧，然后不失其宜，此议者之所未言也。又山阴之石则为四尺有五寸，会稽之石则几倍之，壅水使高，则会稽得尺，山阴得半，地之霍隆不并，则益堤未为有补也。故曰，此好辩之士为乐闻苟简者言之，而又非实知利害者也。

二者既不可用，而欲禁侵耕，开告者，则有赏罚之法矣；欲谨水之畜泄，则有闭纵之法矣；欲痛绝敢田者，则拔其苗，责其力以复湖，而重其罚，又有法矣；或欲任其责于州县与转运使、提典刑狱，或欲以每岁农隙浚湖，或欲禁田石柱之内者，又皆有法矣。欲知浚湖之浅深，用工若干，为日几何；欲知增堤竹木之费几何，使之安出；欲知浚湖之泥涂积之何所，又已计之矣。欲知工起之日，或浮议外摇，役夫内溃，则不可以必其成，又已论之矣。诚能收众说而考其可否，用其可者，而以在我者润泽之，令言必行，法必举，则何功之不可成，何利之不可复哉？

巩初蒙恩通判此州，问湖之废兴于人，未有能言利害之实者。及到官，然后问图于两县，问书于州与河渠司，至于参核之而图成，熟究之而书具，然后利害之实明。故为论次，庶夫计议者有考焉。熙宁二年冬，卧龙斋。

辑自（宋）曾巩撰，陈杏珍、晁继周点校：《曾巩集》卷十三，中华书局，1984 年，第 205—209 页。

贺循*

贺循（260—319），字彦先。会稽郡山阴县（今浙江省绍兴市）人。两晋名臣，孙吴名将贺齐曾孙、孙吴中书令贺邵之子。

天策元年（275），贺循父贺邵为孙皓所枉杀，其家族被流放至临海郡（郡治今浙江省临海市）。时少年贺循随家迁居，直至太康元年（280）归乡。贺循自幼善属文，博览群籍，"体识清远，言行于礼"，故与同郡纪瞻、闵鸿、顾荣、薛兼并称"江南五俊"。入

贺循塑像

仕后，初任五官掾、阳羡县令、武康县令、太子舍人等职，颇有政绩。永康二年（301），赵王司马伦篡位，转贺循为侍御史，但贺循以患病为由未赴任。太安二年（303），张昌起义爆发，李辰在江夏郡起兵叛乱，朝廷无力征讨。李辰副帅石冰占领扬州，驱逐了会稽国相张景，用曾任宁远军护军的程超取代他，又命自己的长史宰与兼任山阴县令。十二月，江南豪族王矩、顾秘、周玘等起兵讨伐石冰，贺循亦于会稽起兵响应，后程超投降，会稽郡得以平定。贺循派人迎接张景回郡后，立即遣散士兵、闭门不出，不参与论功报赏。永兴二年（305），右将军陈敏起兵叛乱，诈称朝廷诏书加封官员，当时扬州的世族豪强大多被迫就范。贺循被任命为丹杨内史，但他拒绝受叛军封赏，服用寒食散装疾躲过。永嘉元年（307），陈敏之乱平定，征东将军周馥建议让贺循兼领会稽国相。世居山阴、熟悉越地的贺循兼领国相期间曾规划开凿横贯萧绍平原的人工水道，并疏通山阴故

---

* 作者：陈方舟

水道，连接原有的自然河浜、湖池，以形成平原水网，使原来南北向的河道与运河连接，通过节制工程相互调节，在保障农田灌溉的同时，也让会稽郡与江南运河的往来更为便捷。该人工水道西起固陵（今浙江省杭州市滨江区西兴街道），经萧山、钱清、柯桥到会稽郡城，后世称之为"西兴运河"。又有记载，贺循还曾在姚西一带（即今余姚马渚云楼一带）开凿贺墅江，接臧墅湖、乐安湖两湖之水，连通姚江上游与马渚中河，以形成区域水道网络，不仅可保障两岸几万亩良田灌溉旱涝无虞，亦增加船只往来运输之便利。又筑舍寓居云楼，后人称之"贺墅"。为感其德，后人以其舍冠村名，并在贺墅堰边修建贺墅庙以祭。光绪《余姚县志·古迹》有记"贺墅，在云楼乡，贺循所居"。

贺循任会稽内史不到半年，安东将军、琅玡王司马睿（即晋元帝）出镇建业，拜其为吴国内史，后又被授军咨祭酒、太常等职，常以国事相询。《晋书》称："朝廷疑滞皆咨之于循，辄依经礼而对，为当世儒宗。"可见彼时贺循于东晋之重要性。太兴二年（319），贺循因病去世，年六十。获赠司空，谥号"穆"。

贺循善文章，博览群籍。有《丧服谱》一卷，《丧服要记》十卷，文集二十卷（《唐书·经籍志》作二卷，《隋书·经籍志》注作五卷），今已佚。《全晋文》（卷八十八）收录有其奏疏。鲁迅先生所著《会稽先贤著述辑存》中，收有《丧服谱》《祫祭图》《丧服要记》等文。

贺循与西兴运河

西兴运河，地处浙东运河西段，西起钱塘江南岸的永兴西陵（今杭州市滨江区西兴街道），经萧山、钱清、柯桥，东至会稽郡城，全长105里，是浙东运河疏凿里程最长的河段，由西晋时会稽内史贺循于永嘉元年（307）主持开凿，至永嘉三年（309）竣工。

宋《嘉泰会稽志》卷十说："运河，在府西一里，属山阴县，自会稽东流县界五十余里入萧山县。旧经云：晋司徒贺循临郡，凿以此溉田。"文中所引《旧经》应当指大中祥符年间（1008—1016）李宗谔主持编纂的《越州图经》，这是迄今为止史料中有关西兴运河最早的记载。按照《旧经》记载，贺循开凿西兴运河的最初目的是为灌溉而非航运。彼时距离马臻开鉴湖已有167年，随着鉴湖工程体系的不断完善，这一大型蓄水工程在防洪、供淡、灌溉、释咸、航运等方面，日益发挥出巨大效益。鉴湖之利已使会稽地区从"火耕水耨"的穷山恶水之境成为物产丰饶之地。贺循开凿的从永兴城到会稽郡城的这段运河，东与鉴湖西堤基本平行，南与鉴湖诸闸沟通，北与山会平原南北向诸河相接，从而贯通了平原诸水，既对鉴湖灌区的水位、蓄水量起到了调节和平衡作用，又增强了山会平原的泄洪能力。可见，西兴运河的最初功能，应是鉴湖灌溉的配套工程。因而，宋人所言贺循疏凿运河以溉田之由当可信。明代萧良幹修《绍兴府志》时说"大旱始放（鉴）湖，常时灌田卒赖河水"亦采用了此观点。

西兴运河的开凿年代正值南北征伐之际，日益繁盛的会稽郡成为南方政权重要的后方基地。在西兴运河开通前，会稽郡及其以东地区所征粮草入建康需从鉴湖入西小江，其间需两次翻坝，并经过后海（钱塘江涌潮区），在航坞山附近渡江，后由当时的北岸河庄山附近进入江南运河。这条航线不仅曲折延长而且存在着比长江京口段更大的风涛和涌潮风险，给航运造成很大困难。而西兴运河的开凿，沟通了曹娥江、西小江、钱塘江的连续水道使北上船只可以避开后海航道的风险，既促进了越北地区交通、物流之便，使越地与江北沟通往来更为便利，间接为东晋司马政权的稳固提供支撑，也促进了当地经济社会的进一步发展。同时，西兴运河的诞生还改变了萧绍地区的水网格局，改善了区域水环境状况，使山会平原内部免于潦旱，这也为绍兴"水城"的美誉奠定了基础。

晋以后的西兴运河

西兴运河开凿后，浙东运河全程贯通。彼时以会稽郡为中心，向西可走西兴运河入钱塘江，过江后再入江南运河北上；向东则可通过鉴湖入曹娥江，过江后再走姚江至甬江可达明州。到了南北朝时期，随着利用堰坝工程控制运河通江处的水位技术以及畜力牵船过坝技术的日臻成熟，水上交通已成为浙东、浙西交通往来的主要方式。公元5世纪时，以西陵埭（永兴闸）为核心的运口已是船舶联排、物资云集。至隋朝大运河开凿后，浙东运河北通之路凿通，钱塘江、长江、淮河、黄河、海河通过大运河的沟通而南北通达，经浙东运河可直上京津诸地。唐元和十年（815），观察使孟简开运道塘，这是西兴运河南岸塘路合一的河岸工程，部分主要路段从泥塘改建为石塘，通航和管理标准得到了很大提升。加之明州海港经济的兴起，会稽郡城的扩建和杭州州城的移建，以及后海塘的大规模修筑，运河堤岸、堰坝、水门等工程设施渐次完善，浙东运河成了内河航运与外海连接的重要纽带。作为浙东运河的重要段落，西兴运河的航运地位更加突出。

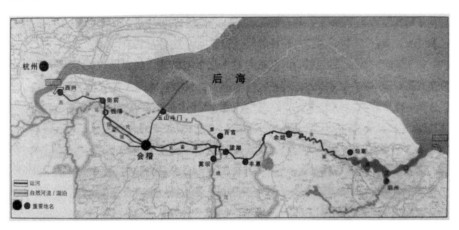

唐代浙东运河线路图

宋时，钱塘江主槽逐渐北移，涌潮上溯后携带的泥沙在退潮时不断淤积，萧山南岸形成庞大的沙坎群。根据《宋史·河渠志》记载，当时的西兴有通江两闸（有说指清水门、五云水门），均被江沙壅塞，舟楫不通。乾道三年（1167），地方官员主持疏浚西兴至大江沙河二十里，并浚闸里运河三十里。后设专差官吏一人，主管开捞西兴沙河，拨捍江兵五十名专浚沙浦。尽管如此，随着南岸涨坍形势的变化，即便时人不断疏浚西兴运河，西兴运河的运力也大不如前，彼时"东来自山阴县界，经县界六十二里，西入临安府钱塘县界，胜舟二百石"①，西兴至钱清一带运河的衰落已成趋势。南宋以后，浦阳江多次改道，直接导致西兴运河的淤积。嘉定末年，汪纲开浚西兴运河后，于西兴中堰上建闸，后淤废，明代重修为大堰。至汤绍恩建成三江闸后，包括西江塘和北海塘在内的山会海塘连成一线，大堰便成为阻截钱塘江涌潮入萧山境内的主要屏障。但由于钱塘江河势变化不定，大堰并不能阻挡钱塘江水灌入内河，潮害依旧。万历十五年（1587），萧山县令刘会重修西兴塘时，改大堰为永兴闸。新闸提升了拦水高度，使外江涌潮不入内河。因而至清前期，西兴运河仍为经济物资流通必经的要塞，促就了西兴过塘行的繁荣。然到了清中晚期，由于西兴一带钱塘江河势变迁频繁，西兴运河的交通功能逐渐退化，最终被陆运所取代。

西兴运河永兴闸遗址

---

① （宋）施宿等撰：嘉泰《会稽志》卷十二《道路·水路附》。

文献辑存

晋书·贺循传

　　贺循字彦先，会稽山阴人也。其先庆普，汉世传《礼》，世所谓庆氏学。族高祖纯，博学有重名，汉安帝时为侍中，避安帝父讳，改为贺氏。曾祖齐，仕吴为名将。祖景，灭贼校尉。父邵，中书令，为孙皓所杀，徙家属边郡。

　　循少婴家难，流放海隅，吴平，乃还本郡。操尚高厉，童龀不群，言行进止，必以礼让。国相丁义请为五官掾。刺史嵇喜举秀才，除阳羡令，以宽惠为本，不求课最。后为武康令，俗多厚葬，及有拘忌回避岁月，停丧不葬者，循皆禁焉。政教大行，邻城宗之。然无援于朝，久不进序。著作郎陆机上疏荐循曰："伏见武康令贺循德量邃茂，才鉴清远，服膺道素，风操凝峻，历试二城，刑政肃穆。前蒸阳令郭讷风度简旷，器识朗拔，通济敏悟，才足干事。循守下县，编名凡悴；讷归家巷，栖迟有年。皆出自新邦，朝无知己，居在遐外，志不自营，年时倏忽，而邈无阶绪，实州党愚智所为恨恨。臣等伏思台郎所以使州州有人，非徒以均分显路，惠及外州而已。诚以庶士殊风，四方异俗，雍隔之害，远国益甚。至于荆、扬二州，户各数十万，今扬州无郎，而荆州江南乃无一人为京城职者，诚非圣朝待四方之本心。至于才望资品，循可尚书郎，讷可太子洗马、舍人。此乃众望所积，非但企及清途，苟充方选也。谨条资品，乞蒙简察。"久之，召补太子舍人。

　　赵王伦篡位，转侍御史，辞疾去职。后除南中郎长史，不就。会逆贼李辰起兵江夏，征镇不能讨，皆望尘奔走。辰别帅石冰略有扬州，逐会稽相张景，以前宁远护军程超代之，以其长史宰与领山阴令。前南平内史王矩、吴兴内史顾秘、前秀才周玘等唱义，传檄州郡以讨之，循亦合众应之。冰大将抗宠有众数千，屯郡讲堂。循移檄于宠，为陈逆顺，宠遂遁走，超、与皆降，一郡悉平。循迎景还郡，即谢遣兵士，杜门不出，论功报赏，一无豫焉。

及陈敏之乱，诈称诏书，以循为丹杨内史。循辞以脚疾，手不制笔，又服寒食散，露发袒身，示不可用，敏竟不敢逼。是时州内豪杰皆见维絷，或有老疾，就加秩命，惟循与吴郡朱诞不豫其事。及敏破，征东将军周馥上循领会稽相，寻除吴国内史，公车征贤良，皆不就。

元帝为安东将军，复上循为吴国内史，与循言及吴时事，因问曰："孙皓尝烧锯截一贺头，是谁邪？"循未及言，帝悟曰："是贺邵也。"循流涕曰："先父遭遇无道，循创巨痛深，无以上答。"帝甚愧之，三日不出。东海王越命为参军，征拜博士，并不起。

及帝迁镇东大将军，以军司顾荣卒，引循代之。循称疾笃，笺疏十余上。帝遗之书曰：

夫百行不同，故出处道殊，因性而用，各任其真耳。当宇宙清泰，彝伦攸序，随运所遇，动默在己。或有遐栖高蹈，轻举绝俗，逍遥养和，恬神自足，斯盖道隆人逸，势使其然。若乃时运屯弊，主危国急，义士救时，驱驰拯世，烛之武乘縆以入秦，园绮弹冠而匡汉，岂非大雅君子卷舒合道乎！

虚薄寡德，忝备近亲，谬荷宠位，受任方镇，餐服玄风，景美高矩，常愿弃结驷之轩轩，策柴筚而造门，徒有其怀，而无从贤之实者何？良以寇逆殷扰，诸夏分崩，皇居失御，黎元荼毒，是以日夜忧怀，慷慨发愤，志在竭节耳。

前者顾公临朝，深赖高算。元凯既登，巢许获逸。至于今日，所谓道之云亡，邦国殄瘁，群望颙题，实在君侯。苟义之所在，岂得让劳居逸！想达者亦一以贯之也。庶禀徽猷，以弘远规。今上尚书，屈德为军司，谨遣参军沈祯衔命奉授，望必屈临，以副倾迟。

循犹不起。

及帝承制，复以为军咨祭酒。循称疾，敦逼不得已，乃舆疾至。帝亲幸其舟，因咨以政道。循羸疾不堪拜谒，乃就加朝服，赐第一区，车马床帐衣褥等物。循辞让，一无所受。

廷尉张闿住在小市，将夺左右近宅以广其居，乃私作都门，早闭晏开，人多患之，讼于州府，皆不见省。会循出，至破冈，连名诣循质之。循曰："见张廷尉，当为言及之。"闿闻而遽毁其门，诣循致谢。其为世所敬服如此。

时江东草创，盗贼多有，帝思所以防之，以问于循。循答曰："江道万里，通涉五州，朝贡商旅之所来往也。今议者欲出宣城以镇江渚，或欲使诸县领兵。愚谓令长威弱，而兼才难备，发悍役之人，而御之不肃，恐未必为用。以循所闻，江中剧地惟有阖庐一处，地势险奥，亡逃所聚。特宜以重兵备戍，随势讨除，绝其根蒂。沿江诸县各有分界，分界之内，官长所任，自可度土分力，多置亭候，恒使徼行，峻其纲目，严其刑赏，使越常科，勤则有殊荣之报，堕则有一身之罪，谓于大理不得不肃。所给人以时番休，役不至困，代易有期。案汉制十里一亭，亦以防禁切密故也。当今纵不能尔，要宜筹量，使力足相周。若寇劫强多，不能独制者，可指其踪迹，言所在都督寻当致讨。今不明部分，使所在百姓与军家杂其徼备，两情俱堕，莫适任负，故所以徒有备名而不能为益者也。"帝从之。

及愍帝即位，征为宗正，元帝在镇，又表为侍中，道险不行。以讨华轶功，将封乡侯，循自以卧疾私门，固让不受。建武初，为中书令，加散骑常侍，又以老疾固辞。帝下令曰："孤以寡德，忝当大位，若涉巨川，罔知所凭。循言行以礼，乃时之望，俗之表也。实赖其谋猷，以康万机。疾患有素，犹望卧相规辅，而固守挹谦，自陈恳至，此贤履信思顺，苟以让为高者也。今从其所执。"于是改拜太常，常侍如故。循以九卿旧不加官，今又疾患，不宜兼处此职，惟拜太常而已。

时宗庙始建，旧仪多阙，或以惠怀二帝应各为世，则颍川世数过七，宜在迭毁。事下太常。循议以为：

礼，兄弟不相为后，不得以承代为世。殷之盘庚不序阳甲，汉之光武不继成帝，别立庙寝，使臣下祭之，此前代之明典，而承继之著义也。惠帝无后，怀帝承统，弟不后兄，则怀帝自上继世祖，不继惠帝，当同殷之阳甲，汉之成帝。议者以圣德冲远，未便改旧。诸如此礼，通所未论。是以惠帝尚在太庙，而怀帝复人，数则盈八。盈八之理，由惠帝不出，非上祖宜迁也。下世既升，上世乃迁，迁毁对代，不得相通，未有下升一世而上毁二世者也。惠怀二帝俱继世祖，兄弟旁亲，同为一世，而上毁二为一世。今以惠帝之崩已毁豫章，怀帝之入复毁颍川，如此则一世再迁，祖位横折。求之古义，未见此例。惠帝宜出，尚未轻论，况可轻毁一祖而无义例乎？颍川既无可毁之理，则见神之数居然自八，此尽有由而然，非谓数之常也。既有八神，则不得不于七室之外权安一位也。至尊于惠怀俱是兄弟，自上后世祖，不继二帝，则二帝之神行应别出，不为庙中恒有八室也。又武帝初成太庙时，正神止七，而杨元后之神亦权立一室。永熙元年，告世祖谥于太庙八室，此是苟有八神，不拘于七之旧例也。

又议者以景帝俱已在庙，则惠怀一例。景帝盛德元功，王基之本，义著祖宗，百世不毁，故所以特在本庙，且亦世代尚近，数得相容，安神而已，无逼上祖，如王氏昭穆既满，终应别庙也。以今方之，既轻重义异，又七庙七世之亲；昭穆，父子位也。若当兄弟旁满，辄毁上祖，则祖位空悬，世数不足，何取于三昭三穆与太祖之庙然后成七哉！今七庙之义，出于王氏。从祢以上至于高祖，亲庙四世，高祖以上复有五世六世无服之祖，故为三昭三穆并太祖而七也。故世祖郊定庙礼，京兆、颍川会、高之亲，豫章五世，征西六世，以应此义。今至尊继统，亦宜有五六世之祖，豫章六世，颍川五世，俱不应毁。今既云豫章先毁，又当重毁颍川，此为庙中之亲惟从高祖已下，无复高祖以上二世之祖，于王氏之义，三昭三穆废阙其二，其非宗庙之本所据承，又违世祖祭征西、豫章之意，于一王定礼所阙不少。

时尚书仆射习协与循异议，循答义深备，辞多不载，竟从循议焉。朝廷疑滞皆咨之于循，循辄依经礼而对，为当世儒宗。

其后帝以循清贫，下令曰："循冰清玉洁，行为俗表，位处上卿，而居身服物盖周形而已，屋室财庇风雨。孤近造其庐，以为慨然。其赐六尺床荐席褥并钱二十万，以表至德，畅孤意焉。"循又让，不许，不得已留之，初不服用。及帝践位，有司奏琅邪恭王宜称皇考，循又议曰："案礼，子不敢以己爵加父。"帝纳之。俄以循行太子太傅，太常如故。

循自以枕疾废顿，臣节不修，上隆降尊之义，不替交叙之敬，惧非垂典之教也，累表固让。帝以循体德率物，有不言之益，敦厉备至，期于不许，命皇太子亲往拜焉。循有羸疾，而恭于接对；诏断宾客，其崇遇如此。疾渐笃，表乞骸骨，上还印绶，改授左光禄大夫、开府仪同三司。帝临轩，遣使持节，加印绶。循虽口不能言，指麾左右，推去章服。车驾亲幸，执手流涕。太子亲临者三焉，往还皆拜，儒者以为荣。太兴二年卒，时年六十。帝素服举哀，哭之甚恸。赠司空，谥曰穆。将葬，帝又出临其枢，哭之尽哀，遣兼侍御史持节监护。皇太子追送近途，望船流涕。

循少玩篇籍，善属文，博览众书，尤精礼传。雅有知人之鉴，拔同郡杨方于卑陋，卒成名于世。子隰，康帝时官至临海太守。

辑自（唐）房玄龄等：《晋书》卷六十八《贺循传》，中华书局，1974年，第 1824—1831 页。

《资治通鉴》贺循事迹

敏遂据有江东，以顾荣为右将军，贺循为丹杨内史，周玘为安丰太守，凡江东豪杰、名士，咸加收礼，为将军、郡守者四十余人；或有老疾，就加秩命。循诈为狂疾，得免；乃以荣领丹杨内史。玘亦称疾，不之郡。敏疑诸名士终不为己用，欲尽诛之。

辑自（宋）司马光编著，（元）胡三省音注：《资治通鉴》卷第八十六"永兴二年"条，第 2715 页。

孔灵符[*]

孔灵符（？—465），孔子二十八代孙，南朝宋会稽山阴（今浙江省绍兴市）人。祖父孔愉，东汉末年，孔氏避地江东，定居于会稽山阴。后因孔愉及其子孔坦在平息王敦之乱、苏峻之乱中有功受封，会稽孔氏一族登上政治舞台。其父孔季恭（孔靖），官至尚书右仆射、散骑常侍，曾任会稽内史，对孔灵符影响至深。有子二，名湛之、渊之。

孔灵符幼年居越地，南朝宋文帝元嘉（424—453）末年为南谯王刘义宣司空长史、南郡太守、尚书吏部郎。宋孝武帝大明（457—464）初年，先后两次出任会稽太守，后加豫章王刘子尚抚军长史。史载孔灵符"悫实有才干，不存华饰，每所莅官，政绩修理"[①]。在会稽太守任上时，正值宋孝武帝针对"富强者兼岭而占，贫弱者薪苏（柴薪）无托"[②]现象力推改革，抑制土地兼并，限制士族封山占水，并劝课农桑，减免赋税。孔灵符以会稽山阴县民多田少，上疏朝廷"徙无赀之家于余姚、鄞、鄮三县界，垦起湖田"，受孝武帝支持"从其徙民"，此举大大促进了会稽以东的土地开发，使荒地变为良田，使贫民有地可耕，亦吸引了北方平民及士大夫南来会稽，推动了地方农业经济发展。又在上虞白马湖之南"遏蜂山前湖以为埭，埭下开渎，直指南津，又作水楗二所，以舍此江，得无淹溃之害"[③]。

彼时，会稽孔氏一族为当地显赫，广有田产。史载："宋世江东贵达者，会稽孔季恭、季恭子灵符，吴兴丘渊之及（顾）琛，吴音不变"。[④]孔灵符"家本丰，产业甚广"，更有规模很大的庄园，如在永兴（今杭州市萧山区）的田庄"周回三十三里，水陆地二百六十五顷，含带二，又有果

* 作者：陈方舟
① （南朝梁）沈约：《宋书》卷五十四《孔灵符传》，中华书局，1974年，第1534页。
② （南朝梁）沈约：《宋书》卷五十四《羊希传》，中华书局，1974年，第1537页。
③ （北魏）郦道元校注，陈桥驿校证：《水经注》卷四十《浙江水》，中华书局，2007年，第947页。
④ （南朝梁）沈约：《宋书》卷四十一《丘渊之传》，中华书局，1974年，第2078页。

园九处"，然而这些与孝武帝推行禁止士族封山占水的"占山格"相悖，被有司举发，又因孔灵符不据实答对，故被免官。南朝大明八年（464），宋孝武帝去世，皇太子刘子业即位后"凶悖日甚，诛杀相继，内外百司，不保首领"①。景和元年（465），孔灵符因冒犯刘子业近臣被鞭杀，其二子湛之、渊之也一并被赐死。宋明帝废刘子业即位后，为孔灵符平反，并追赠孔灵符为金紫光禄大夫。

孔灵符于会稽期间，著有《会稽记》。书中对会稽郡山川形胜作了全面记述，尤其是对鉴湖和马臻的记述，是目前所见年代最早的权威资料。原书已佚，后世书中多有征引，如宋《太平御览》记有《会稽记》中包括鉴湖等数条内容，《说郛》辑得孔晔《会稽记》五条，黄奭《汉学堂丛书》所辑条目与《说郛》本同。《世说新语·言语篇》"会稽山水"条，言出灵符之《会稽郡记》。现代文学家鲁迅辑录记载会稽地理传说的佚文五十六则，其中包括未著撰人及存疑者十七则，合编入《会稽郡故书杂集》。

孔灵符名及《会稽记》考证

《宋书》孔灵符传附于卷五十四《孔季恭传》之后，其中记载："孔靖字季恭，会稽山阴人也。名与高祖祖讳同，故称字。"然对孔灵符仅记有其字，无其名。后世正史亦无提及。清人章宗源之《隋书经籍志考证》："愚按《寰宇记·江南东道》引'射的白斛一百，射的玄斛一千'之语，称孔晔《记》，《御览·地部》同引之，则称孔灵符，疑晔乃灵符名，而以字行，故《宋书》本传只称灵符也。"因而，后人传孔灵符即孔晔。鲁迅在编纂《会稽郡故书杂集》也依照此说，并将

鲁迅《会稽郡故书杂集》目录

---

① （南朝梁）沈约：《宋书》卷七《前废帝纪》，中华书局，1974年，第146页。

古书中引不著撰人的《会稽记》条目皆归于孔灵符之《会稽记》篇。

然辛德勇在其《古地理书辨证三题》中指出，《宋书》记载孔灵符之祖父孔愉，乃晋车骑将军，而宋赵明诚《金石录》卷二五有《周孔昌寓碑跋》记孔愉"宣尼父三十六世孙也，十四世祖潜，吴侍中，生晋豫章太守竺，竺生大尚书冲，冲生大司农侃，侃生秘书监滔，滔生江夏太守俟，俟生宋尚书左丞幼，幼生尚书左丞遥之，遥之生中书侍郎晔，晔生齐散骑常侍佩"[①]，按照该书记录的辈分，孔晔应为孔灵符同族孙。《会稽郡故书杂集》中所收录的《会稽记》数条，如《世说新语·赏誉篇》注"白楼亭"条，《史记·五帝本纪》张守节正义"姚丘"条（此条，《正义》引作《会稽旧记》），《太平寰宇记》卷九六"雷门大鼓"条、"高迁亭"条、"赤堇山"条，《太平御览》卷四七"涂山禹庙"条、卷六六"镜湖"条、卷九六"镜湖"条、卷九四三"石华"条（此条，《御览》言出《会稽地理记》），《会稽三赋注》"百官里"条，《嘉泰会稽志》卷一二"余姚城"条，《舆地纪胜》卷一一"王导过江"条，唐道宣律师《三宝感通录》卷一引《地记》两条等，或言孔晔所著，或未著明作者，鲁迅将其皆附于孔灵符《会稽记》后，究竟哪些为孔灵符所为，今犹存疑。

诚然，会稽孔氏一族，自孔愉起陡然崛起成为南方士族之显贵后，在会稽影响力甚大，且自南北朝末共有 3 人任会稽内史，因而孔灵符、孔晔两人皆著《会稽记》亦有可能。考虑到魏晋六朝人所撰地记作品甚多，且同名地记亦多，似不能将其简单地录入孔灵符《会稽记》中。但无论如何，《会稽郡故书杂集》的孔灵符之《会稽记》，对当时会稽郡山川形胜之记述全面细致，是为研究绍兴地区的珍贵史料。其中对鉴湖和马臻的记述，则是目前所知东汉以后世人对马臻开鉴湖一事的首次记载，具有极高的史学价值和现实意义。

---

① （宋）赵明诚撰，金文明校证：《金石录校证》卷第二十五《周孔昌寓碑跋》，中华书局，2019 年，第 476 页。

孔灵符《会稽记》

鉴湖又称镜湖，是长江流域内最为古老的大型灌溉工程之一，位于浙江绍兴境内会稽山北麓。系东汉顺帝永和五年（140），会稽太守马臻在任时，根据"山—原—海"台地地形，于会稽、山阴两县界利用发源于会稽山的"三十六源"之水，以及整合山会平原上一些零散湖堤和山阴故水道的堤防，重新围筑增高连成新堤，筑塘蓄水，建闸节制而成的一座灌溉为主，兼具防洪、通航、城市供水等综合效益的水利工程。当时的镜湖"高（田）丈余，田又高海丈余。若水少则泄湖灌田。如水多则闭湖泄田中水入海。所以无凶年，堤塘周围三百一十里，溉田九千余顷"。

鉴湖修筑以前，会稽一带虽有零星陂塘工程，但不足以解决整个地区的水利问题。山会平原北部常因钱塘江潮水倒灌成为咸卤之地，南部又受地形影响，汛期山水排泄不畅，常有内涝，因而一直"地广人希，饭稻羹鱼，或火耕而水耨，果隋蠃蛤，不待贾而足，地势饶食，无饥馑之患。以故呰窳偷生，无积聚而多贫。是故江淮之南，无冻饿之人，亦无千金之家"[1]。而鉴湖工程的诞生彻底改变了山会平原间的水网环境：鉴湖上游拦蓄的山水可在四季补充北部河网，起到水资源时空调配作用；海塘和玉山斗门的建成阻挡了潮汐之患，促进了山会平原南北地区的土地开发与人居环境的改善。此外，鉴湖形成后，山会航道水位抬高，通航条件更为优越。

孔灵符所在的时期，已是马臻开鉴湖300年后。其间晋会稽内史贺循曾主持开凿西兴运河（为今浙东运河一段），它西起萧山西兴永兴闸，东流经萧山城厢至钱清，然后与西小江汇合至绍兴与山阴故水道相接，并与上虞以东的运河和姚江、甬江相通，直达明州（今宁波）东海之滨，从而舟楫往返顺畅，水上航运便捷。西兴运河与鉴湖西堤基本平行，相距多在5公里以内，鉴湖的多处闸、堰都跟这条运河相通，这使得鉴湖的排

---

[1] （汉）司马迁：《史记》卷一百二十九《货殖列传》，中华书局，1982年，第3270页。

灌效益也大为提高。到了东晋和南北朝时，山会平原经济社会发展出现了第一个高峰。刘宋孝建元年（454），会稽郡成为浙东五郡（会稽、东阳、永泰、临海、新安）的州治。山阴县城成为五郡之首府，刘宋大明三年（459），会稽郡还一度成为扬州州治。而孔灵符在其《会稽记》中，将当年的山会平原描述为一处村落遥相连接、境内无荒废之田、田无旱涝之忧的富庶地区。《晋书·诸葛恢传》中则称"今之会稽，昔之关中"，《宋书·沈昙庆传》也描述会稽一带"带海傍湖，良畴亦数十万顷，膏腴上地，亩值一金，户、杜之间不能比也"①，可见鉴湖之利甚。

鉴湖效益之显著可谓立竿见影，甚至福泽后世八百余年。然而开创鉴湖的马臻却因此获罪被诛杀。在其死后300年内的正史中，都未见有关马臻之案的记载。直到300年后，孔灵符任会稽太守时，采集史料写就《会稽记》，第一次记载了鉴湖兴建者马臻及其被杀的缘由，以及鉴湖始建时间、工程规模、形制和水利效益：

> 《会稽记》曰：汉顺帝永和五年会稽太守马臻创立。镜湖在会稽、山阴两县界。案：塘蓄水高丈余，田又高海丈余。若水少，则泄湖灌田；如水多，则开湖泄田中水入海，所以无凶年。堤塘周回五百一十里，溉田九千余顷。又《会稽记》云：创湖之始，多淹冢宅，有千余人怨诉于台。臻遂被刑于市。及台中遣使按鞫，忽不见人。验籍，皆是先死亡人之名。②

根据孔灵符的描述，马臻被杀的缘由是因创鉴湖时淹没了较多的坟墓与房屋，引起众怒，有千余人上书朝廷告其罪。故在鉴湖修成的第二年，马臻因此获罪，这一年汉朝廷还免去了主管全国农田水利的司空郭虔的职务。但是等到朝廷再派人调查，查不到告状之人，经户籍核实，状纸上的署名都是当地已死亡之人名。显而易见，状告马臻的另有其人，而所列罪

---

① （南朝梁）沈约：《宋书》卷五十四《沈昙庆传》，中华书局，1974年，第1540页。
② （宋）李昉：《太平御览》卷六十六。

证是否属实，史学家多有考量。

　　状指淹没冢宅之事，据宋吕祖谦《入越录》记载："隆兴初，吴给事蒂浚湖，未一二尺，多得古棺。皆刳木为之。盖汉未凿湖前冢墓也。然后知古人为湖，特因地势筑堤，堤立而湖成，不待深疏也。"可见也确有其事。但真正导致马臻被杀的原因，是因为鉴湖的修建触动了当地名门望族的切身利益。据分析，东汉时期会稽郡所辖 14 县，有户 12 万余人。鉴湖未筑时，山会平原南部人口多于北部。鉴湖修筑后，湖南、湖北人口比例大约为 4∶6。北堤东南部地区也就是越国富中大塘所佑护地区，居住的多是越国贵族，北堤以南西部地区，居住的是土著平民以及一部分外来名门望族，这些人多数在朝中占有一席之地。北堤以北只有零星人口居住，且多为外迁居民。再看鉴湖围湖地区，湖区面积大约有 26 万亩，加上南北堤等其余面积，共涉及土地约 73 万亩。按照当时的人口比例计算，至少有 2 万余人曾居于湖区内，其中很大一部分为山阴富户和名门望族，在朝局中有一定影响力。再按当时田亩产量计算，湖区淹没田地平均每亩年产量近 300 斤，而马臻修鉴湖一年，区间范围内共亏损粮食产量 2100 万斤，如此巨额亏损必定触动一部分阶级利益。加之兴修水利需耗费大量人力物力，平均每天约 5000 人劳力，劳役之繁重引发当地望族与百姓怨言也不无可能。因而可知，冢宅之事仅为托由。马臻被杀后，继任太守为梁旻，系当地大族梁氏后代，其兄梁商曾向顺帝状告马臻贪污粮食，导致会稽粮食减产。马臻是否贪污无史料佐证，粮食减产一事也仅能从分析中判断，即为之前所指鉴湖淹没范围内的产量。但前有千余人状书，后有逸言，顺帝又偏听偏信，在未经查实之下就诛杀马臻，导致马臻沉冤数百年。然马臻筑鉴湖利后世甚深远。南宋著名政治家、诗人王十朋在《会稽风俗赋》中云"境绝利博，莫如鉴湖"，可见鉴湖之利，初创者之功。

　　今绍兴古城偏门外的马臻庙，疑为元和九年（814）所建，自唐以来多有圮败和修葺记载。庙中文献记载和民间传说的内容较为丰富，有较多古代碑文。庙大殿东西两壁，绘有 32 幅清代壁画，主题为马臻与鉴湖水利史，其中马臻治水功绩，及梁冀家族陷害马臻致其被冤杀之事，皆在画中有生动展示。

马太守庙壁画记载马臻与鉴湖（绍兴市鉴湖研究会提供）

文献辑存

宋书·孔灵符传

孔灵符，会稽山阴人，孔靖之子。元嘉末，为南谯王义宣司空长史、南郡太守，尚书吏部郎。世祖大明初，自侍中为辅国将军、郢州刺史，入为丹阳尹。山阴县土境褊狭，民多田少，灵符表徙无赀之家于余姚、鄞、鄮三县界，垦起湖田。上使公卿博议，太宰江夏王义恭议曰：“夫训农修本，有国所同，土著之民，习玩日久，如京师无田，不闻徙居他县。寻山阴豪族富室，顷亩不少，贫者肆力，非为无处，耕起空荒，无救灾歉。又缘湖居民，鱼鸭为业，及有居肆，理无乐徙。”尚书令柳元景、右仆射刘秀之、尚书王瓒之、顾凯之、颜师伯、嗣湘东王或议曰：“富户温房，无假迁业；穷身寒室，必应徙居。茸宇疏皋，产粒无待，资公则公未易充，课私则私卒难具。生计既完，畜功自息，宜慕亡叛通恤及与乐田者，其往经创，须粗修立，然后徙居。”侍中沈怀文、王景文、黄门侍郎刘骏、郗颙议曰：“百姓虽不亲农，不无资生之路，若驱以就田，则坐相违夺。且鄮等三县，去治并远，既安之民，忽徙他邑，新垣未立，旧居已毁，去留两困，无以自资。谓宜适任民情，从其所乐，开宥逋亡，且令就业，若审成腴壤，然后议迁。"太常王玄谟议曰："小民贫匮，远就荒畴，去旧即新，粮种俱阙，习之既难，劝之未易。谓宜微加资给，使得肆勤，明力田之赏，申怠惰之罚。"光禄勋王升之议曰："远废之畴，方翦荆棘，率课穷乏，其事弥难，资徒粗立，徐行无晚。"上违议，从其徙民，并成良业。

灵符自丹阳出为会稽太守，寻加豫章王子尚抚军长史。灵符家本丰，产业甚广，又于永兴立墅，周回三十三里，水陆地二百六十五顷，含带二山，又有果园九处。为有司所纠，诏原之，而灵符答对不实，坐以免官。后复旧官，又为寻阳王子房右军长史，太守如故。恧实有材干，不存华饰，每所莅官，政绩修理。前废帝景和中，犯忤近臣，为所谮构，遣鞭杀之。二子湛之、渊之，于都赐死。太宗即位，追赠灵符金紫光禄大夫。

辑自（南朝梁）沈约：《宋书》卷五十四《孔灵符传》，中华书局，1974年，第1532—1534页。

孔灵符《会稽记》序

鲁迅

孔灵符《会稽记》，《隋书·经籍志》及新旧《唐志》皆不著录。《宋书·孔季恭传》云：季恭，山阴人。子灵符，元嘉末为南谯王义宣司空长史，南郡太守，尚书吏部郎。大明初，自侍中为辅国将军，郢州刺史。入为丹阳尹，出守会稽。又为寻阳王子房右军长史。景和中，以迕近臣，被杀。太宗即位，追赠金紫光禄大夫。诸书引《会稽记》，或云孔灵符，或云孔晔。晔当是灵符之名。如射的谚一条，《御览》引作灵符，《寰宇记》引作晔，而文辞无甚异，知为一人。《艺文类聚》引或作孔皋，则晔字传写之误。今亦不复分别，第录孔氏《记》为一篇。其不题撰人者，别次于后。

辑自鲁迅：《古籍序跋集》，人民文学出版社，2006年，第44—45页。

王元暐[*]

　　王元暐（晚唐人，生卒不详），唐大和时（827—835）以朝议郎衔领
鄮县令。唐鄮县即宋以后的浙江鄞县，范围包括今浙江省宁波市海曙区、
鄞州区。王元暐治鄮，重文教、正风俗、兴水利，鄮县从明州西部的穷乡
僻壤发展起来，在当时已经在它山堰建王元暐生祠，以彰其治理地方、教
化民众之绩。北宋咸平四年（1001）在生祠原址上扩建，更名"它山庙"。
乾道四年（1168）孝宗帝赵昚赐它山庙名"遗德"，南宋宝庆三年（1227）
封王元暐"善政侯"，淳祐九年（1249）王元暐加封"灵德侯"。清嘉庆
十年（1805）加封"孚惠侯"。自唐末至两宋在它山堰工程完善的进程中，
王元暐亦演化为神，享春秋祭祀一千余年，成为区域水利工程管理的文化
纽带。

　　鄞江发源于四明山，是源短流急的山区河流，在鄞县鄞江镇东南汇入
奉化江。稍遇干旱，河流水位落低，咸潮即乘势上溯，以致鄞西平原有水
既不能引取灌溉亦不能饮用。王元暐创建的它山堰，至迟在北宋时已经
成为区域性水利工程，今天的它山堰基本保留了南宋时的工程体系。它山
堰地处鄞江从山区进入平原的出山口，干渠南塘河沿鄞江和奉化江台地分
布。自鄞江镇到宁波城河由它山堰（拦河坝）、洪水湾—南塘河（干渠）
和日月湖（蓄水工程）构建的骨干工程体系，既有灌溉之利，亦通舟楫，
兼济明州州治宁波城池、浙东运河南端水源。它山堰水利对鄞西平原和宁
波城的重要，犹如都江堰于成都平原和成都。

　　南宋人魏岘在《四明它山水利备览》中最早完整记载了它山堰。魏岘
是鄞州人，"家距（它山）堰不数里"[①]，魏岘于嘉定时（1208—1224）以朝
奉郎提举福建路市舶，绍定时（1228—1233）、淳祐二年（1242）有过短

＊　　作者：谭徐明
①　（宋）魏岘：《四明它山水利备览·序》，丛书集成初编，商务印书馆，1936年。

暂的江西外任，淳祐三年（1243）后再也没有外任。魏岘多次参与它山堰的重建或大修。嘉定十四年（1221）时居家赋闲的魏岘，见它山堰废坏多年，"言于府，请重修，且董兴作之役"[①]。由是魏岘主持了它山堰渠首、乌金碶的重建。嘉熙三年（1239）、淳祐三年（1243）它山堰渠首大修及干渠段的疏浚，魏岘也是亲历者，他在最后家居十余年间著《四明它山水利备览》。《四明它山水利备览》记载了它山堰的山水形势、堰址渠首枢纽工程设施，以及它山堰的结构、渠系工程，以及工程管理、庙祀等。此后宋元《四明志》《四明续志》，以及明清明州、宁波、鄞县地方志都有它山堰各时期的详细记载。它山堰完备的史料在古代水利工程中并不多见。

它山堰从9世纪兴建到南宋历经400多年，工程及其管理都有逐渐完善的过程。王元暐的贡献是对它山堰堰址和干渠南塘河线路的选择。它山堰以其水利规划的科学性，为后来工程设施的不断兴建、工程的持续兴利留下了无限的空间。至迟在宋代它山堰已是砌石结构的重力拦河坝，这是见于记载的中国第一座具有泄洪、排沙闸的枢纽工程，是古代水利工程技术发展的里程碑。

它山堰及其工程体系

它山堰以存续时间最长的拒咸蓄淡工程和砌石重力坝著称。现存的它山堰渠首是一座长113米横截鄞江的砌石结构低坝，坝拦河壅水拒来自下游咸潮，坝顶溢流。鄞江被它山堰隔断后，来自鄞江的淡水在其北由官塘入洪水湾。洪水湾是干渠上游水道，设置了乌金碶、积渎碶和行春碶等三座泄水闸节制引水量，汛期的洪水由此排入鄞江下游入奉化江。渠首至行春碶的渠段为洪水湾，以下始称南塘河。南塘河与宁波城河和浙东运河相接（参见它山堰、洪水湾、南塘河及节制工程分布图）。

---

① （宋）魏岘：《四明它山水利备览·序》，丛书集成初编，商务印书馆，1936年。

《四明它山水利备览》置堰篇记载了它山堰的选址、枢纽工程和引水渠等设施：

> 侯（即唐大和时鄞县令王元玮）之经营是堰也，历览山川，相地高下，见大溪（即鄞江）之南，沿流皆山，其北皆平地。至是始有小山，虎踞岸旁，以其无山相接，故谓它山。南岸之山，势亦俯瞰，如饮江之虹。二山夹流，钥锁两岸，其南有小峙二，屹然中流，有捍防之势。人目为强堰。其北小山之西，支港入溪（即洪水湾），则七乡水道襟喉之地，因遂堰焉。由是溪江中分，咸卤不至。清甘之流，输贯诸港。入城市，绕村落，七乡之田皆赖灌溉。

它山堰的堰址和进水口充分利用了两山夹河、鄞江出山口的地形和岩石河床。《四明它山水利备览》堰规制作篇记载了宋代它山堰的形制、堰体结构与材料。魏岘所记载的它山堰为拦河砌石堰。按照每级石板25厘米厚度计，堰高约9米。20世纪90年代对它山堰堰体及地质勘探，发现唐代、宋代它山堰的石工基础。堰遗存堰顶高程2.4米，上游仅见砌石4—6层，每层厚20—30厘米不等，测得最大砌石堰高3.5米。宋代它山堰堰顶中轴线向上游移动2米，堰顶高程3.05米，遗存堰最大高4米。唐宋砌石层级三十六级可能是概数，但是层级应该多于现在。今天的它山堰依然保留了传统砌石结构（见它山堰照片），唯有堰前的淤滩，使大溪（即鄞江）主流直入洪水湾。20世纪50年代上游修建了皎河水库，它山堰的蓄水功能为水库取代。

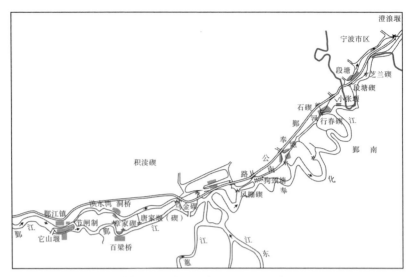

它山堰、洪水湾、南塘河及节制工程分布图

它山堰（2017 年）

魏岘《四明它山水利备览》堰规制作篇称它山堰"堰身中空，擎以巨木，形如宇屋"。今有人认为堰的中部是框架结构，以节省石料。还有人推测是木桩基础；抑或山洪冲下来的大树。魏岘除了"中空"且"形如宇屋"的记载，还有"每遇溪涨湍急，则有沙随实其中，俗谓护堤沙。水平沙去，其空如初"的描述，由此看应该是坝顶低于正规坝高的一段，具有泄洪排沙的功能：当上游山洪下来时，沙随洪水而下积于其中；而潮水上溯至堰下，则积沙随退潮的水流排走。魏岘还记载了嘉定十四年（1221）重建乌金碣，其时"身东西五丈二尺有奇，南趾七尺，臂东二十七丈，西十三尺。桥五丈五尺，而长高九尺，阔称之。合石为之柜，植石为之棍。规模宏壮，工力缜密"。乌金碣是洪水湾自渠首以下第一处泄水节制闸，是桥闸合一的建筑，今天尚在运用。乌金碣"合石为之柜，植石为之棍"，是它山堰干渠上第一道泄洪排沙闸。

它山堰永久性工程设施极大地减少了岁修工程量，相应泥沙淤积成为工程管理重点。《四明它山水利备览》在"堰规制作""淘沙""防沙""回沙闸外淘沙""回沙闸记"等篇都记载了鄞江上游水土流失严重，洪水携带大量泥沙在它山堰沉积，泥沙淤积已经影响到了工程正常运行。淳祐二年（1242），郡守陈垲在它山堰回水段兴建了三孔回沙闸。平时闭闸，清水由闸上入干渠，疏浚时开闸自它山堰排沙。回沙闸和它山堰形成回水区，让泥沙沉淀，以便集中淘沙。回沙闸上有水则，以水位用作闸板启闭的控制标准。回沙闸最初的设置目的是清淤，实际上它在调节水量方面也发挥了重要的作用。

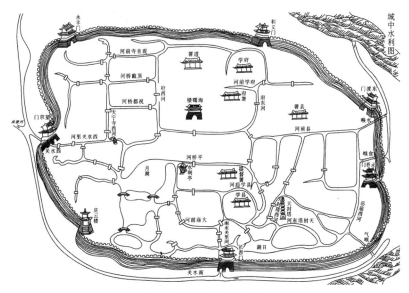

南塘河与宁波城河、运河关系图

它山堰干渠称南塘河，尾闾入宁波城河。南塘河在西水关分为三支（见南塘河与宁波城河、运河关系图）：北支至西坝入运河；中支入西水关进宁波城区；南支绕城经南水关接纳城市排水，下入奉化江。它山堰还有完善的工程管理设施。在渠首和宁波城月湖都设有水则亭，通过水则水位，启闭水闸，节制水量。日月二湖既调蓄了水量，也为城市提供了优质的生态和景观环境。城市排水则通过塘河上设置的水喉、气喉、食喉（三座有闸排水涵闸）排入甬江。堰、渠道和碶闸构成了完整的引水、蓄水和排水系统。它山堰的工程体系，除日湖已经湮废外，大多保留至今。

1974 年，它山堰上游 14 公里处建成总库容为 1.1 亿立方米的皎口水库，控制了上游 254 平方公里的集雨面积，达到 10 年一遇的洪水防洪标准，使鄞西平原的抗旱能力提高了 50%，将近 1 万公顷的农田实现了旱涝保收。水库建成后，替代它山堰水源工程的功能，但拒咸、泄洪节制功能仍然保留，堰与乌金等三碶配合默契，相得益彰。有坝引水工程、砌石结构的堰坝；具有水量节制，排沙溢洪等功能设施，标志着唐宋时期水利工程的长足进步。迄今为止它山堰及其工程体系、相关环境景观保留完好。1998 年它山堰被列入国家重点文物保护单位，2015 年被列入世界灌溉工程遗产名录。

它山庙与王元暐祭祀

它山堰作为区域性水利工程，其公共工程的特性决定了官方威权管理与用水户自治管理两个体系互为倚重的关系，作为水神的王元暐实为维系它山堰管理精神图腾。13 世纪时它山堰灌溉面积十五至二十万亩之间，分布鄞西平原十二乡镇。王元暐崇拜不仅是对地方官兴水利的道德约束，也在官民沟通维系用水制度和工程管理（岁修劳动力、材料的征集调度等）等方面发挥作用。

遗德庙即它山庙是它山堰的堰庙，源于唐王元暐的生祠，南宋为祭祀官庙，自唐宋及至明清民间修庙供奉，从渠首鄞江镇到灌区十二乡，共有祭祀王元暐庙18处，这在古代水利工程中是少有的。它山庙建在它山堰左岸，其他庙分布在干渠分水或泄水碶闸一侧。它山堰水神的祭祀从官祀到民间供奉无处不在，水文化渗透直至民风民俗。现在除了它山庙，灌区内王元暐庙所存寥寥，成为古代它山堰的最后文化符号。

它山庙建庙一千多年来，经历代兵燹，多次被毁重修，最后一次毁于抗战时期。现存的建筑是20世纪40年代末重建。它山庙门有"它山遗德庙"横匾。正殿供奉王元暐神像，及"远禹积功""它山名宦"的匾额。它山庙东有"报安祠"，以祠祀宋、元、明、清本土名宦、乡贤。南宋参与大修它山堰、编纂《四明它山水利备览》的魏岘在列。20世纪50年代后，它山庙一度为鄞江中学所在，1994年搬迁，庙内增设它山堰水利陈列馆。它山庙除了举行官祀，也是堰务议事中心，进而演进为民间祈福、酬神的场所。酬神，给神演戏而为庙会，使它山堰和鄞江镇成为区域定期物资交流和娱乐的公共空间。王元暐祭祀、它山堰和庙会将水利工程管理与农事、节庆联系起来，贯穿其中的主线则是它山堰的世代延续。

曾公亮[*]

曾公亮（999—1078），字明仲，号乐正。泉州晋江县（今福建省晋江市）人。北宋政治家、文学家。宋仁宗天圣二年（1024）登进士，八月授太常寺奉礼郎、节察推官，知杭州临安县。未行，改知越州会稽县。任内，主持修建曹娥斗门，《宋史》称"民田镜湖旁，每患湖溢。公亮立斗门，泄水入曹娥江，民受其利"①。后升官累至知制诰、翰林学士、端明殿学士、参知政事、枢密使等职，在嘉祐六年

曾公亮像

（1061）以吏部侍郎、同平章事、集贤殿大学士正式拜相。宋英宗即位后，加中书侍郎兼户部尚书。宋神宗时，再加至门下侍郎兼吏部尚书、昭文馆大学士，累封鲁国公。曾公亮在政治上最活跃的时期，也是宋朝中期社会改革活动最频繁的时期。他曾经参与宋仁宗年间的由范仲淹主持的"庆历新政"，并有自己鲜明的政治主张。曾公亮还是宋神宗时期"熙丰变法"的主要人物。此后，曾公亮因年迈罢相，带司空兼侍中出镇河阳三城，又判永兴军，最终以太傅致仕。元丰元年（1078），曾公亮去世，年八十。赐谥"宣靖"，获赠太师、中书令，配享英宗庙廷，昭勋阁二十四功臣之一。其墓位于今河南省新郑市八千乡辛庄村南，妻陈氏祔葬。墓碑为宋神宗亲笔"两朝顾命定策亚勋之碑"。

曾公亮居相位十多年，以熟悉朝廷典章制度、礼仪法规，并严格执法而为时人称道。曾经提举编修《唐书》（即后世所称《新唐书》）《太常新礼》《游艺集》，有文集三十卷，后佚。又曾与丁度承旨编撰《武经总要》，

---

* 作者：陈方舟
① （元）脱脱等：《宋史·卷三百一十二·列传第七十一·曾公亮传》，中华书局，1985年，第10232页。

082 ┃浙东运河名人传纪

为中国古代第一部官方编纂的军事科学百科全书。《东轩笔录》称"其为文章，尤长于四六，虽造次柬牍，亦属对精功"。

曾公亮与曹娥斗门

曹娥斗门，俗传曾宣靖公（公亮）宰邑所置，其具体位置在今天上虞曹娥镇丁坝底。现存最早记载论述鉴湖涵闸系统的文献为曾巩的《越州鉴湖图序》，其中提到宋时鉴湖有朱储、新径、柯山、广陵、曹娥、蒿口 6 处斗门。《读史方舆纪要》收录《郡志》曰："旧有鉴湖塘，西起广陵斗门，东抵曹娥斗门。"[①]可见曹娥斗门为鉴湖水利涵闸系统之一。根据曾公亮在会稽之事记载，曹娥斗门最晚于天圣末年（约 11 世纪初）已建成。唐宋时期，随着山会平原东、北部海塘工程先后修建及完善，以及鉴湖湖区泄水围垦的影响，平原内河水系结构发生极大转变。原来向东入曹娥江的内河出水通道被堵，积水通过内河河网转向西，又受平原南高北低地势影响，水流向北汇聚于玉山南部的大片内河之中，形成新的积水区。而海塘又堵塞了东部会稽县的出水口，导致会稽县"每遇淫雨，内河泛溢"。时人不得不常将东江塘的一部分掘开泄水，即"每于蒿口、曹娥、贺盘、黄草沥、直落施等处开掘塘缺"[②]。嘉泰《会稽志》卷三则记："县有鉴湖，溉民田，湖溢反为田病。公亮即曹娥江堤疏为斗门，泄湖水入江，田不病。"[③]根据以上文献，推测出曹娥斗门的功能是为泄鉴湖之水入曹娥江，系鉴湖水利涵闸系统之一。

又有曹娥闸一说。嘉泰《会稽志》曰"曹娥闸在县东南七十二里"，《读史方舆纪要》则称"曹娥堰距府九十里"，堰与斗门为何种关系，此处存疑。随着北宋以后尤其是南宋以来鉴湖的湖田化进展，原用于调蓄湖水

---

① （清）顾祖禹撰，贺次君、施和金点校：《读史方舆纪要》卷九十二《浙江四·绍兴府·会稽县》，中华书局，2005 年，第 4213 页。

② （明）徐渭：《水利考》，万历《会稽县志》卷八《水利》。

③ （宋）施宿等：嘉泰《会稽志》卷三《县令长》。

的涵闸系统逐渐失效，曹娥斗门因此作废。明代嘉靖年间三江闸修筑后，山会平原河网水系被重构，曹娥斗门改为曹娥坝。

康熙《会稽县志》收录的北宋曾巩《鉴湖图》

曹娥老坝底拖舟坡遗址

文献辑存

宋史·曾公亮传

曾公亮字明仲，泉州晋江人。举进士甲科，知会稽县。民田镜湖旁，每患湖溢。公亮立斗门，泄水入曹娥江，民受其利。坐父买田境中，谪监湖州酒。久之，为国子监直讲，改诸王府侍讲。岁满，当用故事试馆职，独献所为文，授集贤校理、天章阁侍讲、修起居注。擢天章阁待制，赐金紫。先是，待制不改服。仁宗面锡之，曰："朕自讲席赐卿，所以尊宠儒臣也。"遂知制诰兼史馆修撰，为翰林学士、判三班院。三班吏丛猥，非赇谢不行，贵游子弟，多倚势请谒。公亮摭前后章程，视以从事，吏不能举手。以端明殿学士知郑州，为政有能声，盗悉窜他境，至夜户不闭。尝有使客亡橐中物，移书诘盗，公亮报："吾境不藏盗，殆从者之廋耳。"索之，果然。复入为翰林学士、知开封府。未几，擢给事中、参知政事，加礼部侍郎，除枢密使。嘉祐六年，拜吏部侍郎、同中书门下平章事、集贤殿大学士。

公亮明练文法，更践久，习知朝廷台阁典宪，首相韩琦每咨访焉。仁宗末年，琦请建储，与公亮等共定大议。密州民田产银，或盗取之，大理当以强。公亮曰："此禁物也，取之虽强，与盗物民家有间矣。"固争之，遂下有司议，比劫禁物法，盗得不死。初，东州人多用此抵法，自是无死者。

契丹纵人渔界河，又数通盐舟，吏不敢禁，皆谓：与之校，且生事。公亮言："萌芽不禁，后将奈何。雄州赵滋勇而有谋，可任也。"使谕以指意，边害讫息。英宗即位，加中书侍郎兼礼部尚书。寻知户部尚书。帝不豫，辽使至不能见，命公亮宴于馆，使者不肯赴。公亮质之曰："锡宴不赴，是不虔君命也。人主有疾，而必使亲临，处之安乎？"使者即就席。神宗即位，加门下侍郎兼吏部尚书。

熙宁二年，进昭文馆大学士。累封鲁国公，以老避位。三年九月，拜司空兼侍中、河阳三城节度使、集禧观使。明年，起判永兴军。先是，庆卒叛，既伏诛，而余党越佚。自陕以西皆警备。阅义勇，益边兵，移内地租赋，人情骚然。公亮一镇以静，次第奏罢之，专务裁抑冗费。长安豪喜造飞语，声言营卒怨减削，谋以上元夜结外兵为乱，邦人大恐。或劝毋出游，公亮不为动，张灯纵观，与宾佐竟夕乃归。居一岁，还京师。旋以太傅致仕。元丰元年卒，年八十。帝临哭，辍朝三日，赠太师、中书令，谥曰"宣靖"，配享英宗庙庭。及葬，御篆其碑首曰"两朝顾命定策亚勋之碑"。

公亮方厚庄重，沉深周密，平居谨绳墨，蹈规矩；然性吝啬，殖货至巨万，帝尝以方张安世。初荐王安石，及同辅政，知上方向之，阴为子孙计，凡更张庶事，一切听顺，而外若不与之者。尝遣子孝宽参其谋，至上前略无所异，于是帝益信任安石。安石德其助己，故引擢孝宽至枢密以报之。苏轼尝从容责公亮不能救正，公亮曰："上与介甫如一人，此乃天也。"世讥其持禄固宠云。子孝宽，从子孝广、孝蕴。

辑自（元）脱脱：《宋史·卷三百一十二·列传第七十一·曾公亮传》，中华书局，1985 年，第 10232—10234 页。

曾太师公亮行状

（宋）曾肇

维曾氏系出于禹，为姒姓。其后有封于鄫者，历夏商周，传国不绝。春秋时，见灭于莒，太子巫奔鲁，去邑为曾氏。巫孙蒇，实事孔子，至参，又以孝闻。曰元、中、西，继见经传。其后久晦不显。唐广明中，有自光州固始县避乱徙家闽越，遂为泉州晋江县人者，公之七世祖也。又三世而生瓒，是为公高祖。自高祖而下，三世皆仕闽越。高祖为泉州录事参军；曾祖秦公为司农少卿、泉州节度掌书记；皇祖魏公为泉州德化县令。皆奕世载德，畜而不发。至魏公，始归朝为殿中丞致仕。

皇考楚公，遂以文学政事显名朝廷。至公而曾氏遂大显矣。楚公举进士太宗朝，与陈文忠公试于廷，文皆杰出，并授光禄寺丞、直史馆，而楚公次文忠公为第二。俄特迁殿中丞、知宣州，赐绯衣银鱼。近世进士起家之盛，未有如此者也。终尚书刑部郎中、集贤殿修撰。公既贵，赠楚公而王三世皆至公、师，封大国。又封曾祖姚秦国太夫人萧氏；祖姚辛氏、辛氏，韩国、魏国太夫人；姚吴氏、黄氏，秦国、楚国太夫人。

公少力学问，能文章。乾兴初，仁宗即位，时楚公守池州，以公持表入贺，授试大理评事，不赴调。举进士第五人中第，授太常寺奉礼郎、知杭州临安县；未行，改知越州会稽县。公初试吏，即能听决狱讼，吏莫能欺。县有鉴湖溉民田，湖溢则反为田病。公为即曹娥江堤，疏为此门，泄湖水入江，田以不病，民至今赖之。坐亲戚置田部中，公买不知，左迁监湖州酒务。归，迁光禄寺丞、监在京曲院。岁课大溢，特迁秘书省著作佐郎。明道改元，覃恩迁秘书丞。丁楚公忧，服除，监在京都商税院，迁太常博士。近臣荐公学行，授国子监直讲。是时，元昊叛西边，朝廷议出兵讨之。公自以任博士，得以古谊迪上，且夷狄反复桀骜，宜以德怀柔，不率，然后加兵。著《征怀书》一篇奏之。其后，元昊请臣中国，卒不出兵。徙诸王府侍讲，兼睦亲宅北宅讲书、潞王宫教授，迁尚书屯田员外郎。故事，王府侍讲，岁满进记室、直史馆，赐三品服。公以积累而迁，非其好也，献所为文，召试学士院，授集贤校理。发解别头进士，得人为多，后有至公卿者。

俄兼天章阁侍讲、史馆检讨，迁尚书兵部员外郎、修起居注、当试知制诰。宰相贾文元公，公友婿也，以亲嫌为言，除天章阁待制，迁尚书刑部郎中。文元公罢，遂知制诰，兼史馆修撰。丁楚国太夫人忧。服除，召入翰林为学士，迁中书舍人。公自校理以至为学士，皆兼待诏。是时，仁宗励精稽古，博延儒学之士，讲论六艺，有不任职，往往罢去。独公以道德劝讲，历十余年。事有可以趣时为之者，多傅经启迪，繇是眷奖加厚。

一日，召执政侍从之臣策访政事，时公侍楚国太夫人疾，谒告家居，亟以手诏就问。公条六事以献，其略以谓：完堡栅、畜兵马，使主兵者久于其任，则夷狄不敢窥边；取之得其要，任之尽其材，则将帅不患无人；损冗兵，汰冗官，节财用，省徭役，不专在农，则耕者劝。又陈古者取六郡良家子为宿卫，及府兵番上十六卫之制，以明今宿卫之失。言狂者似直，爱憎似忠，以明听言知人之难。而人君得其言，则当审覆而后行，以消谗诐之风。盖皆取当世之所先急，而便于施行者以为说云。

既以经术开导人主，至于朝廷典章故实，律令文法，无不练习，而临事明敏果敢。历判尚书刑部、兵部、吏部流内铨、知审刑院、太常礼院、判太常寺兼知礼仪事、勾当三班院。异时领省事者，多以贵达，且数迁徙，类不省事，吏得并缘为奸。公周览诏条，考校簿书，分别是非可否，不为苟简。故所至举职，皆有能名。其在刑部，果于直人之枉。选人以殴父妾得罪，其实为妾所殴，拒之，因误伤妾，非殴也。诉于刑部，公欲直之，同列之长者不从，乃独请对，卒与之直。三班吏员冗杂，吏非赇贿不行，又第贵戚权要子弟，恃势请谒。公至，尽取前后条目，为之区处，按以从事，吏束手无能为，而人亦不敢干以私，后至者莫能易也。其治他司亦然。欧阳文忠公不妄许人，至三班，尝以不敢易公旧事为言，其为世所服如此。与详定编敕，修《武经总要》，多所裁定。又尝专奉诏修《游艺集》，书成，赐一子官，辞不受。数以疾请外，改端明殿学士，知郑州。郑居数路要冲，冠盖旁午，州将疲于应接，鲜能及民事。公独询访闾里，为之除害兴利。转运使岁多无名率敛，而辅郡尤甚。公至，一切不报。有不得已者，使民以常赋代之，民以不扰，至今思之。公为政惠和，而尤能钩考情伪，禁戢奸盗。郡故多寇攘，公至，悉窜他境，路不拾遗，民外户不闭，至号公为曾开门。尝有使客亡橐中物，移文求盗，公谕以境内无盗，必从者自为也。索之，果然，使客惭服，以为神明。未几，复召入翰林为学士、知开封府。其政如为郑时，而人亦习闻公所为，不劳而治。强宗大姓，莫敢犯法，畿内之盗，遁逃远去，京师肃然。居三月，擢为给事中、参知政事，提举修《唐书》，时嘉祐三年六月也。明年，加礼部侍郎。又明年，除检校太傅，充枢密使兼群牧制置使。六年闰八月，拜吏部侍郎、同中书门下平章事、集贤殿大学士。公既执政，益感激奋励，为枢密使，修纪纲，除弊事，数裁损冗兵。又更制图籍，以周知四方兵数登耗，三路屯戍众寡、地理远近。及在相位，与韩忠献公勠力一心，更唱迭和，其所更革废举尤多。以谓政事以仁民为先，故其志尤急于去民所疾苦，而辅助其穷乏。罢驰茶禁，归之于民。籍户绝田，收其租为广惠仓，以廪食穷独。其他施设，多此类也。当是时，天下无事，仁宗委政大臣，垂拱仰成，而海内充实，朝廷谧清，群工百司，奉法循理，刑罚宽平，黜陟有序，田里无召发之役，四方不见兵革之事者，宰相辅佐之力也。尝与韩忠献公力赞仁宗蚤建皇子，以为天下万世之本。前此固有言者，未之开纳，至是感悟，储贰乃定。八年三月，英宗即位，加中书侍郎兼礼部尚书。英宗哀疚感疾，太皇太后权宜听政，公调护镇附，夙夜不懈。加户部尚书。治平二年，英宗不豫，即床下奉手诏，立今上为皇太子。明年正月，今上即位，加门下侍郎兼吏部尚书，俄拜尚书右仆射，提举修《英宗实录》。熙宁二年十月，富郑公辞疾去位，又拜右仆射兼门下侍郎、同中书门下平章事、昭文馆大学士、监修国史，兼译经润文。初封英国公，后改兖国公，又改鲁国公。在位久，熟于朝廷政事，尤矜慎决狱。异时，四方以狱来上者，委成有司，二府总领纲纪而已。公得奏谳，必躬自省览，原情议法。密州银发民田中，盗往强取之，大理当以强盗，应死，执政皆欲从之。公独以为：此禁物也，取之虽强，与盗民家物有间。固争不决，遂下有司议，如公言，比劫禁物法，盗得不死。先是，东州地产金银，坐强取者多抵死，由公一言，自是无死者。盖公推析律意，不差毫厘，而主于平恕，类皆如此。谓夷狄骄于姑息，屈于理折。契丹纵边人渔界河，边吏不能禁拘；又数通盐舟，益患之。或谓与之校，且生事，公曰："不可因循不禁，后将为患，独可委之强臣。"且言："赵滋守雄州，其人强勇有谋，可任。"因谕以风指，滋果能明约束，设方略，绝其盐舟，而渔者亦皆远去。谍告虏欲遣泛使，滋又沮之曰："泛使非誓约，虽至不敢上闻。"卒不至。契丹贺正使在馆，故事赐宴紫宸殿。时英宗不豫，命宰相就馆宴之，使者以非故事，不就席。公责以赐宴不赴，是不虔君命也。人主不豫，必待亲临，非体国也，使人处之安乎？遂拜赐。夏人犯大顺城，朝廷忧之。公以为彼方存饥，姑绝其岁赐，遣使诘问，必窘急谢罪。或曰："得赐尚尔，况绝之乎？"公曰："彼虽戎狄，固能择利而处也。"卒遣使，皆如公言。羌酋鬼名山举族来归，且言可率他族内附。种谔乘其势取绥州，又欲因其谋招致他族。或谓夷狄怀诈，未可信，且欲弃绥州。上以问公，公言："举族而来，决非诈。绥州，我故地也，既得之，何可不守？然遂欲招置他族，则我素无备，非仓卒可为，未宜摇动其众。"后遣习旁事者计之，不能易公说。公更践二府，以至为相十有五年，近世处高位者莫如公久。其事君接人，语默动静，一皆有法。而尤小心恭慎，不立朋党，推远权势，未尝纳请，谒市私恩。对家人子弟，不语及公事。每为密奏，辄削其稿。其忠言正论，与夫推贤扬善，谋大事，定大策，凡语上前者，退而不伐，亦不言于人，故人亦莫能尽之也。仁宗末年，大臣一唏公议，往往免去，公终其世，内外无间言。再被顾托，历事三朝，至今上时，受遗辅臣，独公久于其位。上亦笃于信任，不为流言所惑。

尝有朝士上书言，两浙浚漕河，废置埭闸，非便。特以旁郡有公田园，赖以为利。上虽不入其言，公固请辨之。遣使者按验，其言果谬。公亦自言其人尝私谒不遂，今其书具在，并以奏焉，遂黜言者。公复固请宽言者罪，上由是益贤公，眷待有加。盖公遇事，不为姑息，数裁抑侥幸，不以毫发假借。小人不便，思有以中份，而莫能得其隙，故欲以是累公云。公自处显，每思止足，尝因亢旱引咎，累章祈罢免。上以手诏谕公曰："虽十百章上，犹不听也。"年七十，即上书还政，不从，自是数以为言。又三年而后许之，犹未得谢。进司空，以河阳三城节度使兼侍中，为集禧观使，五日一朝，时三年九月也，公春秋虽高，筋力尚壮，时方出师西讨，欲得元老大臣镇关中以为重，强起公为永兴军路安抚使、判永兴。庆州卒盗弄武库兵，且有外应，虽已伏诛，而余党散逸。自陕以西皆警，教阅义勇，置官提举，以备非常。疆陲益兵，转运使又请移内陆赋税以实边，人情骚然，不安其居。公至，曰："叛者诛矣，胡为张皇如是？"一以镇静待之。罢提举校阅义勇官，委之州郡；训练三将以备边，分屯于河中府及邠、泾州，不烦馈运。遂又奏罢移税，由是州郡晏然。乃益缮治城壁戍器，增修政事之阙者。

雍郊山林阻深，奸人依以为盗。取富人物如己有，一不厌其欲，则并其家害之，为患久矣。公至，购以厚赏，分兵搜捕，不数月殆尽。部多豪右，喜为飞语，以动摇在位，且邀姑息。有声言营卒谋结外寇，以上元夜起兵为乱，至闻京师。州人大恐，兵官阴为备，请公毋出游，公不为动。是夜，特率宾佐，置酒邀观，夜艾而归。人情遂安，飞语亦息。陕西既无事，乞还，许之。

复为集禧观使。固纳节请老，许其归，仍进太傅。公之归也，上欲赐公第，公辞以旧庐粗庇风雨，于寒族为称，不敢当。上不夺其志，然使者存问，日月不绝。谓高年宜肉食，数赐羔。公遇同天节，则必入朝上寿，慰抚良厚。上祠南郊，亦奉诏陪祠，卒事无废礼。其后，得末疾，不能朝，上再祠南郊，以公不能从，特诏赐赉，依陪祠故事，固辞不得。盖上之忧老念旧，于公尤笃，故恩礼之厚如此。公虽不能朝，上犹遣中使，诏问北陲备御之策。公历述近世及祖宗已试之略有验于今者，凡千余言以对。公既家居，日与宾客族人置酒弈棋为乐，或使诸孙诵读文章。间乘篮舆，惟兴所适。每岁首，执政大臣连骑过公，饮酒赋诗，以为故事。既退四年，次子孝宽为枢密直学士、起居舍人、签书枢密院事。时公寿考康宁，食其养禄。论者谓父子世为公辅，天下固以为荣，然世或有之；至如公罢政事才六年，亲见其子嗣登政府，而其子入则侍帷幄、赞国论，退而承颜侍膳，雍容膝下，一时之盛，虽古未有也。初，其子迎公居西府，久之，公曰："吾老矣，一旦被病不起，不宜污官寺。"遂茸旧庐以归。未几，而公属疾矣。元丰元年闰正月戊戌，薨于正寝。

公为人力厚庄重，沉深周密，平居谨绳墨，蹈规矩；及处大事，毅然不惑。至其成功，歉然如未尝有为也。居家谨严无惰容，虽在高位，常屈己下士。宾客至者，人人尽其说，然亦不曲从也。其处富贵，以清约自持，自布衣以至公相，凡所奉养，亡甚异也。其家人子弟，帅公之教，不为骄侈；子弟修廉隅，力学问，如寒士，不知其为势家贵族也，性尤恺悌，待故旧不以富贵易意。任子恩多推与旁宗外族，及致仕而归，诸孙多未官者。平生善读书，至老不倦，博识强记。晚年精明不衰，对宾客谈论，诵旧学，引朝廷故事，传国不绝，听者忘疲。晚探佛书，造性命之理。寝疾，家人数劝进药饵，公却之，曰："物盛则衰，固其常也。非药饵所能。"终，辞色不乱。

有文集三十卷，公累阶开府仪同三司、勋上柱国、号推诚保德崇仁守正协恭赞治忠亮翊戴功臣，食邑一万三千五百户，食实封四千九百户。娶陈氏，武信军节度使康肃公尧咨之女，先公卒，封郑国夫人；以子贵，封鲁国。子三人：长孝宗，尚书虞部员外郎；次孝宽；次孝经，殿中丞。女一人，适光禄寺丞周汰。孙七人：谞，诜、说、诚、咏、讷、谊。讷为秘书省校书郎，余皆太常寺太祝。谞先公一日卒。公之去西府居也，诏许其次子往来就养，而其子三请解机务，不许。方继有请，而公薨矣。自公寝疾，上遣中使挟太医诊视，又命辅臣至第存问。讣闻，特辍视朝三日，车驾临哭尽哀。三月丙子，又为素服哭于苑中。赠太师、中书令，配享英宗庙廷，赙恤加等。敕天章阁待制、枢密都承旨韩缜摄鸿胪寺卿，同入内内侍省都知、利州观察使张茂则典护丧事。以五月庚寅，葬于开封府新郑县东里乡北赵村之原。以鲁国夫人祔。维公以儒术吏事见推一时，履和蹈义，笃行不怠，故能奋于小官，不由党援，周旋侍从，致位宰相。佐佑三世，有劳有能。定策受遗，功施社稷。知止克终，老而弥劲。为一代之宗臣，可谓盛哉！是宜铭书太常，配食清庙，诔行易名，传之史官，以信后世，称主上褒显勋旧、垂于无穷之意。谨具公历官行事，状上尚书省，以移太常，以告太史。谨状。

辑自曾枣庄、刘琳主编：《全宋文》卷二三八二，上海辞书出版社，2006 年，第 110 册，第 99—106 页。

送程给事中知越州

（宋）曾公亮

山阴地胜冠江吴，今得贤侯自禁途。

侍从暂虚青琐闼，藩宣新剖玉麟符。

移时前席辞旒扆，不日重城歌绔襦。

想到蓬莱游未遍，已应归步在云衢。

辑自（宋）黄康弼《续会稽掇英集》卷一。

张夏[*]

张夏（生卒年未详），字伯起，萧山长山（今楼塔镇、河上镇一带）人，祖籍雍丘（今河南省杞县）。其父张亮曾为五代吴越国刑部尚书，以父"任子"（荫封）授郎后任泗州（今安徽省泗县，一说江苏省盱眙县）知州。时泗州大水，田宅被淹，张夏募民修建堤塘，疏导河渠，安排生产，以减轻灾害损失。景祐年间（1034—1037）以工部郎中任两浙转运使。在任期间，为抵御潮患，在杭州六和塔到东青门（今庆春路与东青巷相交处附近）一带修筑石塘，共计12里。

张夏修筑的石塘充分利用了前人的技术，又有科学创新。首先将土塘与石塘结合，外侧叠砌块石，内侧密筑土堤，石块防潮浪和水流冲刷，土堤防透水。砌石有收分，筑土有斜坡，形成一上窄下宽的梯形段面，使堤身结构更稳固。同时塘脚放置竹笼石塘，减少水流顶冲。塘线略作弯曲，尤其在塘线转弯处不作折角，既可顺势水流，又可消杀潮势，极大提升了海塘的抗冲能力。张夏不仅在海塘修筑技术上突破创新，更将筑塘与护塘结合。他奏请朝廷批准在六和塔至东青门十二里海塘沿线设立了捍江兵五指挥，专司钱塘江海塘建设与保护。组织二千兵士，分兵把守，分段分责。石塘建成后三年，大风驱潮，势益湍急，巍然屹立。江海堤塘由土塘改建为石塘后，其稳定性大大提高，不久就得以推广到各地，杭州人民感其德，为之立生祠。①

据明嘉靖《萧山县志》记载，张夏在一次护堤抢险中，其船被突如其来的江潮冲没而落入汹涌的江水之中，终无以得救，军士于翌日在坎山沙际发现其遗体。朝廷追封他为宁江侯；宋嘉祐八年（1063）赠太常少卿；淳祐十一年（1251）封显公侯；咸淳四年（1268）敕封护塘堤侯；清雍正三年（1725）敕封静安公。萧山人为纪念他的治水功绩，在堤上（今衙前镇）立祠志念，尊称张老相公。

---

[*] 作者：陈方舟

张夏的神化过程

因为江浙海塘经常溃决坍塌，修堤固塘从未间断，各代大规模修筑江塘的成功之作亦不少，这些亲主其事的地方官员、作出贡献的乡贤名人，其事迹或载入志书，或口耳相传，受到百姓崇敬和爱戴，自发建庙造祠供奉香火，世代纪念。

张夏最初因在杭州修建海塘被立生祠以念其功。彼时还有一位萧山张姓人士为民间供奉，在当地有三月初六庙会。随着张夏石塘的推广与南岸海塘修筑效益的渐显，张夏屡屡受封。萧山、绍兴一带将宋朝工部郎中、封安济公的张夏与张姓布衣二人事迹混合，形成静安公这一神灵，民间俗称"张老相公"或"张行六五"。如嘉靖《山阴县志》载："英济侯王庙：去县东北三十三里陡门闸上。邑人建以祀宋漕运官张行六五者。"万历《绍兴府志》也称："又一庙在山阴三江闸上，称'英济侯王庙'，不知何代所赐封号。""英济侯"并非官方给予张夏的封号，但宋漕运官张行六五者为张夏莫属，充分显示了钱塘江南岸绍兴府境内张老相公信仰的盛行。这一信仰在当地人年复一年与潮抗争中衍生出多样的文化。

作为历史人物的张夏，其生平事迹零星散落在宋代的各种文献中。人物志中为张夏专门列传的迟至雍正《浙江通志》才有，但雍正《浙江通志》的传记资料来源却是明郎瑛所著的《七修类稿》。雍正《浙江通志》之所以为其撰写传记，主要是雍正初年朝廷开始重视江潮诸神信仰。而在此前的浙江各地方志中，虽然留下大量关于张夏祠庙及灵异的记录，但一直未受政府重视。现存最早记录张夏事迹的官志为《咸淳临安志》，其祠庙志中的"昭贶庙"条载：

> 在候潮门外浑水闸东，故司封郎官张夏祠也。夏雍丘人，景祐中为两浙漕使，江潮为患，故堤率用薪土，潮水冲激，每缮修不过三岁辄坏，重劳民力。夏始作石堤，延袤十余里。人感其功，庆历二年立祠堤上，嘉祐六年褒赠太常少卿。政和二年封宁

江侯，后改安济公，赐昭贶庙额。绍兴十二年以后累封，至庆元四年锡以王爵，又累封至今为灵济显祐威烈安顺王。淳祐八年重建庙。[1]

按照该记载，张夏为北宋开封府雍丘县（今河南省杞县）人，景祐年间曾任两浙路转运使。北宋前期，钱塘江潮患频发，用柴薪、泥土做成的江堤难御潮冲，屡修屡坏。张夏首创砌石结构的海塘来代替土塘，并设捍江兵负责专门看修石塘，有效提升了海塘的防潮效益，百姓感念其功，于庆历二年（1042）在钱塘江堤上为张夏立生祠。张夏过世后，朝廷褒赠太常少卿封号。五十一年后（1112），朝廷又授予张夏"宁江侯"的封号，此为神灵封号，大观二年（1108）八月改封"安济公"。进入南宋以后，由于定都临安，加上当时钱塘江河道仍走南大门，钱塘江主河道与杭州城呈垂直相交之势，防潮安全直接关乎朝局稳定。因此政府在修筑海塘的同时，也重视对民间信仰的利用。绍兴十四年（1144）为张夏封号增"灵感"字，三十年（1160）增"顺济"字。可以看出，此时在官方的引导下，张夏逐步神化，陆续累封多至八字，已然达到南宋一代民间神灵的最高级别。南宋后，钱塘江主流虽北趋，但南岸涨坍并不稳定。成化七年（1471）九月初二，巨大的风暴潮将杭州钱塘江岸一千余丈冲毁，沿江大量房屋及田产皆沦陷到江中。为此，朝廷特意派工部右侍郎李颙督工修塘。彼时，李颙听说每当发生潮水吞蚀江堤时，只要祈祷昭贶庙的张夏神就必定有灵应，于是李颙亲自去昭贶庙祈祷，果然潮灾平息，于是重建昭贶庙。这是南宋灭亡以后，首次由朝廷大官主持修建潮神庙。

而绍兴山阴、会稽、萧山、上虞四县，以及沥海所、钱清等诸盐场，也因潮灾之苦，对张夏神迹更为崇拜，如嘉靖《浙江通志》记载了位于绍兴府萧山县的"护堤侯庙"：

（萧山）护堤侯庙：在县东北长山，宋时建，祀漕运官张亮。

---

[1] （宋）潜说友：《咸淳临安志》卷之七十二，浙江古籍出版社，2017年，第673页。

亮生有奇功，殁为明神，祈祷屡应。又新林运河北有行宫。邑人以其地数被潮患，祀侯镇之，并岁春秋祭。今沿海、山城、水闸要害之所，多有张相公庙，传亦谓侯云。[①]

入清后，特别是康熙、雍正、乾隆年间，朝廷在浙江钱塘江北岸大规模修建石塘，防护钱塘江潮水对陆上生命、财产的侵蚀。同时还对江神、河神、潮神等神灵进行了一系列加封活动，专门在海宁建立海神庙进行祭祀。雍正《浙江通志》的"昭贶庙"条下载："国朝雍正三年敕封静安公，春秋致祭。"自是，张夏终成载入官方史册的潮神。

张夏公祭

清代以后，张夏官方的公祭活动中断。但萧绍一带民间对张夏神的信仰未曾断没，这充分表达了萧山民众对历史上这位以身殉职的治水英雄的敬仰之情。现萧山区衙前镇新林周村与吟龙村之间，残存有一段长千余米的当年张夏带领兵士和当地民众修筑的泥石塘遗迹。旧时，在这里曾种植着万株绿柳，所以又被当地村民称为"万柳塘"。现万柳塘已被列入杭州市文物保护点。

2009 年 4 月 1 日，萧山区衙前镇新林周村举行了张夏春祭活动，公祭文（盛久远撰）为：

护堤侯张夏相公祭——钱江汹涛曾经肆虐，滔天浊浪、翻江排山，无情吞噬多少生灵、良田，冤魂不绝、阡陌尽毁。春秋战国、秦汉隋唐，历代百姓泣求上苍、企望神灵庇佑。然日月依旧，潮涌作恶不息，"铁符""割股""断鳌立报"终于事无济。畅八极之广，旋天地之数，禹通二江五湖、决伊阙沟回陆，变害

---

① （明）胡宗宪修，薛应旂纂：嘉靖《浙江通志》卷二百二十四《祠祀志》。

为益，此乃水利之始崛，其后不辍。宋代以降、景祐伊始，恶潮又起，激荡崩岸，地坼人亡无数。时值萧籍人士，工部郎中张夏自皖返浙杭，任两浙转运使。张夏受命于危难之时，以民为本，殚思极虑，借前人之鉴，不蹈事袭故，始取用块石以固泥塘，开创钱江筑石塘且分段营汛之先河，为民排忧解难，成效显现。萧绍大地一时平安，民殷物阜。宁江侯、护堤侯、静安公、靖江大帝，宋后历朝追封张公不断，为庸吏中之佼佼者也。百姓更是感恩不尽，立祠以祭；张公业绩口碑载道，尤以衙（前）长（山）为甚。善恶忠奸如同冰炭，扬善抑恶、同心同德、倡导和谐，为我中华之传统美德！己丑清明，杭萧衙长各界抚今忆昔，公祭张夏相公，当是共克时艰、转危为机之需，利在现今、惠及后世之举！

文献辑存

《宋史·河渠志》张夏事迹

浙江通大海，日受两潮。梁开平中，钱武肃王始筑捍海塘，在候潮门外。潮水昼夜冲激，版筑不就，因命强弩数百以射潮头，又致祷胥山祠。既而潮避钱塘，东击西陵，遂造竹器，积巨石，植以大木。堤岸既固，民居乃奠。

逮宋大中祥符五年，杭州言浙江击西北岸益坏，稍逼州城，居民危之。即遣使者同知杭州戚纶、转运使陈尧佐画防捍之策。纶等因率兵力，籍梢楗以护其冲。七年，纶等既罢去，发运使李溥、内供奉官卢守勤经度，以为非便。请复用钱氏旧法，实石于竹笼，倚叠为岸，固以桩木，环亘可七里。斩材役工，凡数百万，逾年乃成；而钩末壁立，以捍潮势，虽湍涌数丈，不能为害。

至景祐中，以浙江石塘积久不治，人患垫溺，工部郎中张夏出使，因置捍江兵士五指挥，专采石修塘，随损随治，众赖以安。邦人为之立祠，朝廷嘉其功，封宁江侯。

及高宗绍兴末，以钱塘石岸毁裂，潮水漂涨，民不安居，令转运司同临安府修筑。孝宗乾道九年，钱塘庙子湾一带石岸，复毁于怒潮。诏令临安府筑填江岸，增砌石塘。淳熙改元，复令有司："自今江岸冲损，以乾道修治为法。"

辑自（元）脱脱：《宋史》卷九十七《河渠志》，中华书局，1985年，第2396页。

成寻（日本）*

成寻（1011—1081），日本平安时代中期天台宗高僧，俗姓藤原氏，出身官僚家庭，生于日本宽弘八年即宋真宗大中祥符四年（1011）。成寻七岁时入日本岩仓大云寺出家，稍长以转读《法华经》为常业，后获阿阇梨传灯大法师之位，即佛教中传授真言秘法的教授。日本延久四年即宋神宗熙宁五年（1072）三月十五日，成寻等一行自日本松浦郡壁岛登上中国商船，《参天台五台山记》即为成寻此行的日记。

成寻像

十九日，这艘开往中国的船启航。成寻此后一年多在中国游历。次年六月，成寻完成了巡礼并为寺院请回经书后归国。《参天台五台山记》自三月十五日启程开始记录，至次年六月十二日归国上船之日止。成寻在中国朝拜佛教圣地天台山和五台山后觐见宋神宗，被敕馆于开封太平兴国寺传法院，后获赐号"善惠大师"。成寻晚年一直在中国生活、传法，留宋九年，最后于宋神宗元丰四年（1081）即日本白河天皇永保元年，圆寂于开封开宝寺。①

成寻来华拜佛的行程，自杭州港登陆后，乘船沿浙东运河南行，至绍兴入曹娥江，逆江而行至剡县（今浙江省嵊州市），转陆路至天台山。返程沿原路回杭州，然后乘船沿江南运河，过长江至瓜洲渡口，转淮扬运河北上，经扬州至楚州入淮河，至泗州转汴河，经汴河至北宋都城汴京。然后继续沿汴河北行，至河阴渡黄河，然后由陆路去五台山。其中水路自南而北过曹娥江、钱塘江、长江、淮河和黄河运口，所经隋唐宋大运河即今

---

* 作者：李云鹏

浙东运河、江南运河、淮扬运河、汴河各段。

成寻《参天台五台山记》关于浙东运河的记载，留下了 11 世纪浙东运河沿线城市市井风景、物产与民俗。其中对绍兴城河、堰、埭，运河漕船形制，沿途河中沉船的记载，是极珍贵的材料。

文献辑存

成寻《参天台五台山记》中记载的运河

浙东运河①

（熙宁五年五月）四日癸未　卯时出船。过通济桥次，门见公移免下了。过十五里，至第二水门——清水闸，依潮少闭门。门下止船了……

五日甲申　天晴。卯时……使者来，开水门出船。他船三四十支，大以为悦。巳时，江下止船，依潮未满也。申时，潮满出船。得顺风，上帆，过钱塘江——三江中其一也。酉时，著越州西兴泊宿……

六日乙酉　天晴。卯一点出船。过十里，入河。船头陈咏行向主船司衙，令见杭州牒，取开门札来，即开水门——名“定清门”。古闸基石。船入门了，过十五里，至五云门，第二水门也。以主船引入闸孔。开门入船，即附纲手了。巳时，于萧山寺前午船，遥拜了。山上有石九重塔，上阶鹤造巢。次过官市务，主市司乘轿来船谒。船过，入了。次过驻楫亭，傍有五重塔二基，高五六丈许，名“觉苑寺”。遥拜了。自五云门过五十里，未时至钱清堰，以牛轮绳越船，最希有也。左右各以牛二头卷上船陆地，船人多从浮桥渡——以小船十艘造浮桥，大河一町许。过三

---

① 文中标题系条目作者所拟

里，有山阴县，有大石桥。通前五大石桥也。过二里，至钱堰。从堰过五十里，戌时，至府迎恩门止。水门闭了，宿下。七时行法了。今日过百卅里了。

七日丙戌　天晴。卯时，以"杭州令"见官人，令开门入船……过五里，有都泗门，以牛二头令牵过船。都泗二阶门楼五间，如迎恩门。未时，过六十五里，著盘江。同四点过十五里，至白塔山酒坊。过一里，至敕护圣禅院……出大门，取手令乘船。最殷勤人也。过十五里，至东关，有天花院，不参礼，过了。过十五里，至曹娥堰宿。今日过百卅五里了……

八日丁亥　天晴。辰一点潮满。元以水牛二头引上船陆，次以四头引越入大河——名曹娥河。向南上河。河北大海也。（然后溯曹娥江向南行至剡县，陆路去往天台山。）

（熙宁六年六月）二日甲戌　天晴。船在闸头外口。依人人恐风同梢工，不出也。以"止风"由示大卿、殿直、梢工等毕。午时，潮生，即出船，渡钱塘江了。大卿（舒州都督白地尚明州也）殿直同渡了。但殿直船被曳潮，不入河，船居木上，倾水入，杂物皆取上云云。人人访见事了。大卿以使被示"无风渡了"由。潮干不开闸，闸外止船了……

三日乙亥　天晴。卯时，开闸入船。即曳船至州北门外宿。殿直船不见……

四日丙子　天晴。卯时，出船，入州内了。待殿直申时来着……不出船，止了……

五日丁丑　天晴。卯二点，出船。一船曳进。申时，至东关。于天花院前暂止船。酉时，曳船至堰了……

六日戊寅　天晴。辰一点，以牛十二头曳越船。堰司来，沙汰出兵士七人乘。今渡曹娥江已了。殿直船，闻渡江了。午时，至蔡山头路边，有好泉造亭，酌入船已了。从江过四十八里至上虞县初等慈寺前宿……

七日己卯　天晴。卯一点，出船。过十二里，至余姚江。辰二点，以牛十六头曳越堰头了。自曹娥堰至余姚堰，五十里也。午时，入余姚县。界内皆越州县也。申时，从堰过六十里，至余姚县，广大县也。大伽蓝多多也。至龙泉寺大门前视风亭，止船休息。亥时，出船。丑时，过六十里，至熟山江边宿……

八日庚辰　天晴。辰时，出船。依风迎吹，不能远去。过余姚县，入明州界了，宿……

九日辛巳　天晴。过六十里，至明州北门前，宿了……

江南运河

（熙宁五年八月）十九日甲午　天晴。巳时，从杭州转运使送牒崇班："日本僧出路，久不见来。钱塘江浅，不得渡。今日之内可出船。萧山汴水浅，大船不得进，示县：借小船六只，可来者。"午时，出船。过五十里，子时至钱清堰。驻船宿……

廿日乙未　雨下。卯时，以水牛八头付辘轳绳，大船越堰。船长十丈，屋形高八丈，广一丈二尺也……申时，至于萧山。小船六只将来乘，移。今日过四十里，至河口定清门宿……

廿一日丙申　雨下。辰时，从法过门乘大船，待潮生。天小晴，申时潮生，渡钱塘江。过十五里，酉时，到著杭州官舍……
……

廿四日己亥　天晴。寅时，出船。转运使以士兵四人催船，副船行陆。午时，出杭州北门——名"余杭门"，水上二阶楼门也。子时，至伦滨宿。七时行法了。今日行六十里。从杭州至秀州二百廿里。

廿五日庚子　天晴。卯时，出船。午时，至盐官县长安堰……申时，开水门二处，出船。船出了，关木曳塞了，又开第三水门，关木出船。次，河面本下五尺许，会门之后，上河落，水面平，即出船也。亥时，至县宿……今日过六十里。

廿六日辛丑　雨下。寅时，出船。午时，入秀州界内崇德县界。秀州是割苏州所置也，有四县：崇德县、嘉兴县、华亭县、海盐县也。亥时，至三塔寺，大门外河边有三塔，高三四丈许，砖塔也，去州二里也。今日过一百，从秀州至苏州一百四十五里也……至（秀州）州门宿……

……

九月一日乙巳　天晴。申时，出船。过（秀州）州北门，经六里，至三树堰。令开二水门出船了……戌时……即出船，至闸头宿……

二日丙午　天晴。寅时，出船。过五十四里，申时，至苏州平望县。暂驻船……戌时，至感墩宿……

三日丁未　天晴。卯时，出船。巳时过大湖，五湖中东湖也。午时，过松江水，三江中一也。立鸟居，书江铭。有木桥、石桥。有桥，不知其数。未一点，至茶陵亭，有"利往桥"，长一里，二丈间四十八间也。桥有高栏，以朱涂之，中有楼四间。桥了，有"笠泽亭"。次渡大桥，次渡市桥，至吴江县。从平望驿过四十五里，至吴江县也……今日终日过大湖。酉时，从吴江县过四十五里，至州前宿……

……

六日庚戌　雨下。卯时，出船。巳时，越上亭堰，入常州界。堰水门并辘轳皆荒芜年尚。戌时，过八十里，至常州无锡县宿，广大县也。宛如州作法……

七日辛亥　天晴。卯时，出船。辰二点，暂驻船……巳时，出船……戌时，过一百里，至常州南门前宿……今日得顺风，终日上帆驰船。今日过百里。从常州至润州百八十里……

八日壬子　雨下。卯时，入（常州）州城门。辰时，临川亭驻船逗留……午时，出北门——南北水门，二阶门楼——门外，过二里驻船……即出船，曳之。戌时，过三十五里，到奔牛堰宿……

九日癸丑　天晴。卯时，越堰。左右各有辘轳五。以水牛十六头，左右各八头。辰时，过十八里，至蔡县，暂驻船。同二点出船。未时，过五十四里，至丹阳县驻船。同二点出船。丑时，过七十五里，至润州南门宿……

十日甲寅　天晴。卯时，开水门，入（润州）州城萧闲堂，官舍也……辰时，至京口堰，驻船。午时，乘小船，崇班、都衙、通事相共渡扬子江……申四点，渡江向亭休息。依湖干，不用船……酉时，归著……州（润州？）南北门筑正坛十丈许，上造高楼："见异国军料"云云。此州，东晋时王都也。地名"金陵"，城名"建业"，水名"楚水"。江南王朝都此州，谓"晋、宋、齐、梁、陈"也。渡又都"大吴皇帝"云云。依湖干，不越（京口）堰宿……

十一日乙卯　天晴。申时，以牛十四头——左右各七——越堰。依堰司命上陆，见越船，最以希有也。堰下河船驻宿……

十二日丙辰　天晴。卯时，出船，出水门。过一里，出水门，向扬子江。渡江间，从州船二只，各乘兵士廿人，轳各四枝，以老僧船并崇班船纲各付，付一只，令牵船。一时许，渡江了。最可云勤功……江间卅五里。巳时至河口，有"利涉亭"，入扬州界内了。次至桥，桥头有迎湖大泊庙……次入流州内，隋帝时所分置也。今又属扬州，无别刺史。至水门，驻船，待湖生，可开关木。申一点，湖生。曳水中木，入船。过二里，到著瓜州堰宿……

（熙宁六年五月）八日庚戌　天晴……午时越堰。左右辘轳牛合十六头，依潮生也。待殿直等间，至渌水桥止船……依"梢工食事不出船"当了……

九日辛亥　雨下。巳一点，出船。酉时，过七十五里，至丹阳县丹阳桥，止宿……

十日壬子　天晴。卯一点，曳船。午时，过四十五里，至吕城堰，即曳船，未三点，过三十里，至奔牛堰。左右辘轳合十六头水牛曳越巳了。即曳船，酉时，至常州北水门留宿……

十一日癸丑　天晴。常州刺史为送金龙形，张公洞去毕。在州陆路百廿里，船路九十里云云……弸节亭着船逗留。未时，出船间……过三十六里，至回林镇，止船宿……

十二日甲寅　天晴。卯时，出船。巳时，至落杜镇，过卅里了。未时，过廿四里，至无锡县……州无锡，九十里也。又至苏州，九十里云云。无锡馆驿亭逗留，船人卖买间也。未二点，出船。酉时，过二十五里，至顾墓，止宿……

十三日乙卯　雨下。卯时，出船。申时，过六十五里，经苏州北门缁衣亭，止船宿……

　　……

十六日戊午　天晴。巳时，出船。戌时，过六十五里，至八尺里铺宿……终夜甚雨。

十七日己未　雨下。卯时，出船。终日曳船，过八十里，至秀州北门宿……

十八日庚申　天晴……巳时，出船了。过六十里，戌时，至秀州内皂树驿宿……

十九日辛酉　卯一点，出，曳船。过九十里，戌一点，杭州十八里店宿……今日未时左右，辘轳牛合十四头曳越长安堰了，盐官驿内也。

廿日壬戌　天晴。卯一点，出船。辰时，过十八里，至临平，卖买。次至广严寺，逗留。即曳船，上帆，入杭州了。过九十里，至照礼亭，止船宿了……

　　……

廿五日丁卯　天晴。秀州船来，乘移已了。本体庄严，虽颇花丽，年久朽损船也……

廿六日戊辰　天晴……辰时，行向……出州西门，于集贤亭乘船，渡西湖三里上，步头陆，经于五里间……

……

廿九日辛未　天晴。向新船许，乘船了。使臣别船，最好也。使臣职方恩，不可思议也。未时，雨下，"本船极漏"由云云。新经早渡后雨下……

卅日壬申　雨下……张行者与通事口论放言，仍出船了。颇非常行者也。

六月一日癸酉　天晴。为申船悦，参转运使衙，奉谒了。有茶汤。嵩大师来告："张行者事，不足言也。"又殿直同来示"不承引，但于在殿直船不可制止"由了……开闸头，出船了。大卿（舒州守云云）恐风，不出船，殿直同不出。实出船了。风止。

二日甲戌　天晴。船在闸头外口，依人人恐风同梢工，不出也。以"止风"由示大卿、殿直、梢工等毕。午时，潮生，即出船，渡钱塘江了。……

淮扬运河

（熙宁五年九月）十三日丁巳　天晴。卯时，越堰。牛廿二头，左右各十一，牵上，入上河。左有廊五十间，每间有立隔。午时，至扬子镇江都县驻船。此河，隋炀帝所堀也。堀沟宽二丈余，直流弃曲。未四点，过十里，至扬州安贤亭……

十四日戊午　天晴。卯时，出船。辰时，至邵伯镇，止船……未时，开水门二所了。次开一门，出船了。子时，过六十里，至高县，广大县也。北去楚州宝应县界五十五里，南去江阳县卅三里。扬州有六县：江阳县、天长县、六合县、高邮县、海陵县、扬子县也。扬州去东京一千五百里，南行一千四百五十里有台州……

十五日己未　天晴。卯二点，开水门扉，入县……至县官舍前止船。午时出船，得顺风，飞帆。子时至楚州宝应县……今日行五十五里。

十六日庚申　天晴。巳时，出船。过十里，至黄莆镇驻船。同二点出船。顺风，上帆。戌时，过八十里，至楚州城门宿……从扬州城至于楚州船，三百十里云。

（熙宁六年四月）廿二日乙未　天晴。辰一点，出船。入淮河了。见浮船、大桥，皆如前，不记。得顺风，上帆，过九十里，至鸿泽。申时，入小河——楚州内。即曳船，过六十里，至淮阴县。丑时，止船宿……

廿三日丙申　天晴。辰一点，出船。申时，过六十里，着楚州府。申三点，开闸头。先出船数百只间，及于酉一点，入船。南门边着船，宿了。使臣本宅在此州，仍逗留……

廿四日丁酉　天晴。依船修理，今日逗留。徒然在南门内……

廿五日戊戌　天晴。使臣、殿直来，书与云："去问来，为发运司指挥。须管：每一闸要船一百只已上到，一次开。如三日内不及一百只，第三日开。不得足失水利。今日也是第三日，近晚必开闸，出闸使行者。"终日难行，开闸不开过日了，最以为难……

廿六日己亥　天晴。辰一点，开闸头，出船。梢工依请，取修理船板等，至午时逗留。午一点，曳纲手出船。离楚州新店，上船行间……离州三十五里，至平河桥宿……

廿七日庚子　天晴。卯时，出船。午时至宝应县，逗留。同二点，出船。过六十里，酉时至界首，止船宿——楚扬二州界也……今日过楚州谢阳湖了，五湖之一也，广大也。堀川西渺渺也。

廿八日辛丑　天晴。卯一点，出船。未时，过六十里，至扬州高邮县，止船，梢工卖买，止宿了……

廿九日壬寅　天晴。卯时，出船。酉时，雨下。过六十里，至邵伯镇，止船宿……

五月一日癸卯　雨下终日。先入京上船间，在闸头内待船入了。晚头入了。开第三闸而入。夜间不出船，止宿……

二日甲辰　雨下。卯时，出船。午时，到着扬州府。三十六里也。为乞船，逗留……

三日乙巳　天晴。新经百余卷，今夜涩湿了。曳于之间，徒送时克。船未来间，今日过了……

四日丙午　天晴。卯二点，以兵士四人乘轿参府。知府响应，点茶汤。船召遣也……申时，从府被给杭州好船。即指本船上河，着南门。依日晚，不乘移……

五日丁未　天晴。卯一点，乘移杭州船了……

六日戊申　雨下。辰二点，出船了。未时，过二十五里……故里下河宿……

七日己酉　雨下。卯时，通事来，仅所取钱一贯半云，秀才遁隐了。即出船，渡扬子江。堰兵士七人来加。巳一点，入润州河毕。堰兵士七人与百文，梢工百文。本兵士十人，合二百文毕。巳三点，至京口堰，止船……依潮干，不越堰宿……

汴河

（熙宁五年九月）十七日辛酉　天晴。辰时，见鹦鹉，大如鸠，尾长一尺，嘴赤，足赤，背毛青，处处有白斑，紫毛处处交，入笼，置船。又鹿，如日本鹿，与羊置船饲。人见庄家，以驴马二匹，覆自口，悬麦粉、石臼，独回牵，无人副进。

巳时，出船。回州城（指楚州城），至闸头……巳时，过十里，至闸头。依潮干，不开水闸。申时，登州秀才与陈咏共来相人由，告之。问："命今几年？"答："可保八十余年者。"

戌时，依潮生，开水闸。先入船百余只，其间经一时。亥时，出船。依不开第二水门，船在门内宿。七时行法了。

十八日壬戌　天晴，颇鬐。终日在闸头市前。

戌时，开水闸，出船。即得顺风，上帆。并牵纲手。寅一点，过六十里，至楚州淮阴县新开驻船。七时行法，经四卷了。

十九日癸亥　雨下。卯三点，出船。过六十里，申三点至闸头，石梁镇内也。

戌时，开闸，出船。至淮河口宿。七时行法了。

廿日甲子　雨下。寅时，出船。入淮河，牵船。未二点，至盱眙县贵山。寺塔十五重，如阁。顶见罗汉井。寺名光福寺，昔五百罗汉见住也。委知泗州大师行状。顺风，上帆。

戌时，过八十里，至泗州东淮头停船。七时行法了。

……

廿二日丙寅　天晴。巳时，以都监轿参泗州大师院。烧香拜礼了。途中千万人满路，敢无隙。买卖宝物、食物，如杭州市……午二点，出船。过廿二里，宿湖口。酉一点，停船。州内七里，临淮县同十三里也。七时行法了。

廿三日丁卯　天晴。寅二点，出船。河极驶流，黄浊难饮。

戌时，过五十五里，至下邳县宿。终日牵船，河驶船重，里数非几。七时行法了。从泗州至宿州，四百廿里。

廿四日戊辰　天晴。卯一点，出船。终日牵船。

戌时，过八十里，至青阳驿宿。七时行法了。

廿五日己巳　天晴。寅一点，出船。

辰时，见青阳驿馆舍等，最广大也。同二点梢工屑福持来酱一杯、姜一杯、萝卜一杯。梢工者，日本梶取名也。

申时，崇班来向船，点茶。

戌时，过四十二里，至通海镇停船宿。七时行法了。

廿六日庚午　天晴。寅二点，出船。申一点，过三十八里，到宿州虹县。有大桥。即出船。

戌时，过七里，至店家前，为驻船宿。七时行法了。

廿七日辛未　天晴。寅四点，出船。卯三点，得顺风，飞帆。终日驰船。酉四点，过七十三里，至史头县大桥下宿。七时行法了。

廿八日壬申　天晴。卯一点，出船。终日牵船。

亥时，过四十五里，至静安镇宿。七时行法了。

廿九日癸酉　天晴。寅三点，出船。终日牵船。

戌时，过四十五里，至宿州宿。七时行法了。

卅日甲戌　天晴。寅二点，出船。

辰时，过十五里，至州舣舟亭。知府送酒三瓶，送返事，与使钱卅五文。知府并通判示送云："今日可逗留，欲储斋者。"答云："早可上京，斋无用"由。

巳时，出船……

戌时，过四十里，至寄宅镇宿。七时行法了。

十月一日乙亥　雨下。寅三点，出船……

巳时，过柳子（应为柳孜）驿；未四点，至柳子驿。有大桥。

申时，一里停船宿。七时行法了。今日行五十里。

二日丙子　天晴。寅三点，出船。终日牵船。

戌时，过六十里，至亳州永城县甫城县甫城甫亭停船。从宿州至当县一百五十里。从县至南京（即今商丘）二百里。七时行法了。

三日丁丑　天晴。辰时出船。从大船下拽船。桥无柱，以大材木交上，以铁结留。宿州以后大桥皆如是。未四点，过三十四里，至酂阳镇，去亳州一百里云云。有大桥石。酂阳市桥过三百步又有大桥。此镇，亳州酂县内也。不停船，过镇了。

戌时，十六里，至甫中宿。七时行法了。今日行五十六里。

四日戊寅　天晴。卯一点出船。辰四点，过十八里，至南京迎应亭停船。有大桥。辰三点出船。得顺风，上帆并拽船。

酉时，过五十二里，至十八里店宿。今日行七十里。七时行法了。

五日己卯　天晴。卯一刻，出船。

巳时，过宋州谷熟县。从县官许，以兵士十人送之。从大桥下过，行，终日拽船。酉一点，过七十四里，至南京大桥南停船宿。宋州内有南京官，名扬持读。从南京至东京三百二十里。从越州至楚州八州河，不流河也。河左右殖生杨柳相连。从泗州至东京，驶流河也。河左右殖生榆树成林。大桥上并店家灯炉大千万也。伎乐之声遥闻之。七时行法了。

六日庚辰　天晴。辰时，拽船从桥下过。店家卖买不可记尽。经二里，至次大桥外停船。梢工宿积千姜，取上市头了。五十石许上了。于宿州卅石许上市了。梢工屑福最可云富人。

巳时，大河亭；次过六百步，过望云亭。河中有损沉船，凡此驶河，见损船及廿余只……酉三刻，过三十五里，至宋州葛驿，停船宿。七时行法了。

七日辛巳　天晴。卯一点，出船。

巳时，至宋州府。有大桥。河边有宁陵县驿。即拽过一里，停船。乘崇班轿，过一町半，到象厩。一屋有三头象，一屋有四头象。先见三头象：有饲象人教象："有外国僧等来见，可拜。"第一象屈后二足，垂头拜跽。次教"可称诺"由，即出气出声。象高一丈二尺许，长一丈六尺许；鼻长六尺许；牙长七尺，曲向上。以鼻卷取刍，食之。象师与钱五十文了……今日过三十八里。酉二刻至府中宿。七时行法了。

八日壬午　天晴。卯一点，出船。过七里，辰一点至东京宋州襄邑鸮县舟亭停船。有大桥，广大县也。卖买店家繁昌，庄严异他县。崇班志[致]送馒头二十九，即分与一船人——船梢工、水手等了。同三点，出船。过七十三里。酉二点，至府中驻船宿。七时行法了。今日行八十里。

九日癸未　天晴。卯一点，牵船过八里，至东京汴州雍丘县停船。有大桥。崇班告送云："此县有女子，暂可逗留者。"即女子与夫共乘马来——件——婿，当县官人也。共人：兵士等廿余人也。午一点，陈都衙照宁借钱十贯，依员持来返纳。通事陈咏十贯同返了。梢工三贯持来返了。终日在县留宿。七时行法了。

十日甲申　天晴。辰二点，出船。终拽船。酉时，过八十里，至东京陈留县宿。有大桥。七时行法了。去洛阳城四十五里。

十一日乙酉　天晴。卯一点，从东京陈留县拽船。申一点，过三十八里，到着锁头。去洛阳城七里，停船。使臣崇班前立使者，奏"日本僧参着"由，并"安下处，待宣旨间，宿此所"。七时行法了。内殿崇班来，入船内。数刻殷勤，取遣茶共吃。仰惟观：梢工、水手、兵士等二十人，令吃饭了。陈都衙、通事、梢工事梢工屑福、兵士长一人，令吃酒了。兵士十人连署借钱三百文，返文害志[致]与既了。各来感谢。见数百大小船，并着河左右避。梢工、兵士等各来悦：到着京。由出国清寺，六十五日至洛城。诸僧喜悦，何事如之！进奉皇帝念珠五串、银香炉等，内殿崇班见，沙汰了……

十二日丙戌　天晴。虽宣旨未下，旦辰时拽船，过二里，至开封县水门，问官前止船。巳时，内殿崇班具甥来向，点茶。

午时，官人来。梢工屑福卖物取上堤上如山，但豆蔻等贵物隐船内。依日本僧船，不入见，过了。午时，出船。未克，至同县下土桥停船。见从桥上牛悬车过行，虽似日本车，屋形，前后左右有四柱窗，尽柱也。

申时，拽船过三里，见丽景门：七间高楼，有三户。过一里，至相国寺前延安桥下停船。侍中一人来船。崇班来会，拜礼，点茶。宿船。七时行法了。汴河左右前着船不可称计，一万斛、七八千斛多多，庄严！大船不知其数。两日见过三四重着船千万也。侍中用金带，最甚妙也。黄门，女声。

辑自［日］成寻撰，白化文、李鼎霞校点：《参天台五台山记》，花山文艺出版社，2008年。

杨时*

杨时（1053—1135），字中立，号龟山，南剑西镛州龙池团（今福建省三明市）人，祖籍弘农华阴（今陕西省华阴市），两宋之交的哲学家、文学家、政治家。杨时以兴修浙江萧山湘湖蓄水工程声名卓著于浙东。湘湖不仅使萧山获灌溉之利，更是与钱塘江北岸西湖并立的大运河水源工程。

杨时像

杨时学于程颢、程颐，与游酢、吕大临、谢良佐并称程门四弟子。杨时40岁时在洛阳与游酢去程府求教，正巧碰上程颐静坐小憩，二人肃立等候。时天降大雪，待程颐觉醒，积雪已经一尺。这便是"程门立雪"典故的由来。南宋初杨时在浙闽两地讲学传授理学，在"二程"和朱熹之间起到了承前启后的作用，有著述《龟山集》《二程粹言》等传世。

北宋熙宁九年（1076）杨时进士及第，后在徐州、虔州、浏阳、余杭、萧山、无为、建阳、荆州等地为官，领地方知县、军判官、府学教授等职，在朝中历任秘书郎、迩英殿说书、右谏议大夫、国子监祭酒、给事中、徽猷阁直学士、工部侍郎、龙图阁直学士等。南宋绍兴五年（1135年）四月杨时去世，获赐左大中大夫，谥号文靖，加封太师，追封吴国公。

杨时不仅是北宋晚期享誉士林的理学家，还是不畏权势，勇于任事的地方官。《宋史·杨时传》记杨时"历知浏阳、余杭、萧山三县，皆有惠政，民思之不忘"①。北宋绍圣元年（1094），杨时任浏阳知县。任职四年，

———————————

* 作者：谭徐明

① （元）脱脱：《宋史》卷四百二十八《杨时传》，中华书局，1977年，第12738页。

救饥荒，兴教育，在浏阳设书院传播理学，偏居湘东的浏阳遂得以开化而为儒雅之乡。崇宁五年（1106），杨时任余杭县知县。在余杭知县任上，简政减税。时任尚书省左仆射兼门下侍郎蔡京到余杭为其母择墓地，为风水要引南湖水到墓址下山塘中，使南湖减少灌溉农田五百多顷。此举激起民愤，数百人联名状告蔡京。余杭县衙接到状书，杨时令县丞把状书送达越州（州治今浙江省绍兴市），蔡京只得另择墓地。

北宋政和二年（1112），杨时任萧山县令。其时正当浙东地区豪权势家纷纷围垦湖田，鉴湖、广德湖等湖急剧萎缩之际，杨时却大兴水利，建成了彼时最大的蓄水工程——湘湖。湘湖地处钱塘江东岸，杨时利用了这里古潟湖地形，筑堤与山体相连，汇集来自天目山、会稽山的溪流，以及钱塘江洪水。环湘湖沿岸筑 18 个霪穴，即放水涵洞，下接水渠。湘湖灌溉萧山九乡十四万七千亩农田。湘湖水域面积三万七千亩，湖周长约十九里，宽一至六里不等。呈西南宽、东北窄葫芦状（参见萧山湘湖全图）。湘湖蓄水淹没了农田，杨时将损失作为"湖耗"均摊到湘湖水利受益农田上。受益农田需要在原缴纳税粮的基础上增加一升五勺六抄的湖耗，是为"均包湖米"。均包湖米制度使受损农户受益，也为湘湖工程管理提供了经费保障，这一制度持续 800 多年，直到 20 世纪 30 年代才告终结。南宋时在湘湖畔为杨时立祠，名"杨长官祠"，后增加了南宋绍兴、淳熙、嘉定年间三位维护湘湖水利有功的地方官，更名"四长官祠"。400 年后，于明景泰时（1450—1457）移祠西兴运河南岸北净土山山麓，成化元年（1465）再次扩建，更名"德惠祠"，祠前有道南书院，同时在萧山城中立牌坊，以彰杨时理学成就及其湘湖水利功绩。

在北宋末南宋初社会动荡时期，杨时是坚持理学的士大夫。北宋末权臣蔡京主导的花石纲祸国殃民，杨时的《余杭见闻》愤然指陈徽宗罢免花石纲诏笔墨未干，运河上运送花石的船已经首尾相接了，对上至朝廷大臣，下至州县官吏，无不专事欺上瞒下，无可救药的北宋朝廷充满失望。金军南下，北宋王朝岌岌可危之际，杨时向钦宗皇帝连连上疏，针对国家时势安危，提出立统帅、示纪律、严号令、攘夷狄、排和议等主张，力主朝廷重用李纲等抗金重臣。他倡导内治外攘，以德以法治天下，全力发展农业。杨时反对王安石变法，认为权相蔡京所作所为是借神宗之名，实复王安石之法以图私利，指陈今日之祸，安石启之，要求追夺王安石谥号，去配享的牌位与画像。

南宋建炎元年（1127）十二月，朝廷任杨时为工部侍郎，杨力辞不受。建炎二年（1128）二月，杨时入朝授兼侍讲。四月，授龙图阁直学士、提举杭州洞霄宫，赐对衣金带、紫金鱼袋。建炎三年（1129），杨时致仕回到故乡南剑州将乐县（今属福建省三明市）龟山隐居。绍兴五年（1135），杨时辞世，葬于将乐水南乌石山麓。后世在将乐龟山麓建有龟山书院、道南祠，宋高宗赵构为书院题名。杨时在将乐主持编修《弘农杨氏族谱》，定家训十条：父慈、子孝、臣忠、夫义、妇从、友恭、敬长、择友、睦族、和邻，北宋士绅文化由此在闽西山区传播开来。杨时以道学入《宋史》传。

杨时与湘湖水利

湘湖是萧绍平原继鉴湖之后的大型蓄水工程，位于萧山城西约1公里处，因此又名"西城湖"。湘湖地处钱塘江南岸，东南与萧绍运河相连，其周为越王城山、老虎洞山、西山、石岩山、杨岐山环抱。湘湖原为潟湖，亦是会稽山、龙门山山溪汇流之地，后筑堤蓄水，得灌溉之利。2世纪前这里有西城湖、临浦湖、渔浦等湖塘，至唐末湖塘逐渐淤废，垦殖为田。北宋熙宁（1068—1077）、大观年间（1107—1110）地方官多次上奏朝廷请废田筑湖，神宗朝一度有复湖举措，但是复湖后，失于管理，为时不长便废弃了。

北宋政和二年（1112），杨时任萧山县令，在他任上兴建水利工程，复湘湖灌溉之利。杨时躬历其所，勘察地形，会集各方意见，委任县尉方从礼驻扎工地督工。历时一年七个月，修筑了杨岐山至糠金山、糠金山至石岩、石家湫至菊花山三道塘堤，废田三万七千亩，是为湘湖。湘湖蓄水工程周长八十三里，湖最长处约十九里，宽一至六里不等。蓄水后，原来田地之间土丘、小山遂成湖中孤山，名之曰：压湖山、定山、荷山、箬山、木碗山、虾蟆山，湘湖以湖光山色成为萧山形胜（参见萧山湘湖全图）。

萧山湘湖全图（1925）[1]

　　湘湖主要工程设施是围湖塘堤和穿堤霅穴，以及灌区渠系工程。霅穴即放水涵洞，也是湘湖用水管理的关键设施，沿岸放水涵洞及石斗门见于清代《湘湖水利志》记载的有：黄家霅、童家湫、凤林穴、亭子头、杨岐穴、许贤霅、历山南、历山北、河墅堰、柳塘（塘子堰）、石家湫、东斗门、横塘穴、金二穴、划船港、周婆湫、黄家湫共 18 处。湘湖工程体系历经北宋末至南宋百年间的不断完善，最多时灌溉面积达到了十五万亩。萧山西崇化、昭明、来苏、安养、长兴、新义、夏孝、由化、许贤，九乡农田受益，明清时受益范围扩展至萧山城厢、新塘、蜀山、闻堰、临浦、义桥、长河、西兴、浦沿、西江塘等乡镇。湘湖水利改变了萧山咸潮侵入

---

① 引自《萧山湘湖志》。

内河，濒江河湖塘却无水可引的状况，促进了萧绍平原东部的农业发展。

兴建湘湖废公田、官田、私田三千多亩，各方皆有损失，其中最大的受害者是赖私田而生存的农户。九乡农田获灌溉之利，而湘湖原住民却因水利失去土地。杨时兴湘湖水利的同时便采用"均包湖米"的办法，将围湖所废农田纳税粮摊到湘湖受益十四万六千六百亩农田上。用水户除了赋税，还要缴纳水费，九乡农田因此受益，同时也补偿湖区淹没田产的损失，官方从中获得了工程管理经费。

北宋末至南宋初，湘湖水利失于管理数十年，用水户为争水经常发生诉讼或械斗。南宋绍兴二十八年（1158）县丞赵善济召集塘长会议，主持制定《均水法》，确立了工程维护和用水规章制度。《均水法》施行了近30年后，淳熙九年（1182）萧山县令顾冲修订《均水法》，更名曰《湘湖均水约束》。《湘湖均水约束》规定了每年放水和闭闸的时间；又根据各乡得水距离、农田地势规定了各乡灌溉水量。《湘湖均水约束》被刻石立碑，昭示用水户。嘉定六年（1213），萧山县令郭渊主持加固湘湖堤塘，疏浚湖塘，放水涵洞更换砌石，并勘定湖界，明确自山脚起为湘湖，严禁围湖造田。

15世纪70年代浦阳江由现西小江水路向北改道入钱塘江。改道后湘湖位于浦阳江与钱塘江汇合处（参见湘湖区位图），湘湖以西不再引水灌溉，湖水东泄则入西兴运河。16世纪50年代西小江兴建三江闸后，湘湖、三江闸与浙东运河北端西兴运河构成完善的工程体系，来自浦阳江、钱塘江的洪水进入湘湖，经过湖区丰枯水量得以调蓄，泥沙部分得以沉淀，成为替代鉴湖的运河水源之一，在湘湖、三江闸共同作用下，西兴运河有了稳定的水源支持，可以实现全年通航。这一效益是当年的创建者杨时没有想到的。

湘湖区位及地形图（20世纪30年代）

　　浦阳江改道后，湖西灌区与湘湖分隔，而湖东部分土地可以引西小江灌溉。16世纪以后湘湖西塘堤的霪穴先后被废。明中期以后湘湖灌溉面积不到宋元一半，官方的管理逐渐松弛，湘湖水利走向衰微。明嘉靖三十三年（1554）萧山乡绅孙学思在湘湖最狭处筑堤并建单孔石拱桥，名"跨湖桥"，以方便湘湖东西两岸孙吴两族的往来，破坏了南宋湖上禁止筑堤架桥的水利约束条约。筑堤和建桥后，湘湖分为上、下湘湖。湖中筑堤减缓了湖区水流流动，加速了湖区淤塞。17世纪以来更随着钱塘江和浦阳江泥沙大量入湖，湘湖淤积速度加快，湖区围垦和濒湖的砖瓦业因此兴起。至20世纪80年代，湘湖水域仅存一千四百余亩。1995年至2013年实施湘湖景区建设，持续十余年的复湖工程和湖周山林整治，使湘湖水域面积达到3000亩，约为北宋政和时的十分之一。今天湘湖重为萧山名胜，浙东运河地标，大运河遗产不可或缺的节点。

赵构[*]

赵构（1107—1187），南宋开国皇帝，字德基，北宋徽宗皇帝赵佶第九子，也是宋朝第十位皇帝，建炎元年至绍兴三十二年（1127—1162）在位，庙号高宗。

北宋大观元年（1107）五月，赵构出生于汴京皇宫。八月，徽宗赐名新皇子"构"，授定武军节度使、检校太尉，封蜀国公。翌年正月，进封赵构为广平郡王，加镇海军节度使、开府仪同三司（皆为虚衔）。赵构"资性朗悟，博学强记，读书日诵千余言"，习武则"挽弓至一石五斗"，超过了武学生一石三斗的水准。[①]赵构擅琴、棋、书、画，尤其书法颇有造诣。宣和三年（1121）十二月，赵构进拜太保、遂安庆源军节度使，进封康王。翌年行冠礼，出居宫外府邸。

宋高宗像（台北故宫博物院藏）

北宋钦宗赵桓时（1126—1127），金军第一次南下围困汴京之际，赵构一度入金营为人质。靖康元年（1126）金军第二次南下，赵构奉命出使金营求和，中途折返，驻节相州，受任河北兵马大元帅。靖康之变汴京失守后，赵构至南京应天府（今河南省商丘市）登基，改元建炎，建立南宋。

遭遇国破家亡的巨变，被推上皇帝之位时，赵构还是不经世事的青年皇子，面对正当上风企图一统中国的金国。自北宋宣和年间起，大半个中国战乱不断，北有金兵屡屡南下，西与西夏百年对峙仍在继续。南宋开国皇帝甫一登基便不断南徙，先后以扬州、建康、杭州、越州等地为宋廷行

---

* 作者：谭徐明

① （元）脱脱：《宋史》卷二十四《高宗本纪》，中华书局，1977 年，第 439 页。

在，最终于绍兴八年（1138）定都临安（杭州）。金军进逼下，高宗任用宗泽、李纲、岳飞、韩世忠等抗金、征战伪齐，同时也任用汪伯彦、黄潜善、秦桧等对金媾和，最终以放弃淮河以北疆土，对金称臣纳贡为代价，绍兴十一年（1141）达成宋金绍兴和议，奠定了南宋在淮河、秦岭以南的偏安局面。是年，宋廷削诸将兵权，杀岳飞，此后任秦桧为相，维持对金媾和，偏安东南的局面。

建炎南渡后的最初三年，高宗在金军的追击下，迁徙于浙东沿海杭州、明州、台州、温州诸地，多次亡命海上。建炎四年（1130）金军攻明州，高宗漂泊定海海域。御前右军都统制、浙东制置使张俊、守臣徽猷阁待制刘洪道守明州，宋金双方激战，后金军拔营北撤，沿途又遭到南宋军民的沉重打击。是役后高宗及宗室登陆明州，转道越州。次年，高宗在会稽行在改元"绍兴"，十月升越州为绍兴府。绍兴元年（1131）十一月，高宗以绍兴漕运不继为由，移驾临安（今浙江省杭州市）。翌年正月抵达临安。

绍兴二十五年（1155）十月秦桧死。高宗在清算秦桧、收复中原的压力下，调整中央决策系统，平反冤狱，惩治官场腐败，部分恢复元祐中央约束监察机制等，史称"绍兴更化"。以此为转折，南宋的社会经济得以很快恢复。

绍兴三十二年（1162），高宗禅让皇位于皇子赵昚，退居德寿宫，以太上皇之尊颐养天年。淳熙十四年（1187年）高宗驾崩于临安，享年八十一岁，谥号受命中兴全功至德圣神武文昭仁宪孝皇帝，葬于绍兴会稽山永思陵。

宋高宗并非传统历史观的中兴明主、有为之君，尤其是重用秦桧，杀岳飞，贬压李纲、韩世忠等主张抗金收复旧疆的将领，使得后世对他的评价更是贬毁有加，过大于功。

高宗一生，生于北宋末世，青年时期经历"靖康之变"，在徽宗、钦宗二帝被金俘虏北去的乱世中继位。南渡中在金兵的逼追下，高宗至杭州，漂泊海上，几经历险，终于由明州登岸至越州，转道临安行在。在高宗主导下，通过与金媾和、输贡，南宋政权得以在东南立足。绍兴十一年（1141）"绍兴和议"签订后，宋金双方大规模战争停息，南宋半壁江山进入和平发展时期。宋室得以延续，使中原文化在长江以南得以传承和发展，经济重心最终从北方转移到南方。仅此，历史上高宗所占的一席之地，恐难以功过几分论长短。

高宗抵达越州后，结束了漂泊逃亡生涯，似乎看到了绍祚中兴的希望，改元绍兴，越州也因此更名绍兴。高宗绍兴年号凡31年，这期间改革朝政，由宰相兼任枢密使，强化中央对军队的控制，赋予宋军诸将的权力，确立了南宋分路防守的体制。绍兴年间南宋得以站稳脚跟，开始经营江南和两浙地区，江南运河、浙东运河，以及关键水利工程得以渐次修复或重建，对其后区域水利影响深远。

杜充决河与绍兴改元

1126年赵构在南京登基，改元建炎，二年（1127）正月至扬州行在。十一月东京留守杜充为阻金兵南下，决汴京黄河堤，黄河改道由汴河入泗，黄淮合流东入黄海，开启了黄河南行700年的历史。杜充决河没有挡住金人南下，却使淮河与泗水间全部沦为黄泛区，数十万人死于洪水。黄河改道后，数支泛道长时间横流于淮河、泗水间，汴河从此淤废，东西向运河中断。杜充决河，为高宗及宗室、朝臣南迁赢得了时间。建炎三年（1129）七月高宗至杭州，漂流海上数月，最后由明州进入越州。宋金签订绍兴合约后，淮河成为宋金两国边界。

建炎四年（1130），宋高宗驻跸越州。十月十一日，宋高宗以唐德宗兴元元年（784）巡幸梁州，改梁州为兴元府故事，升越州为绍兴府，并大赦改元。高宗敕曰："绍奕世之宏休，兴百年之丕绪。爰因正岁，肇易嘉名，发涣号于治朝，霈鸿恩于寰宇，其建炎五年，可改为绍兴元年。"绍兴元年（1131），越州升绍兴府，治设山阴，辖山阴、会稽、诸暨、萧山、余姚、上虞、嵊县、新昌 8 县。

绍兴元年七月十日高宗至会稽，即作《渔父词》十五首，赐侍卫辛永宗。历经漂泊进入会稽的高宗恨不能立即忘却耻辱，回到安闲舒适之中，《渔父词》首首皆是对田园生活的讴歌。如"一湖春水夜来生，几叠春山远更横。烟艇小，钓丝轻，赢得闲中万古名"；(《渔父词》其一)"青草开时已过船，锦鳞跃处浪痕圆。竹叶酒，柳花毡，有意沙鸥伴我眠。"(《渔父词》其四)。高宗在绍兴留下唯一寄托故国情怀，表达收复旧疆意愿的是《古风·中和堂》。诗曰："六龙转淮海，万骑临吴津。王者本无外，驾言苏远民。瞻彼草木秀，感此疮痍新。登堂望稽山，怀哉夏禹勤。神功既盛大，后世蒙其仁。愿同越勾践，焦思先吾身。艰难务遵养，圣贤有屈伸。高风动君子，属意种蠡臣。"最可印证高宗媾和策略的是辛永宗的境遇。辛永宗，长安(今陕西省西安市)人，神武中军统制，绍兴元年主管侍卫马军司公事，后迁江南西路兵马副都指挥使。因不附会和议，被高宗安置在肇庆后死去。

绍兴年号使用凡 32 年(1131—1162)，绍兴初年有金兵的进逼，农业、水利的恢复皆以军事为目的。十一年(1141)宋金休战，南宋政权稳定下来，农业和水利因此开始全面恢复。在南宋疆域内，政府采取免租税、免耕牛税、借贷种子等措施，鼓励农耕。在宋金交界的两淮地区，大举军屯和民屯鼓励南逃流民与守军一同安置下来。在一系列政策的鼓励下，南宋经济得以复苏。

江南运河复兴

绍兴初，在南宋军民抵抗下，金退至淮河以南，双方对峙于江淮一带。宋绍兴四年(1134)，高宗以金兵蹂躏淮南犹未退师，下诏令守臣、宣抚司毁淮扬运河扬州湾头港口堰牐，以及真州陈公塘，并盐运河泰州姜堰、通州白莆堰诸堰，使沿海诸河不通运河，敌船不得入内河。南宋初期大举江淮军屯，拨发土地鼓励南下的难民在淮南定居。绍兴和约签订后，淮扬运河渐次疏浚。南宋百余年，淮南始终是宋金的边界，修复运河主要出于军事目的，淮扬运河工程设施不可能全面恢复。

南宋政权立足临安后，首先恢复江南运河。北宋末至南宋初江南运河失修数十年。绍兴三年（1133）十一月，朝臣提出"开修运河浅涩"，高宗拟发毗邻临安诸郡厢军、壮城捍江兵疏浚。遭到朱胜非等大臣反对，认为盛寒时兴役，人夫良苦。加上临运河居屋侵塞河道者众多，这些都必须迁移腾挪。更有大量的清淤泥沙、堆土并无预空之处，大兴河工恐引起动荡。高宗称：禹卑宫室而尽力于沟洫，浮言何恤焉。江南运河的整治因此开启。八年（1138）命守臣张澄发厢军壮城兵千人疏浚运河。为了保障运河水源，次年，临安府招厢军兵士二百人，交由钱塘县专领西湖疏浚，同时严格了西湖水域的管理，对占种西湖滩地者绳之以法。隆兴时（1163—1164）守臣吴芾用工 4 万，开通西湖六处水口与运河及临安城河之间的水路，建闸、筑坝以节制出入西湖的水量。江南运河南段不仅恢复舟楫之利，更由于西湖水源工程完善，使得运河通航能力超过了前代。

江南运河北端镇江府丹阳、常州地势高仰，为长江与太湖的分水岭，运河上有奔牛、吕城二闸，通过引练湖水济运。北宋末运河失修以来，堤岸弛禁，以致人们侵入湖区耕种，或开决堤岸，湖不能潴蓄，运河舟楫不通。夏秋霖潦则丹阳、金坛、延陵一带良田亦被淹没。绍兴七年（1137）两浙转运使向子谲置斗门、建石砝，重修练湖堤。至绍兴中期，运河北端工程体系基本得以恢复。

北宋时，江南运河北至镇江长江运口，南至杭州钱塘江运口，全长三百多公里，已经拥有独立于自然河湖，以澳、复闸、渠道构成的水源供给、水道水量节制工程体系，可以保障运河全年通航。至于南宋，江南运河的地位更为重要，高宗时既有的工程设施得以修复，此后南宋 130 年间不断对关键节点工程设施进行改建，运河工程体系更加完善。

自绍兴以降，江南运河置于中央直接管理之下，水源工程、水道、堰闸全部实行军事化管制。南宋嘉定时有朝臣称："国家驻跸钱塘，纲运粮饷仰给诸道，所系不轻。水运之程，自大江而下至镇江则入闸，经行运河，如履平地，川广巨舰，直抵都城盖甚便也。"[1] 准确地概括了宋代运河工程卓越的技术成就，以及南宋江南运河的运用情况。

绍兴年间浙东水利

高宗自建炎三年（1129）南渡，在驻跸临安行在之前，转道浙东期间，已经着手整治浙东运河，禁止鉴湖、东钱湖围垦，对北宋末年失修水利设施的修复亦有部署，浙东水利因此最早从战乱中恢复过来。南宋时期的水利建设，在一定程度上弥补了北宋政和以来围垦湖田对区域的不利影响。《宋史·食货志》："南渡后水田之利，富于中原，故水利大兴。"南宋可谓浙东水利发展的又一里程碑时期，这一时期兴建的水利工程不仅完善了浙东运河，更是架构起了至今兴利的运河水系。

修复浙东运河

浙东运河东起明州（今浙江省宁波市）甬江口，经明州、余姚，至通明坝过曹娥江入绍兴府界，又经上虞、绍兴、萧山，西至钱塘江运口，过钱塘江即入临安龙山闸接江南运河。绍兴初年，高宗为了恢复浙东纲运，委上虞县令佐督工，发六千五百余工疏浚上虞县梁湖堰以东运河水道。既而诏漕司给钱米，命漕臣发工一万七千余，疏浚余姚自都泗堰至曹娥塔桥运河，重建运河坝闸。由是绍兴时浙东运河粗具通航功能，并很快成为南宋通江达海的重要水道。三十余年后，浙东运河北端西兴运河钱塘江运口段泥沙壅塞，通江二闸俱废。乾道三年（1167）开西兴沙河二十里，另辟运口水道，修复通江六堰及疏浚运河。大修后西兴运口设指挥一人，捍江

---

[1] （元）脱脱：《宋史》卷九十七《河渠志》，中华书局，1977 年，第 2406 页。

兵士五十名，专事疏浚并充杂役。自此浙东运河西兴运口河工归于中央直辖，运口以下至明州则是所辖各县维修经管的"官工"。

乾道以降，浙东运河与江南运河同为南宋的漕运水道、经济命脉，设都水监管理水道、堰闸，建立了运河、漕运的准军事管理机制。

陂湖水利重启

北宋祥符、庆历间（1008—1048）明州、越州濒临江海之地为权豪势要竞相围湖，垦殖为田。庆历后宋廷虽立法禁围，实际仍在继续。徽宗宣和时（1119—1125）明州守楼异、越州守王仲嶷内交权臣，专务应奉，以致明州广德湖及周边陂塘围垦殆尽，东钱湖围垦大半，越州鉴湖亦大部为田。失去湖泊、陂塘的调蓄，破坏了浙东地区山、原、海的生态环境，以致平原地区雨则涝，旱则涸而灾害频仍，造成漕司粮赋常赋有亏，民之失业无算的窘境。

绍兴五年（1135）明州守臣李光上奏，建议参照江东圩田，苏州、秀州围田制度，占垦之地尽复为湖，不能恢复者，则为圩（围）堤，治沟洫，蓄泄滞水。高宗诏诸路转运司，相度行事。绍兴十八年（1148）对东钱湖占垦进行清理，及至乾道五年（1169）重修东钱湖堤岸、泄水堰闸，稳定水域使东钱湖得以维系并延续至今。

绍兴鉴湖自东汉永和五年（140）会稽太守马臻筑塘，号称聚环山三十六源，湖周三百五十八里，溉田九千余顷，山阴水道穿行其间。至北宋熙宁中占垦为田九百余顷，经庐州观察推官江衍勘验，经度其宜后确立湖田两存，立鉴湖界碑，碑内为田，外为湖。政和末，越州太守为进奉，废湖为田，赋输京师。后环湖渐次围田，至南宋绍兴时私占田亩更甚于前，南宋初鉴湖已濒临消亡。

绍兴二十九年（1159）十月，高宗谕枢密院事王纶："往年宰执尝欲尽干鉴湖，云可得十万斛米。朕谓若遇岁旱，无湖水引灌，则所损未必不过之，凡事须远虑可也。"数年后，鉴湖水域修复工程得以实施。隆兴时（1163—1164）绍兴府守臣吴芾发四百九十万工浚湖，部分复湖之旧。又修治都泗堰、斗门、牐等十三所，使汇流入于运河之水有所节制，农田又得灌溉之利。鉴湖围垦后，浙东运河为会稽山众水所汇，形成萧绍平原特有的运河水系。直到16世纪兴建三江闸后，形成了新的浙东运河工程体系，鉴湖围垦后区域水量节制调蓄能力得到弥补。

文献辑存

《宋史·河渠志》越州水相关记载

鉴湖之广，周回三百五十八里，环山三十六源。自汉永和五年，会稽太守马臻始筑塘，溉田九千余顷，至宋初八百年间，民受其利。岁月浸远，浚治不时，日久堙废。濒湖之民，侵耕为田，熙宁中，盗为田九百余顷。尝遣庐州观察推官江衍经度其宜，凡为湖田者两存之，立碑石为界，内者为田，外者为湖。政和末，为郡守者务为进奉之计，遂废湖为田，赋输京师。自时奸民私占，为田益众，湖之存者亡几矣。绍兴二十九年十月，帝谕枢密院事王纶曰："往年宰执尝欲尽干鉴湖，云可得十万斛米。朕谓若遇岁旱，无湖水引灌，则所损未必不过之。凡事须远虑可也。"

隆兴元年，绍兴府守臣吴芾言："鉴湖自江衍所立碑石之外，今为民田者，又一百六十五顷，湖尽堙废。今欲发四百九十万工，于农隙接续开凿。又移壮城百人，以备撩漉浚治，差强干使臣一人，以'巡辖鉴湖堤岸'为名。"

二年，芾又言："修鉴湖，全借斗门、堰牐蓄水，都泗堰牐尤为要害。凡遇纲运及监司使命舟船经过，堰兵避免车拽，必欲开闸通放，以致启闭无时，失泄湖水。且都泗堰因高丽使往来，宣和间方置牐，今乞废罢。"其后莘为刑部侍郎，复奏："自开鉴湖，溉废田二百七十顷，复湖之旧。又修治斗门、堰牐十三所。夏秋以来，时雨虽多，亦无泛溢之患，民田九千余顷，悉获倍收，其为利较然可见。乞将江衍原立禁牌，别定界至，则堤岸自然牢固，永无盗决之虞。"

绍兴初，高宗次越。以上虞县梁湖堰东运河浅涩，今发六千五百余工，委本县令、佐监督浚治。既而都省言，余姚县境内运河浅涩，坝牐隳坏，阻滞纲运，遂命漕臣发一万七千余卒，自都泗堰至曹娥塔桥，开撩河身、夹塘。诏漕司给钱米。

萧山县西兴镇通江两牐，近为江沙壅塞，舟楫不通。乾道三年，守臣言："募人自西兴至大江，疏沙河二十里，并浚闸里运河十三里，通便纲运，民旅皆利。复恐湖水不定，复有填淤，且通江六堰，纲运至多，宜差注指使一人，专以'开撩西兴沙河'系衔，及发捍江兵士五十名，专充开撩沙浦，不得杂役，仍从本府起立营屋居之。"

辑自（元）脱脱：《宋史》卷九十七《河渠志》，中华书局，1985年，第2406—2408页。

《宋史·河渠志》明州水相关记载

绍兴五年，明州守臣李光奏："明、越陂湖，专溉农田。自庆历中，始有盗湖为田者，三司使切责漕臣，严立法禁。宣和以来，王仲嶷守越，楼异守明，创为应奉，始废湖为田，自是岁有水旱之患。乞行废罢，尽复为湖。如江东、西之圩田，苏、秀之围田，皆当讲究兴复。"诏逐路转运司相度闻奏。

乾道五年，守臣张津言："东钱湖容受七十二溪，方圆广阔八百顷，傍山为固，叠石为塘八十里。自唐天宝三年，县令陆南金开广之。国朝天禧元年，郡守李夷庚重修之。中有四牐七堰，凡遇旱涸，开牐放水，溉田五十万亩。比因豪民于湖塘浅岸渐次包占，种植菱荷，障塞湖水。绍兴十八年，虽曾检举约束，尽罢请佃。岁久菱根蔓延，渗塞水脉，致妨蓄水；兼塘岸间有低塌处，若不淘浚修筑，不惟浸失水利，兼恐塘埂相继摧毁。乞候农隙趁时开凿，因得土修治埂岸，实为两便。"从之。

辑自（元）脱脱:《宋史》卷九十七《河渠志》，中华书局，1985年，第2403页。

陆游*

陆游（1125—1210），字务观，号放翁，越州山
阴人（今浙江省绍兴市）。陆游出身名门望族、江南
藏书世家。陆氏先祖本居吴郡，唐末一支南迁嘉兴，
又徙钱塘，吴越时定居山阴鲁墟。高祖陆轸为宋真
宗大中祥符间（1008—1016）进士，官至吏部郎中。
祖父陆佃，师从王安石，精通经学，官至尚书右丞，
著有《春秋后传》《尔雅新义》等，奠定了陆氏家
学；父亲陆宰，亦通诗文。北宋末年官至京西路转运
副使。宣和七年（1125）十月十七日，陆宰奉诏入
朝述职，偕夫人唐氏由水路进京，于汴河北上的客

陆游像

船喜得第三子，是为陆游。①同年冬，金兵南下，靖康二年（1127）破汴
京（今河南省开封市），北宋亡。建炎元年（1127），陆宰携家南迁山阴。
陆游时年3岁。②陆游生于两宋之交，长在偏安的南宋，国家的不幸、家
庭的流离，给他留下了终身不可磨灭的印记。

陆游自幼聪慧，十二岁即能为诗作文，先后师从毛德昭、韩有功、陆
彦远等人。因长辈有功，以恩荫授登仕郎之职。绍兴二十三年（1153），
陆游到京城临安（今浙江省杭州市）参加锁厅考试，即现任官员及恩荫子
弟的进士考试，主考官陈子茂阅卷后取为第一。秦桧孙秦埙位居陆游名
下，次年（1154），陆游参加礼部考试，秦桧示意主考官不得录取陆游。
陆游被秦桧嫉恨，仕途不畅。绍兴二十五年（1155），秦桧病逝，陆游初

---

* 　作者：谭徐明

① 　陆游《十月十七日予生日也孤村风雨萧然偶得二绝句》：少傅奉诏朝京师，舣船生
我淮之湄。宣和七年冬十月，犹是中原无事时。我生急雨暗淮天，出没蛟鼍浪入船。
自首功名无尺寸，茅檐还听雨声眠。

② 　于北山：《陆游年谱》，上海古籍出版社，1985年。本文陆游生平、家世等主要依
据此书。

入仕途，任福州宁德县主簿，不久，调入京师。陆游入朝后，应诏进言，称非宗室外戚，即使有功，也不应随意封加王爵，并建言皇帝不可奢靡，要严于律己。绍兴三十一年（1161），陆游以杨存中掌握禁军日久，专权日盛，进谏罢免杨存中。高宗纳谏，迁降杨存中职，升陆游为大理寺司直兼宗正簿，进入中央司法核心。绍兴三十二年（1162），陆游赐进士出身，任职枢密院编修。其间陆游上疏，建议整饬吏治军纪、固守江淮、徐图中原，不为新皇帝孝宗采纳，反降陆游为镇江府通判。隆兴元年（1163），宋孝宗以张浚为都督北伐淮南，张浚开府建康。四月，大将李显忠、邵宏渊领兵出击，收复灵璧、虹县，进据符离。后李、邵不睦，符离之战宋军大败，自此宋不再北伐。

乾道五年（1169）十二月，朝廷征召已赋闲 4 年的陆游，任夔州通判，管学事兼内劝农事。次年初夏陆游携家由山阴运河北上，过江南运河，转道长江。时范成出使金。陆游与范成大相遇于长江口金山。逆流而上，经江州、武昌、巴东，凡途经所见，皆逐日记录，成《入蜀记》六卷。乾道七年（1171），王炎宣抚川、陕，驻军南郑，召陆游入幕府，陆游只身前往南郑，与张季长、阎苍舒、范西叔、高子长等十余人同在南郑幕府任职。陆游在王炎幕府中拟《平戎策》，提出收复中原必须先取长安，取长安必须先取陇右；积蓄粮食、训练士兵，有力量就进攻，没力量就固守。[1]陆游在南郑时常至大散关巡检，考察骆谷口、仙人原、定军山等前方据点和战略要塞。巡检大散关是陆游一生中唯一亲临抗金前线。 十月，朝廷否决北伐计划的《平戎策》，调王炎回京，幕府解散，出师北伐的计划也毁于一旦。陆游由江南至南郑，一路谒先贤，历名川，在前线目睹北方百姓犒饷王师，驰递物资、军情，境界大开，今后报国无期的前景更为悲观，其后的文学、史学风格愈加深沉丰富，对他的一生具有重要意义。

乾道八年（1172）十月，陆游以成都府路安抚司参议官的闲官入蜀。次年，任蜀州通判。当年五月，改调嘉州通判。淳熙元年（1174）陆游再

---

① 《宋史》卷三百九十五：王炎宣抚川、陕，辟为干办公事。游为炎陈进取之策，以为经略中原必自长安始，取长安必自陇右始。当积粟练兵，有衅则攻，无则守。

任蜀州通判。蜀州（今崇州市），与灌州（今都江堰市）、大邑毗邻。州城东南有东湖、偏西有西湖，府署有罨画池，皆为陆游游憩之所，在此萌发出终焉于斯的情结。① 今罨画湖畔有明代建的陆游祠。在蜀州期间，陆游多次客寓成都、灌州、大邑，足迹所至还有郫县、金堂、邛州、汉州、广都（今双流区）、彭山、眉州、平羌、井研、荣州等地，所记除山川形胜、市井风貌外，多有蜀中民情民风。其中有关都江堰开堰、二王庙祭祀、伏龙观观孙太古画英惠王李冰像等的记载，留下了宋代都江堰的珍贵史料。

陆游祠位于四川省崇州市崇阳镇宋蜀州署内，始建于明初（1368），毗邻罨画池，占地面积约4亩，建筑面积900多平方米，是浙江绍兴陆游祠外的又一陆游专祠，陆游两次任职蜀州，写下100多首寄怀蜀州的诗词

淳熙二年（1175）六月，范成大任四川制置使，由桂林调至成都，距两人金山一别已历5年。范成大主政四川期间，两人在成都屡有游宴，纳凉于锦江江渎祠，时时酬唱新诗，为邦人传唱。这期间陆游作《关山月》《出塞曲》《战城南》等怀古诗。远在临安的南宋朝廷主和派没有放过陆游，上奏弹劾陆游不拘礼法，燕饮颓放，范成大迫于压力，免去陆

_____

① 陆游《夏日湖上》：江湖四十余年梦，岂信人间有蜀州。

游公职。陆游遂自号"放翁"，在官署辟菜园，躬耕蜀山下。[1] 淳熙四年（1177）六月，范成大奉诏还京，陆游送至眉州。

陆游在蜀诗文为孝宗所见。淳熙五年（1178）春，孝宗下诏陆游离蜀东归，此后先后任职福州、江西提举常平茶盐公事。次年十一月，陆游奉诏返京。给事中赵汝愚借机弹劾陆游不自检饬、所为多越于规矩，陆游愤然辞官，重回山阴。陆游闲居山阴5年之后，淳熙十三年（1186）朝廷重新起用他为严州知州。陆游在严州任上，重蠲放，广赈恤，深得百姓爱戴。居严州期间陆游整理旧作，成《剑南诗稿》。淳熙十五年（1188）七月，陆游任满，升军器少监，掌管兵器制造与修缮，再次进入京师。淳熙十六年（1189）二月，孝宗禅位于赵惇（宋光宗），陆游上疏，建言减轻赋税、惩贪抑豪，完成北伐，收复中原。绍熙元年（1190），陆游升为礼部郎中兼实录院检讨官 ，再次进言光宗广开言路、慎独多思，并劝告光宗带头节俭，以尚风化。谏议大夫何澹弹劾陆游之议不合时宜，终以嘲咏风月罪名削职罢官。陆游再次离开京城临安回到山阴，自题住宅为"风月轩"。

嘉泰二年（1202），陆游被罢官十三年后，朝廷诏陆游入京，担任同修国史、实录院同修撰一职，主持编修孝宗、光宗《两朝实录》和《三朝史》，并免上朝请安之礼。不久陆游兼任秘书监编修国史。嘉泰三年（1203）四月，国史编撰完成，宁宗升陆游为宝章阁待制，陆游遂以此致仕，时年七十九岁。

嘉泰三年（1203）五月，陆游回到山阴。这年浙东安抚使兼绍兴知府辛弃疾拜访陆游，二人促膝长谈，共论国事。辛弃疾见陆游住宅简陋，多次提出帮他构筑田舍，都被陆游拒绝。嘉泰四年（1204），辛弃疾奉诏入朝，陆游作诗送别，勉励他为国效命，早日实现复国大计。开禧二年（1206），太师、平章军国事韩侂胄请宁宗下诏，出兵北伐，陆游闻讯，欣喜若狂。宋军这番出师先后收复泗州、华州等地。开禧三年（1207）十一

---

[1] 这段经历见于陆游《醉题》"裘马清狂锦水滨，最繁华地作闲人。金壶投箭消长日，翠袖传杯领好春"以及《躬耕》"莫笑躬耕老蜀山，也胜菜把仰园官"。

月，史弥远发动政变，诛杀韩侂胄，遣使携其头往金国，订下"嘉定和议"，北伐宣告彻底失败。嘉定二年（1209）十二月，陆游与世长辞，弥留之际，作《示儿》："死去元知万事空，但悲不见九州同。王师北定中原日，家祭无忘告乃翁。"陆游时年八十五。

陆游文学才能卓越，尤以诗为最，自言六十年间万首诗，[①]存世有九千三百余首。陆游的诗歌涉及南宋前期政治、军事、社会、经济各领域，以及田园生活。陆游的诗歌集豪放婉约于一身，或清丽、真挚，或高亢，敞开广阔的襟怀；或低吟、深沉，寓意深刻。陆游的词存世约一百四十首。陆游才气超然，身历西北前线期间创造出了书写爱国情怀，抒发壮志未酬的幽愤的词作，其词境将理想化成梦境而与现实的悲凉构成强烈的对比，如《诉衷情·当年万里觅封侯》，写出满腹怆然。陆游的《卜算子·咏梅》和《钗头凤·红酥手》是两首风格迥异的名篇。《咏梅》抒发了作者身处逆境而矢志不渝的胸襟，而《红酥手》最是表现出诗人衷情万千、哀怨无限的心底波澜。

陆游的散文兼善众体，诗文评论、小说故事等应有尽有，构思奇巧，文笔精纯。其中记铭序跋之类，最能体现陆游散文的文学成就。陆游的《入蜀记》是最为著名的长篇游记，记事详尽，又有独到的眼光，凡史事杂录、考据辩证，形式灵活，长短不拘，文字简练，饶有趣味。随笔散文《老学庵笔记》，笔墨虽简而内容甚丰，所记多系轶闻，颇有史料价值，是南宋笔记中的精品。

陆游的史学成就以《南唐书》为代表。北宋时薛居正主持史馆所修的《旧五代史》、欧阳修私撰的《新五代史》等十余个版本，陆游遍取诸本，按本纪、列传，编为《南唐书》十八卷。陆游编撰《南唐书》是希望起到为南宋王朝借古鉴今的作用。陆游《南唐书》只有本纪和列传，是纪传体断代史中的一个特例；列传除人物以类相从外，又创设《杂艺、方士、节义列传》（卷十七）、《浮屠、契丹、高丽列传》（卷十八），归类精当，史

---

① 陆游《小饮梅花下作》：六十年间万首诗。自注云：予自年十七八学作诗，今六十年，得万篇。

识更胜前人。除诗文外，陆游有书法手迹、碑帖存世。陆游擅长正、行、草三体书法，尤精于草书。陆游的书法善于行草相参，纵敛互用，秀润挺拔，晚年笔力遒健奔放。

陆游笔下的水利与人文情怀

乾道八年（1172）十月，陆游以成都府路安抚司参议官的闲官入蜀。淳熙五年（1178）春，陆游奉诏离蜀东归，在蜀中六年，其间二任蜀州通判，一任嘉州和荣州通判。其中官蜀州最长，嘉州半年，荣州不过三月，他多数时间还是任职于成都府兼四川制置使的幕府。嘉泰三年（1203）五月，陆游回到山阴，至嘉定二年（1209）十二月辞世，在山阴岁月也是六年。两个六年陆游留下了诗文三千余篇，无论是为宋收复河山的谋略，还是形胜古迹的怀古抒怀，这两段时间的诗文视野广阔且切入社会底层，在文学、史学中占有重要的位置。后世对陆游的研究如汗牛充栋，可惜涉及水利主题的却较少。陆游以水利工程和江河湖泊为题材的诗文不多，但是却篇篇精彩，不仅留下了宋代水利的历史印迹，还展现了陆游对人与自然关系的思考，更有他对水利历史观、文化意义的独到见解。

蜀中六年，陆游在蜀州通判任上任公职最长，同时兼参议官职，使他得以频繁在蜀州和成都之间往返。蜀州，汉江原县，今崇州市，与灌州（今都江堰市）、大邑毗邻，为汉唐道教的圣地，又是都江堰的外江灌区。从蜀州至成都，陆游经常沿都江堰干渠自西而东，足迹因此纵贯成都平原西部。陆游于都江堰留下了《离堆伏龙祠观孙太古画英惠王像》《登灌口庙东大楼观岷江雪山》两首诗。前首记他拜谒蜀太守李冰，记其修都江堰的功绩；第二首则是观岷江雪山抒发爱国情怀，"千年雪岭阑边出，万里云涛坐上浮。禹迹茫茫始江汉，疏凿功当九州半。丈夫生世要如此，赍志空死能无叹"①。陆游由李冰兴水利造福西蜀，从岷江联系《禹贡》导江的传说，进而由大禹治水探源中国的大历史观。

陆游在嘉州极短的 6 个月，有诗《出城至吕公亭按视修堤》记嘉州守吕由诚修江堤事。在嘉州城东三江门，当大渡河、青衣江二水汇于岷江之处，岸破水啮，易于决圮。吕由诚筑堤，连绵不断，以御城池。郡人德之，后称吕公堤。陆游入蜀后，亲见竹笼筑堤三年辄坏。他建议有司以石堤更换竹笼工，然而"寓公仅蹑前人迹，伐石西山恨未能"。陆游自注曰："西州筑堤，织竹贮江石，不三年辄坏。意谓如吴中取大石甃成，则可支久，异日当有办此者？"蜀中自战国就开始用竹笼修堤筑堰，陆游的"异日当有办此者"之问，乃至 20 世纪 60 年代之后才逐渐实现。

陆游成都作诗在百首以上，写得最多的是成都水利工程摩诃池。摩诃池始建于隋，引都江堰干渠郫江水入池。"有胡僧见之曰：'摩诃宫毗罗。'盖摩诃为大宫，毗罗为龙，谓此池广大有龙，因名摩诃池。"②摩诃池始成初期，面积约 500 亩，只能贮蓄雨水。唐贞元元年（785）节度使韦皋开解玉溪；唐大中七年（853），节度使白敏中开金河，并与摩诃池联通，为摩诃池注入活水与生机，形成完整的河湖水系，有园林、蓄滞洪水等功能，十国时为前蜀、后蜀的宫苑。后蜀末摩诃池失修淤废，广政十五年（952）六月，成都大水，蜀宫城、天监及太庙尽毁，溺数千家。后蜀的广政二十八年，也就是北宋乾德四年（966）七月，后蜀末代皇帝孟昶与后妃被押往汴京，也是这一年，成都遭遇暴雨洪水，全城再次被淹。200 年后陆游多次到摩诃池故地，大约他对本朝皇帝徽宗与后蜀末代皇帝同样景况的悲哀难以言表，他写有《摩诃池》《夏日过摩诃池》《宴西楼》《感旧绝句》《水龙吟》等诗咏叹摩诃池兴衰。其中《摩诃池》最为纪实，还原了 12 世纪末摩诃池的景象，记载了他所见到的水利工程遗存。后来他将

---

① （宋）陆游著，钱仲联、马亚中主编：《剑南诗稿校注》卷六《登灌口庙东大楼观岷江雪山》，浙江古籍出版社，2015 年，第 83 页。

② 谭徐明：《都江堰史·摩诃池与唐代成都的园林水系》，中国水利水电出版社，2009 年。

山阴镜湖、成都摩诃池、阆州南池、嘉州石堂溪、长安兴庆池等湖塘蜕变、湮废事记入了《老学庵笔记》。从这些诗文中，得见他以水利工程的兴衰，喻讽国家兴亡的历史轨迹上，又回到他的现实关怀，落笔在对人与自然关系的思考上。

陆游的运河之作，以《过丈亭》诗最有代表性。《过丈亭》仅四言，完整记录了浙东运河姚江段随潮行运的景况，"姚江乘潮潮始生，长亭却趁落潮行，参差邻舫一时发，卧听满江柔橹声"，这富有画面感的诗句，精准地记载了12世纪浙东运河利用潮汐行运的情况，对今人认知古代运河技术很有启迪。浙东运河余姚至明州府（今宁波市）段为复线，一为姚江，一为十八里河。姚江是经过整治的自然水道，姚江段不设一闸一堰，只是利用一日两潮就解决了运河上下的问题；而并行的十八里河则汇集四明、会稽诸水，用堰闸节制运河水位以供船只上下。余姚—宁波段的复线运河水道在中国大运河中是唯一的存在，其对临海潮汐河流的巧妙利用，为800年前的陆游观察并记录了下来。

陆游的记有《盱眙军翠屏堂记》《常州奔牛闸记》，将宋代大运河的自然、技术与社会勾连起来。《盱眙军翠屏堂记》可以解读出12至13世纪之交时，淮河与汴河、淮河与洪泽湖河湖关系，尽管陆游这篇记的落脚点是翠屏堂的兴建，寄托作者对南宋朝廷经营盱眙重镇，复兴中原、重开汴河，打通黄淮水道的期待。《常州奔牛闸记》作于嘉泰四年（1204）三月，此时距陆游去世只有5年。此时金与南宋以淮河为界，宋收复中原已经无望，沟通长江与钱塘江的江南运河战略地位更为重要，而江南运河北端在镇州、常州间有京口闸、吕城闸、奔牛闸三闸，是江南运河出入长江口的关键，《常州奔牛闸记》强调这些工程的重要，"自天子驻跸临安，牧贡戎贽，四方之赋输，与邮置往来、军旅征戍、商贾贸迁者，途出于此，居天下十六七，其所系岂不愈重哉"[1]，却以平实的笔调来记录工程兴建的始末，工料、资金、人力的投入，不再抒发北进中原的梦想。这两篇记，于宋

---

① （宋）陆游著，钱仲联、马亚中主编：《渭南文集校注》卷二十《常州奔牛闸记》，浙江古籍出版社，2015年，第286页。

史、水利史都是极为难得的史料，不同领域的研究者可以从中解读出多方面的历史信息。

陆游最后六年居于山阴三山北麓鉴湖畔的西村，在这期间他的创作多以稽山、镜湖为题。稽山即会稽山，镜湖是鉴湖的别称。南宋朝廷偏安临安，远离了北宋治水的重点——黄河和汴河，朝廷上下少有人关注治水。陆游晚年已对北伐恢复中原失望，他多次从乡人春祭大禹，在禹庙徘徊，其中也有他对既往国家历史和治水史的思考。他的《禹庙赋》，以其大气磅礴，纵横千年的气概，颂华夏之风，借古讽今："治水而不忧，伐苗而不怒。"他更是横贯四渎，洋洋洒洒阐发他的自然观："世以己治水，而禹以水治水也。以己治水者，己与水交战，决东而西溢，堤南而北圮。治于此而彼败，纷万绪之俱起，则沟洫可以杀人，涛澜作于平地，此鲧所以殛死也。以水治水者，内不见己，外不见水，惟理之视。避其怒，导其驶，引之为江、为河、为济、为淮，汇之为潭、为渊、为沼、为沚。盖潘于性之所安，而行乎势之不得已。方其怀山襄陵，驾空滔天，而吾以见其有安行地中之理矣"，陆游以治水之道，称颂禹绩，何尝不是沁入骨血的悠悠故国情。

文学史研究者将陆游晚年的诗作归类为"镜湖诗"。众多的镜湖诗，勾画出南宋会稽的自然、社会历史线条。尤其是《稽山行》更将散布于乡村、城镇的各种类型水利工程：或运河与石桥、或堰坝与水碓、或沟渠与田园洋洋大观铺陈开来，写山川，也写社戏，写小桥流水的乡村及其民俗，也写祭禹的宏大，也写喧哗的乡里节庆。诗里他将绍兴的禹陵、禹庙、禹穴之类的禹迹，与春秋战国至于南宋的越地文史勾连起来，置于中华文化地域中，纵横捭阖地阐发他的历史观，抒发家仇国恨的悲愤。山阴若多的禹迹、堰坝和河渠，在这"稽山何巍巍，浙江水汤汤"[1]的空间里，既有陆游"大国风泱泱"的浩瀚视野，也留下了他的无边惆怅。

---

[1] （宋）陆游著，钱仲联、马亚中主编：《渭南文集校注》卷六十五《稽山行》，浙江古籍出版社，2015年，第128页。

文献辑存

宋史·陆游传（节录）

陆游字务观，越州山阴人。年十二能诗文，荫补登仕郎。锁厅荐送第一，秦桧孙埙适居其次，桧怒，至罪主司。明年，试礼部，主司复置游前列，桧显黜之，由是为所嫉。桧死，始赴福州宁德簿。以荐者除敕令所删定官。

……

孝宗即位，迁枢密院编修官兼编类圣政所检讨官。史浩、黄祖舜荐游善词章，谙典故，召见，上曰："游力学有闻，言论剀切。"遂赐进士出身。入对，言："陛下初即位，乃信诏令以示人之时，而官吏将帅一切玩习，宜取其尤沮格者，与众弃之。"

和议将成，游又以书白二府曰："江左自吴以来，未有舍建康他都者。驻跸临安出于权宜，形势不固，馈饷不便，海道逼近，凛然意外之忧。一和之后，盟誓已立，动有拘碍。今当与之约，建康、临安皆系驻跸之地，北使朝聘，或就建康，或就临安，如此则我得以暇时建都立国，彼不我疑。"

时龙大渊、曾觌用事，游为枢臣张焘言："觌、大渊招权植党，荧惑圣听，公及今不言，异日将不可去。"焘遽以闻，上诘语所自来，焘以游对。上怒，出通判建康府，寻易隆兴府。言者论游交结台谏，鼓唱是非，力说张浚用兵，免归。久之，通判夔州。

王炎宣抚川、陕，辟为干办公事。游为炎陈进取之策，以为经略中原必自长安始，取长安必自陇右始。当积粟练兵，有衅则攻，无则守。吴璘子挺代掌兵，颇骄恣，倾财结士，屡以过误杀人，炎莫谁何。游请以（吴）玠子拱代挺。炎曰："拱怯而寡谋，遇敌必败。"游曰："使挺遇敌，安保其不败。就令有功，愈不可驾驭。"及挺子曦僭叛，游言始验。

范成大帅蜀，游为参议官，以文字交，不拘礼法，人讥其颓放，因自号放翁。后累迁江西常平提举。江西水灾，奏："拨义仓振济，檄诸郡发粟以予民。"召还，给事中赵汝愚驳之，遂与祠。起知严州，过阙，陛辞，上谕曰："严陵山水胜处，职事之暇，可以赋咏自适。"再召入见，上曰："卿笔力回斡甚善，非他人可及。"除军器少监。

绍熙元年，迁礼部郎中兼实录院检讨官。嘉泰二年，以孝宗、光宗《两朝实录》及《三朝史》未就，诏游权同修国史、实录院同修撰，免奉朝请，寻兼秘书监。三年，书成；遂升宝章阁待制，致仕。

游才气超逸，尤长于诗。晚年再出，为韩侂胄撰《南园》《阅古泉记》，见讥清议。朱熹尝言："其能太高，迹太近，恐为有力者所牵挽，不得全其晚节。"盖有先见之明焉。嘉定二年卒，年八十五。

辑自（元）脱脱：《宋史》卷三百九十五《陆游传》，中华书局，1985年，第 12057—12059 页。

陆游纪事诗、赋、记[1]

蜀中诗

摩诃池（卷三）

摩诃古池苑，一过一消魂。春水生新涨，烟芜没旧痕。年光走车毂，人事转萍根。犹有宫梁燕，衔泥入水门（自注：蜀宫中旧泛舟入此池，曲折十余里。今府后门虽已为平陆，然犹号水门）

注：摩诃池始成于隋，引都江堰走马河水入池。唐卢求《成都记》："隋蜀王

---

[1] 凡诗赋出自（宋）陆游《剑南诗稿》，记出自（宋）陆游《渭南文集》，他处出者另注。所选皆陆游在蜀、浙东、淮汴、镇江有关水利工程及禹迹的代表作，这些作品少有人关注，实价值甚高，是研究 12 世纪大运河、淮河和浙东水利的珍贵史料。

秀取土筑广此城，因为池。有胡僧见之曰：'摩诃宫毗罗'，盖摩诃为大宫，毗罗为龙，谓此池广大有龙，因名摩诃池。"摩诃池始成初期，面积约 500 亩，只能贮蓄雨水。唐贞元元年（785）节度使韦皋开解玉溪；唐大中七年（853），节度使白敏中开金河，并与摩诃池联通，为摩诃池注入活水与生机，形成完整的河湖水系，成为泛舟游憩的园林。《北梦琐言》："韦皋镇蜀，常饮于摩诃之池。"陆游的《摩诃池》，还原了 12 世纪末摩诃池的湮废的景象。

出城至吕公亭按视修堤（卷四）

翠霭横山澹日升，孤亭聊借曲栏凭。霜威渐重江初缩，农事方休役可兴。重阜护城高历历，千夫在野筑登登。寓公仅踵前人迹，伐石西山恨未能。（自注：西州筑堤，织竹贮江石，不三年辄坏，意谓如吴中取大石砮成，则可支久，异日当有办此者？）

注：诗作于乾道九年（1173）夏，时陆游摄知嘉州事半年，次年春返蜀州任。吕公堤在嘉州城东，三江门，当大渡河、青衣江二水汇于岷江之处，岸破水啮，易于决圮。宋守吕由诚筑堤，连绵不断，以御冲波。郡人德之，号曰吕公堤。陆游认为竹笼筑堤，三年辄坏，砌石筑堤方可长久。现乐山江堤为清代所修，皆为石堤。

离堆伏龙祠观孙太古画英惠王像（卷六）

岷山导江书《禹贡》，江流蹴山山为动。呜呼秦守信豪杰，千年遗迹人犹诵。决江一支溉数州，至今禾黍连云种。孙翁下笔开生面，岌嶪高冠摩屋栋。徒木遗风虽峭刻，取材尚足当世用。寥寥后世岂乏人，尺寸未施谤已众。要官无责空赋禄，轩盖传呼真一哄。奇勋伟绩旷世无，仁人志士临风恸。我游故祠九顿首，夜遇神君了非梦，披云激电从天来，赤手骑鲸不施鞚。

注：英惠王即李冰，唐以降封王赐号，为都江堰堰神。

登灌口庙东大楼观岷江雪山（卷六）

我生不识柏梁建章之宫殿，安得峨冠侍游宴。又不及身在荥阳京索间，擐甲横戈夜酣战。胸中迫隘思远游，溯江来倚岷山楼。千年雪岭阑边出，万里云涛坐上浮。禹迹茫茫始江汉，疏凿功当九州半，丈夫生世要如此，赍志空死能无叹！白发萧条吹北风，手把卮酒酹江中。姓名未死终磊磊，要与此江东注海。

论山阴镜湖、成都摩诃池、长安兴庆池诸池蜕变（《老学庵笔记》卷二）

陂泽惟近时最多废。吾乡镜湖三百里，为人侵耕几尽。阆州南池亦数百里，今为平陆，只坟墓自以千计，虽欲疏浚复其故，亦不可得，又非镜湖之比。成都摩诃池、嘉州石堂溪之类，盖不足道。长安民契券，至有云"某处至花萼楼，某处至含元殿"者，盖尽为禾黍矣。而兴庆池偶存十三，至今为吊古之地。

浙东诗赋
禹庙赋（《放翁逸稿》卷上）

世传禹治水，得玄女之符。予从乡人以暮春祭禹庙，徘徊于庭，思禹之功，而叹世之妄，稽首作赋。其辞曰：

呜呼！在昔鸿水之为害也，浮乾端，浸坤轴，裂水石，卷草木，方洋徐行，弥漫平陆，浩浩荡荡，奔放涸洑。生者寄丘阜，死者葬鱼腹；蛇龙骄横，鬼神夜哭。其来也，组练百万，铁壁千仞，日月无色，山岳俱震。大堤坚防，攻龁立尽；方舟利楫，辟易莫进。势极而折，千里一瞬；莽乎苍苍，继以饥馑。

于是舜谋于庭，尧咨于朝，窘义和，忧皋陶。伯夷莫施于典礼，后夔何假乎箫韶？禹于是时，惶然孤臣。耳目手足，亦均乎人。张天维于已绝，拯民命于将湮。九土以奠，百谷以陈。阡陌鳞鳞，原隰畇畇。仰事俯育，熙熙终身。凡人之类至于今不泯者，禹之勤也。

孟子曰：禹之行水也，行其所无事也。天以水之横流，浩莫之止，而听其自行，则冒没之害不可治已。于《传》有之，禹手胼而足胝，宫卑而食菲，娶涂山而遂去家，不眼视其呱泣之子，则其勤劳亦至矣。然则孟子谓之"行其所无事"，何也？曰：世以己治水，而禹以水治水也。以己治水者，己与水交战，决东而西溢，堤南而北圮。治于此而彼败，纷万绪之俱起。则沟浍可以杀人，涛澜作于平地。此鲧之所以殛死也。以水治水者，内不见己，外不见水，惟理之视。避其怒，导其驶，引之为江、为河、为济、为淮，汇之为潭、为渊、为沼、为沚。盖滀于性之所安，而行乎势之不得已。方其怀山襄陵，驾空滔天，而吾以见其有安行地中之理矣。

虽然，岂惟水哉？禹之服三苗，盖有得乎此矣。使禹有胜苗之心，则苗亦悖然有不服之意。流血漂杵，方自此始，其能格之干羽之间、谈笑之际耶？夫人之喜怒忧乐，始生而具。治水而不忧，伐苗而不怒，此禹之所以为禹也。禹不可得而见之矣，惟澹然忘我、超然为物者，其殆庶乎！

发丈亭（卷十五）

姚江乘潮潮始生，长亭却趁落潮行。参差邻舫一时发，卧听满江柔橹声。

注：仅四言，精练描述了浙东运河余姚至明州府（今宁波市）段，随潮汐行运的场景。

明州（卷十八）

丰年满路笑歌声，蚕麦俱收谷价平。村步有船衔尾泊，江桥无柱架空横。海东估客初登岸，云北山僧远入城。（自注：仗锡平老出山来迎予。）风物可人吾欲住，担头莼菜正堪烹。

游镜湖（卷十七）

禹祠柳未黄，剡曲水已白。鲂鳜来洋洋，凫雁去拍拍。皇天亦大度，能容此狂客。挂席乘长风，未觉湖海迮读书。读书五十年，自笑安所获。昔人精微意，岂独在简册。骥空万马群，裘非一狐腋。超然登玉笥，及此烟月夕。

注：作于淳熙十三年（1186），陆游年62岁，是年遍游家乡山水名胜，所历跨湖桥、天华寺、帆山、镜湖、蜻蜓浦等处。

丙午五月大雨五日不止镜湖渺然想见湖未废时有感而赋（卷十八）

朝雨暮雨梅正黄，城南积潦入车箱。镜湖无复针青秧，直浸山脚白茫茫。湖三百里汉讫唐，千载未尝废陂防。屹如长城限胡羌，啬夫有秩走且僵。旱有灌注水何伤，越民岁岁常丰穰。决湖谁始谋不臧，使我妇子餍糟糠。陵迁谷变亦何常，会有妙手开湖光。蒲鱼自足被四方，烟艇满目菱歌长。

注：10世纪以来鉴湖围垦益盛，该诗记录了南宋鉴湖蜕变后对区域自然环境的影响，展现了陆游超越时代的生态观

舟中作（卷四十四）

三百里湖新月时，放翁艇子出寻诗。城头蜃阁烟将合，波面虹桥柳未衰。渔唱苍茫连禹穴，寒潮萧瑟过娥祠。祖龙虚负求仙意，身到蓬莱却不知。

禹祠（卷七十）

祠宇嵯峨接宝坊，扁舟又系画桥傍。豉添满箸莼丝紫，蜜渍堆盘粉饵香。团扇卖时春渐晚，夹衣换后日初长。故人零落今何在？空吊颓垣墨数行。

稻陂（卷七十六）

白水满稻陂，投种未三宿。新秧出水面，已作纤纤绿。年来残俸绝，所望在一熟。见之喜欲舞，不复忧半菽。想当西成时，载重压车轴。病齿幸已牢，往矣分社肉。

稽山行（卷六十五）

稽山何巍巍，浙江水汤汤，千里亘大野，勾践之所荒。春雨桑柘绿，秋风粳稻香。村村作蟹椴，处处起鱼梁。陂放万头鸭，园覆千畦姜。春碓声如雷，私债逾官仓。禹庙争奉牲，兰亭共流觞。空巷看竞渡，倒社观戏场。项里杨梅熟，采摘日夜忙，翠篮满山路，不数荔枝筐，星驰入侯家，那惜黄金偿。湘湖莼菜出，卖者环三乡。何以共烹煮，鲈鱼三尺长。芳鲜初上市，羊酪何足当。镜湖滀众水，自汉无旱蝗。重楼与曲槛，潋滟浮湖光。舟行以当车，小伞遮新妆。浅坊小陌间，深夜理丝簧。我老述此诗，妄继古乐章；恨无季札听，大国风泱泱。

注：这首诗写于开禧元年（1205）冬，这是陆游寄托家国情怀，气势磅礴兼有小桥流水的佳作。诗中描写的山阴、会稽禹庙、社戏、农桑、水产等，以及运河水道、陂塘、水碓等犹如画卷，生动再现13世纪的场景。

南宋大运河纪事

盱眙军翠屏堂记（卷二十）

国家故都汴时，东出通津门，舟行历宋、亳、宿、泗，两堤列植榆、柳、槐、楸，所在为城邑。行千有一百里，汴流始合淮以入于海。南舟必自盱眙绝淮，乃能入汴；北舟亦自是入楚之洪泽，以达大江，则盱眙实梁、宋、吴、楚之冲，为天下重地，尚矣。粤自高皇帝受命中兴，驻跸临安，岁受朝聘，始诏盱眙进郡，除馆治道，以为迎劳宿饩之地，而王人持尺一牍，怀柔殊邻者，亦皆取道于此。于是地望益重，城郭益缮治，选任牧守，重于曩岁。

及吴兴施侯之来为知军事也，政成俗阜，相地南山，得异境焉。前望龟山，下临长淮，高明平旷，一目千里，草木蔽亏，凫雁翔泳，盖可坐而数也。乃筑杰屋，衡为四楹，纵为七架，前为陈乐之所，后有更衣之地，而傍又有丽牲击鲜，与夫吏士更休之区。翼室修廊，以陪以拥，研削髹丹，皆极工致，最二十有六间而堂成。既取米礼部芾之诗，名之曰翠屏，且疏其面势于简，绘其栋宇于素，走骑抵山阴泽中，请记于予。

侯与予故相好也。予闻方国家承平时，其边郡游观，有雅歌之堂、万柳之亭，以地胜名天下，虽区脱间犹能咏叹，以为盛事。然尝至其地者，皆谓不可与淮水南山为比；翠屏之盛，又非雅歌、万柳可及，则亦宜有雄文杰作以表出之，而予之文不足称也。虽强承命，终以负愧。侯名宿，字武子，于是为朝散郎直秘阁。

开禧元年春正月癸酉记

常州奔牛闸记（卷二十）

岷山导江，行数千里至广陵、丹阳之间，是为南北之冲，皆疏河以通饟饷。北为瓜州闸，入淮、汴以至河、洛；南为京口闸，历吴中以达浙江。而京口之东，有吕城闸，犹在丹阳境中。又东有奔牛闸，则隶常州武进县。以地势言之，自创为饟河时，是三闸已具矣。盖无之，则水不能节，水不节，则朝溢暮涸，安在其为饟也？苏翰林尝过奔牛，六月无水，有仰视古堰之叹。则水之苦涸固久，地志概述本末而不能详也。

今知军州事赵侯善防，字若川，以诸王孙来为郡，未满岁，政事为畿内最。考古以验今，约己以便人，裕民以束吏，不以难止，不以毁疑，不以费惧。于是郡之人佥以闸为请，侯慨然是其言。会知武进县丘君寿隽来白事，所陈利病益明。侯既以告于转运使，且亟以其役专畀之丘君。于是凡闸前后左右受水之地，悉伐石于小河元山，为无穷计，旧用木者皆易去之。凡用工二万二千，石二千六百，钱以缗计者八千，米以斛计者五百，皆有奇。又为屋以覆闸，皆宏杰牢坚，自鸠材至讫役，阅三时。其成之日，盖嘉泰三年八月乙巳也。

明年正月丁卯，侯移书来请记。予谓方朝廷在故都时，实仰东南财赋，而吴中又为东南根柢。语曰："苏常熟，天下足。"故此闸尤为国用所仰。迟速丰耗，天下休戚在焉。自天子驻跸临安，牧贡戎赞，四方之赋输，与邮置往来、军旅征戎、商贾贸迁者，途出于此，居天下十六七，其所系岂不愈重哉？虽然，犹未尽见也。今天子忧勤恭俭以抚四海，德教洋溢如祖宗时，齐、鲁、燕、晋、秦、雍之地，且尽归版图，则龙舟仗卫，复溯淮、汴以还故都，百司庶府，熊黑貔虎之师，翼卫以从，戈旗蔽天，舳舻相衔，然后知此闸之功，与赵侯为国长虑远图之意，不特为一时便利而已。侯，吾甥也，请至四五不倦，故不以衰耄辞。

三月丙子，太中大夫、充宝谟阁待制致仕、山阴县开国子食邑五百户、赐紫金鱼袋陆（某）记。[①]

陆游晚年在绍兴的生活与创作（节录）

杨升

陆游晚年隐居绍兴镜湖。他在这期间创作的诗歌数目巨大。他的这些诗歌深刻且广泛地反映了镜湖地区农村、小城镇的社会状况，真实地记录着包括自己在内的普通人的生活。这些作品不仅具有很高的文学价值，而且还有着相当的社会意义。并且，陆游的这一部分诗歌，恰恰最能够体现陆诗鲜明的特色：质朴、细腻、生动、温馨。

一、陆游在镜湖的乡居生活

陆游在山阴、会稽两县的故居并不少，陆游的高祖陆轸生活在鲁墟，曾祖陆理建宅于吼山，祖父陆佃的房产在城内斜桥，后筑室陶山，父亲陆宰的别业先在小隐山，后迁云门，陆游年轻时就在那里读书。史载："陆放翁宅，宋宝谟阁待制陆游所居，在

---

① 记作于嘉泰四年（1204）三月

三山，地名西村。山在府城西九里鉴湖中。"陆游之所以早早地在乾道元年自己41岁的时候就选择建宅镜湖旁的三山，并作为归老后的主要居住地，是有他独特的考虑的。首先，卜宅所处地区风景优美，"湖光涨绿分烟浦"（《剑南诗稿》卷二《春日》）。镜湖之美，使得逐渐厌弃尘网的陆游深受吸引。其次，交通十分便捷，"野渡村桥处处通"（卷三十六《秋晚书感》）。这也为陆氏闲居期间遍游家乡湖山村镇提供了有利条件。而畅游之便，使得生性好动的陆游在晚年拥有了更大的生活空间。再次，经济繁荣，"荞花雪无际，稻米玉新春"（卷四十《步至东庄》）。镜湖地区不仅农林副渔业都相当发达，而且市场体系也已初步形成，因此在这里定居会给生活带来很大的方便。镜湖物产之丰富，市场之便利，让日渐衰老的诗人感到拥有基本生活的保障。此外，陆游于淳熙十二年春又在绍兴府城东南十五里的石帆山村营建了新的住宅，即石帆别业。石帆山村为会稽山水佳处，紧靠若耶溪、樵风泾和石帆山。顺若耶溪自石帆至三山，大约23里。"昨暮钓鱼天镜北，今朝采药石帆东"（卷七十八《稽山道中》），陆游就这样往来于三山宅邸和石帆别业之间。在"镜湖诗"中，有大量描写陆游本人及其家庭生活状况的作品。这些诗歌全方位地展示了陆游在农村的生活样貌。陆游虽然是一个致仕官员，但在晚年的漫长岁月里，他的生活并不宽裕，甚至难免困窘，"赎衣时已迫，贷米岁方艰"（卷六十三《病中戏咏》）。陆游一生为官清廉，"出仕三十年，不殖一金产"（卷十九《右寄姚太尉累日多事不复能观书感叹作此诗》），且屡遭罢斥，时官时民。致仕后仍保持高洁的操守，"仕宦遍四方，每出归愈贫"（卷五十二《杂兴十首以贫坚志士节病长高人情为韵》）。他的俸禄和祠禄都十分微薄，有时甚至无法照章足额领取，"官身常欠读书债，禄米不供沽酒资"（卷十九《假中闭户终日偶得绝句》）。嘉定元年，陆游原先领取的半俸也停止发放，导致了"年来残俸绝，所望在一熟"（卷七十六《稻陂》）。陆游的几个儿子外出为官，官俸亦薄，所以对老父的供养十分有限。虽然陆游自己拥有一些田产，但由于产业不丰，因此难以自给。他描写自己窘迫生活的诗歌在诗集中屡见不鲜，"有饭那思肉味，安居敢厌茅茨？"（卷七十六《感事》），"一杯芋糁羹，孙子唤翁食"（卷七十九《秋思》），等等。陆游对于贫困的态度，自有其坚贞和隐忍的一面，"饥能坚志节"（卷八十四《自立秋前病过白露犹未平遣怀》），"忍贫增力量"（卷六十六《书意》）。并且，正是由于有了这样的精神、物质上的贫困才不至于破坏他和生存环境之间的和谐关系。在安贫乐道的同时，陆游又是一个能够亲身事稼穑而不以为耻的新式士大夫。他曾经做诗自嘲："平生不售屠龙技，投老真为种菜人。"（卷七十四《岁未尽前数日偶题长句》）在贫穷面前，陆游积极采用多种手段，充分利用当时市镇兴旺发展的契机，改善自己的生活。他"种菜卖供家"（卷四十八《村兴》），并利用自己的医药知识深入乡间，为百姓诊病。这使他不仅收效显著，"为君小试回春手，便似暄妍二月天"（卷二十八《十月下旬暄甚戏作小诗》），而且顺带销售或赠送药品，"施药乡邻喜"（卷六十六《野兴》）。他还在家养殖畜禽，"倚杖牧鸡豚"（卷四十三《幽居初夏》）；种水果，"架垂马乳收论斛"（卷三十一《杂咏园中果子》）；卖柴、丝、麦等农产品，"日日行歌独卖薪"（卷六十三《贫甚戏作绝句》），"卖丝粜麦偿逋负，犹有余钱买钓船。"（卷七十六《初夏杂兴》）总之，陆游通过不断的劳动，既使自己的身心充分接触自然，还改善了家庭的生活条件。在归居乡里以后，陆游与当地的乡邻野老、渔樵牧竖在长期的接触中建立了深厚的情谊："百世不忘耕稼业，一壶时叙里闾情"（卷六十一《示邻曲》），并为乡亲们提供了力所能及的帮助，"驴肩每带药囊行，村巷欢欣夹道迎。共说向来曾活我，生儿多以陆为名。"（卷六十五《山村经行因施药》）当地农民也尽力回报这位有学问、没架子的士大夫："无钱溪女亦留鱼，有雨东家每借驴"（卷三十八《庵中独居感怀》）、"已分邻舍红莲米，更啜僧房紫笋茶"（卷七十五《贫病戏书又作二首自解》）。长期穿着"粗缯大布"，吃着"黄粱黑黍"（卷二十六《稽山农》），在朴素而清苦的田园生活中，陆游感到非常满足，并且希望"子孙世作稽山农"（卷二十六《稽山农》）。在中国古代的诗人中，陆游堪称高寿。这恐怕与他知足常乐的生活态度、和谐的人际关系和不间断地参加劳动、亲近自然有着莫大的关系。

陆游十分热爱镜湖地区的风土山水。他曾说："予居镜湖北渚，每见村童牧牛于风林烟草之间，便觉身在图画。自奉诏细史，年不复见此，寝饭皆无味。"由于他深受儒家"穷则独善其身，达则兼济天下"的影响，归隐后又倾向濂溪学派，因此往往以新鲜活泼的性灵之笔，摹写故乡山水，追求心灵的自由与解放。

二、镜湖诗的创作过程

镜湖诗的创作，从乾道二年陆游第一次被罢官回到绍兴，卜居三山开始。以此为始的理由是：首先陆游在选编自己的诗集时，将乾道二年以前创作的诗歌大量删减，到了严州任上预备刻印之前又进行了严格的筛选，"此予丙戌以前诗二十之一也，及在严州再编，又去十之九，然此残稿终亦惜之，乃以付子聿。"又子虞跋云："戊申已酉以后诗，先君自大蓬谢事归山阴故庐，命子虞编次，为四十卷，复题其签曰《剑南诗续稿》。""初先君在新定所编前稿，于旧诗多所去取。其所遗诗，存者尚七卷。念先君之遗之也，意或有在，且前稿行已久，不敢复杂之卷首，故别其名曰《遗稿》云。"最终，"丙戌以前诗，存者百之一耳"。在当今通行的《剑南诗稿》中，乾道二年丙戌罢官归乡之前创作的诗歌，只有区区94首，其数量在洋洋九千多首的陆游诗集中可谓极少。可见，陆游对丙戌以前诗歌作品的态度，正如他自己所论："我昔学诗未有得，残余未免从人乞。力屏气馁心自知，妄取虚名有惭色。"(卷二十五《九月一日夜读诗稿有感走笔作歌》)故大加删减，也就不足为怪了。

陆游"镜湖诗"的创作过程，和陆游赋闲居家的时段是同步的。第一阶段，从乾道二年陆游自豫章通判任上被罢官回到故乡，入住三山故居开始，到乾道六年闰五月起行赴任四川为夔州通判止。在今本《剑南诗稿》中，应自卷一《初夏道中》始，至卷二二《春阴》止。陆游这一阶段的诗歌作品，收入《剑南诗稿》中的并不多，计40余首。此时的陆游仍在壮年，因此写的诗也显得随意遣兴。但是，陆游这一阶段写的诗显然不如晚期作品沉郁疏放，"随意上渔舟，幽寻不预谋。清溪欣始泛，野寺忆前游。丰岁鸡豚贱，霜天柿栗稠。余生知有几，且置万端忧。"（卷一《随意》）但这一时期还是有经典之作出现，那就是《游山西村》，还有《雨霁出游书事》《霜月》等诗。这几首诗皆显出清新格调。其《残春》《霜风》等诗写身世之感叹，然未见晚年之沉郁如老杜者，多悲愁而少放达语。乾道五年九月，陆游离蜀东归，在三山有一段短期的停留，计1月左右，作诗不多。此后即离家南下，通判建安。淳熙八年正月归山阴，开始家居，一直到淳熙十三年夏赴严州任，其间历5年。自蜀归来的家居创作为第二阶段，其间的创作数量较多，风格变化也最大，盖是在蜀中及南郑前线的经历让他忽然得到了"诗家三昧忽见前，屈贾在眼元历历。天机云锦用在我，剪裁妙处非刀尺"（卷二十五《九月一日夜读诗稿有感走笔作歌》）的作诗秘诀。从此，陆游用全新的文学理念来指导自己的创作，进而走入了全新的文学天地。这一时期的"镜湖诗"开始更多地关注农村民生，因为这时诗人的心开始远离朝野与市井，他将眼光更多地投向普通农民的生存与生活，"畏客常称疾，耽书不出门。尚嫌城市近，更拟卜云根"（卷十四《村居冬日》）。当然，这与作者开始拥有大量的时间漫游于故乡的湖山乡镇之间有很大的关系。更为重要的是，长期的宦海沉浮使他意识到官场之不足道，而农村的生活、农民的境遇才是更为迫切实在的着眼点。这一时期较有代表性的诗歌是《寄朱元晦提举》（卷十四）："市聚萧条极，村墟冻馁稠。劝分无积粟，告籴未通流。民望甚饥渴，公行胡滞留？征科得宽否？尚及麦禾秋。"在这一阶段，他的作品中开始大量出现亲身参与农村劳作及抒发放达胸怀的作品，叹嗟贫病的内容也开始逐年增加，但作者始终系怀的仍然是国是和民生。陆游于淳熙十五年七月卸严州知府任回乡，同年冬，除军器少监，赴行在。淳熙十六年冬斥归，从此开始了长期乡居。从淳熙十六年到嘉定二年陆游去世，除嘉泰二年夏至嘉泰三年五月间奉诏在都城临安修撰孝、光二宗《两朝实录》和《三朝史》外，皆家居。这是"镜湖诗"创作的第三个阶段，也是作品数目最大、风格渐趋稳定和成熟的阶段。这一时期的"镜湖诗"的主要特色在于：诗人开始不厌其烦、日复一日地用诗歌记录自己的生活。在自叙生活的同时，写实农村生活诸多方面的诗歌屡屡出现。同时，描写自己出游、饮酒等闲适生活内容的作品充分反映了隐居生活平和安乐的特色。他还写了不少充满人生哲理和生活情趣的咏物诗，高洁的梅、隐逸的菊是他的最爱。他不仅参与劳动，与农民保持着真切的联系，懂得他们生活的苦乐，并持续不辍地歌颂着农民的辛勤质朴，同时也为不利于农业收成的天灾人祸而愁闷，为农人的困苦遭遇而鼓呼。在"镜湖诗"写作的第三阶段，身历万事的诗人完全进入了诗歌创作的自由王国，少年轻狂的愤激之语变得稀少，安定和平的心气充溢于字里行间。这正应和了他自己在《示子遹》（卷七十八）一诗中所说的"汝果欲学诗，工夫在诗外"的创作主张。因为他是在江南农村广阔浩瀚的生活中寻找诗料，所以他的作品更具有了多重的社会价值，从而渐臻文学境界上的完满境地。

辑自杨升：《陆游在绍兴镜湖地区的生活与创作》，《湖州职业技术学院学报》2010 年第 4 期。

汪纲[*]

汪纲，徽州府黟县人，南宋淳熙十四年（1187）后历任桂阳、弋阳、兰溪、高邮军、提举常平司、婺州府等多地行政主管，因政绩卓著而受到广泛好评；嘉定十四年（1221）冬，已过天命之年的汪纲，从婺州任上辗转任绍兴知府，主管浙东安抚司公事兼提点刑狱。至绍定元年（1228）冬离任，在绍兴知府任职的 7 年间，他筑衢路、修城池、建军营、招水军、固海防，凡学宫、贡院、园林、仓廪、库房、驿舍、寺庙、宫观等均作精心维修、整治。而他访察百姓疾苦，潜心治水，切实罢去弊政的成效尤为显著，而为后人所称道。汪纲在绍兴知府任上为浙东运河的整治、维修建设作出了重要贡献。

早在任兰溪知县时，该县遭遇大旱，汪纲就"躬劝富民浚筑塘堰，大兴水利，饿者得食其力，全活甚众"；任高邮军知军时，疏浚沟堑，增修大运河苏北兴化县段漕渠沿岸堤堰；他在担任提举常平司，主管水利、河渡等事务期间，积累了丰富的治水经验。

嘉定十四年（1221）冬，已过天命之年的汪纲到绍兴任知府后，不是当"太平官"，而是抓住行将退休的短短这六七年时间，恪尽职守、勤政为民。也是正史、历代绍兴方志的文字记载中，在大力整治水利、交通环境等积弊的守臣中，抓的"品种"最全、干的实事最多的郡守之一。

整治河湖

汪纲到任伊始，正值严寒隆冬冰雪交加的季节，在实地察访中，发现绍兴府城内"衢道久不修治，遇雨泥淖，几于没膝"，民间呼声强烈。便

---

* 作者：童志洪

当即与本府佐吏精心规划、逐一兴工，先后用石料修缮、砌筑河岸塥，浚治城内运河湮塞的河道，整治高低不平的道路，清除小路巷尾的污秽，恢复了城内河渠便利。虽然府城河道周边到处在施工，由于事先计划比较周全，并未惊扰民众、影响百姓正常生活。通过整治，府城内"道涂堤岸以至桥梁靡不加葺……始于府桥至轩亭及南北两市，由府前至镇夷军门、贤良坊，至府桥、水澄坊至鲤鱼桥，沿河夹岸逶迤"，广为时人所称道。

诸暨县内 16 乡临湖，历史上当地一直利用湖泊、河荡灌溉，抗旱排涝的水利作用十分显著。但后因豪强大族纷纷在岸边私自植树，进而又围成私田，逐步蚕食水面，导致湖面缩小，水流不畅。一旦大雨，就会满溢到县内村镇，形成涝灾，致沿岸民间房屋、土地被淹没。汪纲了解实情后，奏请朝廷，由提举常平司整治豪族私围的湖田，尽行恢复湖泊原状，并颁令严禁，杜绝了侵湖围田的歪风，重新恢复了诸暨县诸多湖田的水利功用。

疏浚运河

西兴运河是继古越时期的山阴故水道、东汉会稽太守马臻筑鉴湖以后，由西晋会稽内史贺循为灌溉鉴湖以北的广袤农田所开凿的人工运河，运河自绍兴郡城迎恩门至萧山县西兴镇止，延绵百里。唐元和十年（815），浙东观察使兼越州刺史孟简在贺循所筑的西兴运河堤塘基础上，改筑运道塘后，成为漕渠新堤。

历尽数百年风雨沧桑，西兴运河出现了大面积淤塞，严重影响了漕运与民间水上交通。据宝庆《会稽续志》载："山阴萧山运河，运河自萧山县西兴六十里至钱清堰。渡堰逶迤，至府城凡一百五里。自西兴至钱清一带，为潮泥淤塞，深仅二三尺，舟楫往来，不胜牵挽般剥之劳。"嘉定十四年（1221）冬，到任不久的绍兴知府汪纲察明实情后，迅即禀报朝廷，请求疏浚西兴运河。除府内自备工匠、伕役、钱米外，由"朝廷支拨米三千石、度牒七道，计钱五千六百贯，添助支遣，通计一万三千贯"。汪纲随即利用冬闲时节，组织沿河各县乡民众投入施工。通过由冬入春的大规模疏浚，共疏导西兴运河水路50多里，使"河流通济，舟楫无阻，人皆便之"。同时，为避免钱塘江泥沙进堤，运河水源不致轻易流失，保障漕渠的畅通，汪纲主持在钱塘江南岸江口建起水闸。

整修纤道

依西兴运河而筑的古陆道，自府城迎恩门至萧山县西兴镇，长近百里。它既是宋代绍兴府城通往西兴的主要驿路与纤道，又是护岸保田的水利设施。因岁久失修，"外为纤夫蹂践，内为田家侵掘，混为泥涂，往来艰阻"。堤塘废坏后，又导致"夏潦初兴，河流溢而大涝。秋阳方炽，田水泄而不留"，过往行人反映强烈。汪纲为解民忧，嘉定十四年（1221）冬，在大规模疏浚西兴运河的同时，重新加以增筑，并将其中的一些地段改土塘为石塘，"甃石通途凡十里"，与城邑相接，从而使"徒行无褰裳之苦，舟行有挽纤之便。田有畔岸，水有储积"，作用十分显著。

在主持增筑陆路纤道时，汪纲还下令在人烟稀少的运河纤道畔新建起8所各5间的"施水坊"。这些"施水坊"有专人值守，除免费供应茶水外，附带卖一些食品与日杂用品，从而既方便过往行人、纤夫休憩，又能让守坊者有利可图，使"施水坊"长久地得以维持。

此外，汪纲在疏浚、整治绍兴府城内外运河时，又主持增筑城内运河沿线的上大路、西小路、迎恩门内外至虹桥上纤码头段，约五里的石质河墈，从而使陆路通畅，舟楫进出"牵汇坦夷如砥"。民间纷纷嘉许，汪知府干的这些实事，的确能让百姓们长久地受益。

修建桥路

绍兴府城内河道纵横，居民出行离不开舟楫、桥梁。绍兴府城内河道纵横，居民出行离不开舟楫、桥梁。仅嘉泰《会稽志》记载府城内的石桥就达百座。位于府治镇东军门外、蓬莱馆前的府桥，旧时桥基是用砖块所砌，不仅很难持久，也不安全。汪纲下令重建，使之成为宽广的石桥，因道路增阔，附近的府横街很快成为闹市；城内的莲华桥、拜王桥、西双桥、水澄桥、大善桥、清道桥、鹅鸭桥、木瓜桥、章家桥、里木桥等，损毁严重的石桥不下 10 余所，在汪纲主持下，也都整修一新。就连位于西小江畔，当年属萧山县管辖的钱清方家桥，在岁久断圮后，亦系汪纲下令重新修建。

嘉定十五年（1222），岁值朝廷科考大比之年，汪纲除重新整葺位于府山环山河畔的贡院，增屋 30 间、在院内铺设石板外，为解决沿河道路，遇雨泥泞难行之弊，下令在鲤鱼桥至贡院一带的环山河畔砌筑河墈、改建为石板路，"凿石加甃，坦然如砥"，从而方便了众多学子的出入。

位于钱塘江南岸，长达 1140 丈的西兴沙路，以往因路况极差，从江上过渡者行路艰难，对此诟病者甚众。汪纲了解后，于嘉定十七年（1224）冬，费银 3 万余两，组织当地重新整修。经过一个多月整修，使沙路广阔平坦，往来民众莫不称快。西兴沙路修筑完工后，往来舟楫过江抵达钱江南岸的西兴堰后，避开了入闸、沙涨的阻碍，即可直接进入西兴运河。后来宋宁宗灵柩亦经沙路进入运河，去会稽县攒宫入葬。

增修海塘

绍兴府当年下属八县，内有 5 县濒海，各县历来筑有海塘用来避免水灾。但每年因台风侵袭导致堤岸出险，盐碱损害庄稼达数十万亩，需免除租税也以万计。为此，汪纲专门在府库列出 3 万银两，作为抢修海、湖塘的备用专款，从而保障了海塘出险后能及时修复，塘内农田免遭潮水侵袭。 嘉定六年（1213），山阴后海塘溃决五千余丈，侵入塘内农田湖荡，民房漂没徙者二万余户，海水坏田七万余亩。前任知府赵彦俠在奏请朝廷拨款与本府自筹资金后，修筑海塘 6120 丈，内有三分之一建起石塘。事隔 10 年后，山阴后海塘因风潮侵袭再次受损。汪纲迅即征调民伕、匠人，筹措工石，重修堤塘。海塘修复完工后，命所在县乡时加巡察、维护。 位于会稽县东 70 余里千秋乡的菁江海塘，长 400 余丈。嘉定十六年（1223），因遭台风与海潮毁坏，汪纲重新兴工修葺；会稽县曹娥庙濒临曹娥江，因风浪袭扰，险情不断。为确保安全，嘉定十七年（1224），汪纲拨出专门资金，组织民工运石，垒筑起 70 丈堤塘，用以防御江上风涛。

赈灾减负

宝庆三年（1227），境内突发洪涝灾害。汪纲迅即调发米 38000 多石、银 5 万两赈济灾民，报请朝廷后免去当年租税 6 万多石，使受灾百姓基本生活不低于平常年景的水平。

汪纲在赈灾中了解到绍兴府的田赋税额负担较重，是因为从绍兴年间（1131—1162）起，征税数字一直就存在虚额。但前任主管怕朝廷考核时，政绩会列为下等，影响自身升迁，便一直在私下里，将修建、祭祀攒宫宋陵的专用资金，挪用来弥补上交岁赋的缺额。汪纲认为个人政绩事小，但欺上误民事大。于是据实向朝廷禀报，在奏请朝廷批准后，免去了府内每年虚征 95000 银两的田赋，扫除了这一积弊。

身为知府，汪纲生活简朴，不喜奢华，车马仪仗即使坏了，也不更换。在他影响下，衙门风气清白如水。《宋史》对他赞赏有加："纲学有本原，多闻博记，兵农、医卜、阴阳、律历诸书，靡不研究；机神明锐，遇事立决。在越佩四印（担任 4 个职务），文书山积，而能操约御详，治事不过二十刻，公庭如水。卑官下吏，一言中理，慨然从之。为文尤长于论事，援据古今，辨博雄劲。"绍定元年（1228）冬，在任绍兴知府7年后，汪纲应召离开绍兴，在他疏浚整治过的迎恩门驿馆前，登上驿舟赴临安任户部侍郎。数月后，因已到退休年限，便主动辞去官职。在告老还乡前，朝廷特别为他升官两级，并赐予金带。当汪纲去世的消息传到越地后，民众大多为之流泪，纷纷去寺观祭奠他。

为民办实事的好官，后人会永远记得。汪纲的业绩，不仅载入了《宋史》，也载入了宋、明、清历朝《绍兴府志》与现代的《绍兴市志》。800年后，在"名士之乡"绍兴新建成的"绍兴名人馆"里，从大禹到鲁迅的150位杰出历史人物展中，亦有他一席之地。

文献辑存

宋史·汪纲传

汪纲字仲举，黟县人，签书枢密院勃之曾孙也。以祖任入官，淳熙十四年中铨试，调镇江府司户参军。

马大同镇京口，强毅自任，纲言论独不诡随。议者欲以两淮铁钱交子行于沿江，廷议令大同倡率行之，纲贻书曰："边面行铁钱，虑铜宝泄于外耳。私铸盛行，故钱轻而物重。今若场务出纳不以铁钱取息，坚守四色请买旧制，冶铸定额不求余美，重禁以戢私铸，支散边戍与在军中半者无异，不以铁钱准折，则淮民将自便之，何至以敝内郡邪？"大同始悟。试湖南转运司，又中，纲笑曰："此岂足以用世泽物耶？"乃刻意问学，博通古今，精究义理，覃思本原。

调桂阳军平阳县令，县连溪峒，蛮蜑与居，纲一遇以恩信。科罚之害既三十年，纲下车，首白诸台，罢之。桂阳岁贡银二万九千余两，而平阳当其三分之二。纲谓向者银矿坌发价轻，故可勉以应，今地宝已竭，市于他郡，其价倍蓰，愿力请痛蠲损之。岁饥，旁邑有曹伍者，群聚恶少入境，强贷发廪，众至千余，挟界头、牛桥二砦兵为援，地盘踞万山间，前后令未尝一涉其境，不虞纲之至也，相率出迎。纲已夙具酒食，令之曰："汝何敢乱，顺者得食，乱者就诛。"夜宿砦中，呼砦官诘责不能防守状，皆皇恐伏地请死，杖其首恶者八人，发粟振粜，民赖以安。

改知金坛县，亲嫌，更弋阳县。父义和为侍御史主管佑神观。寻丁父丧，服除，知兰溪县，决摘如神。岁旱，郡倚办劝分，纲谓劝分所以助义仓，一切行之，非所谓安富恤贫也，愿假常平钱为粜本，使得循环迭济。又躬劝富民浚筑塘堰，大兴水利，饿者得食其力，全活甚众。郡守张抑及部使者列纲为一道荒政之冠。以言去，邑人相率投匦直其事，纲力止之。

继知太平县，主管两浙转运司文字，未赴，罹内艰，擢监行在左藏西库。属金人杀其主允济自立，遣使来告袭位，议者即欲遣币，纲言："使名不逊，当止之境上，姑命左帑视例计办，或且留京口总司，令盱眙谕之曰：'纪年名节，皆犯先朝避忌，岁币乃尔前主所增，今既易代，当复隆兴、大定之旧。'俟此议定，而后正旦、生辰之使可遣。迟以岁月，吾择边将葺城堡，简军实，储峙糗粮，使沿边屹然有不可犯之势，听其自相攻击，然后以全力制其后。"庙堂题之。

提辖东西库，又干办诸司审计司。以选知高邮军，陛辞，言："扬、楚二州当各屯二万人，壮其声势，而以高邮为家计砦。高邮三面阻水，湖泽奥阻，戎马所不能骋，独西南一路直距天长，无险可守，乃去城六十里随地经画，或浚沟堑，或备设伏，以扼其冲。"又虑湖可以入淮，招水卒五千人造百艘列三砦以戒非常。兴化民田滨海，昔范仲淹筑堰以障鸟卤，守毛泽民置石碇函管以疏运河水势，岁久皆坏，纲乃增修之。部使者闻于朝，增一秩，提举淮东常平。淮米越江有禁，纲念"淮民有警则室庐莫保，岁凶则转徙无归，丰年可以少苏，重以苛禁，自分畛域，岂为民父母意哉！请下金陵籴三十万以通淮西之运，京口籴五十万以通淮东之运"。又言："两淮之积不可多，升、润之积不可少。平江积米数百万，陈陈相因，久而红腐，宜视其收贮近久，取饷辇下百司、诸军。江上岁餫当至京者，贮之京口、金陵转漕。两淮、中都诸仓，亦当广籴以补其数。"

制置使访纲备御孰宜先，纲言："淮地自昔号财赋渊薮，西有铁冶，东富鱼稻，足以自给。淮右多山，淮左多水，足以自固。诚能合两淮为一家，兵财通融，声势合一，虽不假江、浙之力可也。祖宗盛时，边郡所储足支十年；庆历间，中山一镇尚百八十万石。今宜上法先朝，令商旅入粟近塞，而算请钱货于京师。入粟拜爵，守之以信，则输者必多，边储不患不丰。州郡禁兵本非供役，乃就粮外郡耳，今不为战斗用，乃使之共力役，缓急戍守，专倚大军，指日待更，不安风土，岂若土兵生长边地，坟墓室家，人自为守邪？当精择伉壮，广其尺籍，悉隶御前军额，分擘券给以助州郡衣粮之供，大率如山阳武锋军制，则边面不必抽江上之戍，江上不必出禁闹之师。生券更番，劳费俱息。"

时有献言制司广买荒田开垦，以为营田，纲以为"荒瘠之地不难办，而工力、水利非久不可，弃产欺官，良田终不可得，耗费公帑，开垦难就。曷若劝民尽耕闲田，圳浍堙塞则官为之助，变瘠为沃，使民有余蓄。晁错入粟之议，本朝便籴之法，在其中矣。"制司知其无益，乃止。

淮东煮盐之利，本居天下半，岁久敝滋，盐本日侵，帑储空竭，负两总司五十余万，亭户二十八万，借拨于朝廷五十万，又会饷所复盐钞，旧制弗许商人预供贴钞钱，盐司坐是窘不能支。纲抉摘隐伏，凡虚额无实，诡为出内，飞走移易，事制曲防，课乃更美。既尽偿所负，又赢金三十万缗，为桩办库，以备盐本之阙。添置新灶五十所，诸场悉视乾道旧额三百九十万石，通一千三百万缗，课官吏之殿最。纲约已率下，辞台郡之互馈，独增场官奉以养其廉。

擢户部员外郎、总领淮东军马财赋。时边面多生券，山东归附月饷钱粮，以缗计增三十有三万，米以石计增六万，真、楚诸州又新招万弩手，皆仰给总所，而浙西盐利积负至七十余万缗，诸州漕运不以时至。纲核名实，警稽慢，区画处分，饷事赖以不乏。

移疾乞闲，得直秘阁、知婺州，改提点浙东刑狱，皆屡辞不得请。虑囚，至婺，有奴挟刃欲戕其主，不遇而杀其子，瞒谰妄牵连，径出斩之。释衢囚之冤者。台盗钟百一非共盗，尉觊赏，躏申制司，纲谓：“治盗虽尚严，岂得锻炼傅会以成其罪邪？”于是得减死。祷雨龙瑞宫，有物蜿蜒朱色，盘旋坛上者三日。纲曰：“吾欲雨而已，毋为异以惑众。”言未竟，雷雨大至，岁以大熟。

进直焕章阁、知绍兴府、主管浙东安抚司公事兼提点刑狱。访民瘼，罢行尤切。萧山有古运河，西通钱塘，东达台、明，沙涨三十余里，舟行则胶。乃开浚八千余丈，复创闸江口，使泥淤弗得入，河水不得泄，于涂则尽甃以达城闉。十里创一庐，名曰“施水”，主以道流。于是舟车水陆，不问昼夜暑寒，意行利涉，欢欣忘勤。属邑诸县濒海，而诸暨十六乡濒湖，荡泺灌溉之利甚博，势家巨室率私植埂岸，围以成田，湖流既束，水不得去，雨稍多则溢入邑居，田间浸荡。濒海藉塘为固，堤岸易圮，咸卤害稼，岁损动数十万亩，蠲租亦万计。以纲言，诏提举常平司发田园，奇援巧请，一切峻却，而湖田始复；郡备缗钱三万专备修筑，而海田始固。纲谓：“是邦控临海道，密拱都畿，而军籍单弱。”乃招水军，刺叉手，教习甚专，不令他役。创营千余间，宽整坚密，增置甲兵，威声赫然。兼权司农卿，寻直龙图阁，因任。

理宗即位，诏为右文殿修撰，加集英殿修撰，复因任，又加宝谟阁待制。宝庆三年大水，纲发粟三万八千余、缗钱五万振之，蠲租六万余石，捐瘠顿苏，无异常岁。越有经总制窠名四十一万，其中二十五，则绍兴以来虚额也，前后帅惧负殿，以修奉攒宫之资伪增焉。纲谓“负殿之责小，罔上之罪大”。摭其实以闻。诏免九万五千缗，而宿敝因是著明矣。

绍定元年，召赴行在，纲入见，言：“臣下先利之心过于徇义，为身之计过于谋国，偷惰退缩，奔竞贪黩，相与为欺，宜有以转移之。”帝曰：“闻卿治行甚美，越中民力如何？”对曰：“去岁水潦，诸暨为甚，今岁幸中熟，十年之间，千里晏安，皆朝廷威德所及，臣何力之有。”权户部侍郎。越数月，上章致仕，特畀二秩，守户部侍郎，仍赐金带。卒，越人闻之多堕泪，有相率哭于寺观者。

纲学有本原，多闻博记，兵农、医卜、阴阳、律历诸书，靡不研究；机神明锐，遇事立决。在越佩四印，文书山积，而能操约御详，治事不过二十刻，公庭如水。卑官下吏，一言中理，慨然从之。为文尤长于论事，援据古今，辨博雄劲。服用不喜奢丽，供帐车乘，虽敝不更。所著有《恕斋集》《左帑志》《漫存录》。

辑自（元）脱脱：《宋史》卷四百八《汪纲传》，中华书局，1985年，第12304—12309页。

钱绩*

  钱绩（生卒年不详），字殷芸，南宋临安府钱塘县人。宋宁宗嘉定元年（1208），出任绍兴府上虞县尉。在任期间，除了管理本县治安外，特别为人称道的是维护浙东运河工程运行秩序，复建运河关键工程——通明闸堰的贡献。通明堰为宋代浙东运河七堰之一，是上游段运河接入姚江段的枢纽性控制工程，宋代之后历经修治，闸、堰并立，功能多样，是浙东运河上具有代表性的工程之一。

  浙东运河上虞县段运河，又名四十里河，或谓虞余运河、姚江。南宋时浙东运河已经成为重要的漕运、盐运等交通干线。钱绩任上虞县尉时，运河工程管理废弛，堰闸、运河堰堤失修，常有闸废、堰坝坍塌水路中断的情况。钱绩不过是主管治安的县尉，却挺身而出，在并无官府拨款的情况下，组织民众重建废圮数十年的运河水闸——上虞县清水闸与拦河堤堰——通明坝，这一堰闸一体的水利枢纽工程，统称通明堰，既保障运河水路常年畅通，又阻挡咸潮上溯，具有拒咸蓄淡功能。钱绩通过依靠当地民间力量，使浙东运河这一关键工程重新发挥作用，从而使这位官位不显的县衙佐吏名字，记入了历代方志。

  通明闸堰，建于宋代上虞县城丰惠以东十二里的姚江上，地处浙东运河庆元府（治明州，即今宁波市）至绍兴府萧山县西兴港漕运咽喉之地。《（万历）新修上虞县志》载："通明坝，……上枕运河，下通省河，商船必由于此。宋蔡舍人肇明州谢表云：三江重复，百怪垂涎，七堰相望，万牛回首。盖自浙江抵鄞有七坝，此第五坝也"。[①] 舟楫经通明堰，经余姚、慈溪、庆元府城等运河水系。作为通江达海，沟通古代杭、绍、甬等地漕运、盐运、客运与内外贸易要津，亦是连通京杭大运河，北上京城与各省

---

* 作者：童志洪
[①] 《（万历）新修上虞县志》卷之四《水利》，中国文史出版社，2014年。

的必经通道。清水闸，原系建于上虞通明堰上的 2 孔泄洪闸；此堰的另一端，则为拖船坝，用以过往舟船过坝（现代改为船闸），堰堤两端则有河中岛相连。历史上，通明堰上曾设有坝夫 30 余名，并配有一批牵引舟船过坝的水牛。

北宋时，通明堰曾建有用以泄洪的清水闸。据《（嘉泰）会稽志》载："上虞县……通明闸，在县东一十里。景德中置，今废。"《（万历）新修上虞县志》载："清水闸，廿二都，关于运河，闸废为患不小。宋嘉泰元年尉钱绩修筑。"而据同一方志载，钱绩在嘉定元年（1208）始任上虞县尉，故该方志所载的"嘉泰元年"，应系嘉定元年之误。即通明闸、堰系 1208 年冬，上虞县尉钱绩募资主持重建。

依宋代官制，县尉为县令的佐吏，主管一县治安，水利并非其职责。为何主持修筑漕运水闸的不是上虞知县或其他属吏，却是分管治安的钱绩？该县乡绅孙应时当年所撰的《重修清水闸记》道出了原委。姚江上虞段河身狭窄，水流湍急，南北两堤间高于田丈余。位于县城东 12 里姚江上的通明堰，更是夹堤深浦，坝址薄且土质疏松，故堰闸时常受损。堰堤被冲毁，直接导致庆元至绍兴水运的断绝。为保持漕运畅通，县衙责成堰堤沿岸所涉及的 3 个乡、都所涉村庄，划分地段，分别派出民工守御。即使下着滂沱大雨，众多自备畚锸的丁壮，亦交错巡查在堰堤周边，发现堤堰裂缝，随时抢险修补；如果堰堤出现大的决口，还须集中力量截断上流洪水，才能得保障堤堰安全。

钱绩任县尉时清水闸已废，汛期通明堰坝时常决堤，尚无专款拨发，官府组织民工自备工具、饭食抢修。日积月累，致使沿河乡都的一些里正穷于应付。无奈之下，有的卖掉房屋，有的甚至盗掘古墓，将所得之费，用以应急。嘉定元年（1208），刚担任上虞县尉的钱绩，正是奉县衙之命到此"催纲"，即催缴官府漕运供给之费时，深感民间疾苦之甚。

钱绩经过实地查勘，查明通明堰经常被毁是因为这里河浦交叉，洪峰袭来时，洪水陡涨，难以排泄。昔时堰上设有分水的清水闸，运河内水涨时可以泄于周边河浦。后因闸座年久失修，已废圮数十年，而仅存闸基。

因此，唯有修复水闸，方能减少民累，确保堰坝无虞、漕运通畅。作为负责治安的县尉，钱绩本来只须将此民情与呼声，向知县据实禀报即可。但是位卑却敢于担当的钱绩，为了保证漕运通畅，从根本上保持一方长治久安，他出面向知县提出由他担纲主持修复堰闸，并请求县衙拨出所需银两。

"位卑未敢忘忧国"。钱县尉此举得到了知县的嘉许，但同时又告之，时下县衙厘库实在抽不出修闸的资金。县衙每年征收入库的田亩税赋，虽然不算太少，但却要应付上下左右方方面面数百上千项的刚需支出，历年财政却并无积余。为保障运河上过往舟楫正常往来，投入并不少。其中，仅供本县运河上的通明、梁湖两堰 50 余名坝夫薪金，与拖船过坝的绳索工具费，每年就要花银 500 多两，内通明堰 30 名坝夫薪金及绳索费就占 360 两。这还不含用来拖船过坝所需的水牛养护，与绞盘维护等相关的资费。

县衙拨款无着，钱绩焦急万分，无奈中只能召集沿河乡绅共商对策。令钱绩想不到的是，在得知他愿意出面主持修复闸堰，县衙无资金可拨的情况后，当地乡绅纷纷慷慨表示，愿意出钱、出物、出力。在他登高一呼数日后，修闸钱款便很快得以落实。

钱绩与当地乡绅拟定清水闸重建规划，聘请工匠，采办工料，利用秋后农闲时节，发动广大民众重建水闸。新闸沿袭旧规，上创石桥，下甃斗门，以时启闭泄洪。清水闸修复后，钱绩又发动乡人，将剩余资金，用于修护闸旁堰堤，"广五十尺，袤二千尺，土石坚密，足利永久"[1]。在重建清水闸、增修通明堰坝的同时，钱绩还增修了位于通明堰附近的孟宅闸，以泄运河之水于姚江。

通明闸堰重建后，洪水宣泄有度，水患得以消除，运河得以通畅，减轻了百姓沉重的劳役。当同僚和士绅一致为县尉请功时，钱绩作答曰：水利并非本人的职责，财力亦非由我付出。重修通明闸堰，是各位乡绅共事

① （宋）孙应时：《清水闸碑记》，《（万历）新修上虞县志》卷之四《水利》，中国文史出版社，2014 年。

的结果，是早应该办理的历史欠债。但此次重修闸堰所费大笔工费，并无分文官银，全部取之于民，作为属吏深感内疚，又岂敢言功！后本县知名乡绅孙应时撰文，将钱绩重建清水闸、通明堰事刻碑，树于通明闸堰。

20世纪50年代浙东运河拓宽时，拆除通明古闸旧堰，新建起现代化的船闸、水闸，在古堰闸原址旁尚可见到昔时货船靠坝的"车坝"铁链、拴船孔等零星残迹，与飞檐斗拱的木亭子下那块镌刻有"古清水闸"4字的棕红色花岗石闸额。古代通明堰那人声鼎沸，东来西往的舟楫，凭借人拉、牛牵，在清水闸旁的堰坝拖船过坝的场景已经远去。

上虞通明堰上的"古清水闸"额，现存于上虞区丰惠街道通明北村

毋庸赘言，"通江达海"的浙东运河，与京杭运河相比，所涉地域不算广阔，流域仅为南宋时钱塘江南岸的绍兴、庆元两府（涉及今杭绍甬三市）境内。但作为中国大运河的重要组成部分，曾为发展漕运、盐运、客运与中外商贸，作出过不可磨灭的历史贡献，且经过历次整治，迄今仍能通航，实属不易。

与大运河北京—杭州段不同的是，历史上的浙东运河，从未有过专管漕运与河道这类衙门与由吏部委派乃至皇帝亲自任命的督、道、厅等大臣；户部、工部也没有直接下拨过运河治理、堰闸等设施建造与修复等资金。治理浙东运河、修复相关水毁设施的具体运作，主要靠的是沿线府、县的运作，日常事务由府县衙门佐吏具体兼任；而所需资金，多系地方财力筹措，或"官办民捐"而来。钱县尉重修通明闸堰的史实，亦佐证了古代浙东运河独有的这一工程管理模式。

文献辑存

通明堰的历史记载

《（嘉泰）会稽志》卷四

通明闸，在县东一十里。景德中置，今废

通明北堰，在县东一十里；通明南堰，嘉泰元年始置。海潮自定海历庆元府城，南抵慈溪，西越余姚，至北堰几四百里。地势高仰，潮至辄回如倾注，盐运经由需大。

辑自《（嘉泰）会稽志》卷四，《绍兴丛书》第一辑《地方志丛编》第1册，中华书局，2006年。

《（万历）绍兴府志》卷十七，水利志二

上虞清水闸、孟宅闸俱在县城东，泄运河之水于江。清水闸圮，宋嘉泰（应为"嘉定"）元年尉钱绩修建。

辑自《（万历）绍兴府志》卷十七《水利志二》，《绍兴丛书》第一辑《地方志丛编》第1册，中华书局，2006年。

《（万历）新修上虞县志》卷四，水利志

运河，在县治之南，其东接新旧通明坝，西距梁湖堰，横亘三十五里。溯源于百楼、坤象诸山，由溪涧而会注。以利舟楫，以资灌溉。（原书按语："吾虞运河，在邑治南数十步。东接通明，西距梁湖。又东北有新开河抵新通明堰，为越明孔道"。）

通明坝，廿二都，在县东三里，宋嘉泰元年置。海潮自定海，历庆元，南抵慈溪，西越余姚，至北堰几四百里。地势高仰，潮至辄回如倾注。上枕运河，下通省河，商船必由于此。宋蔡舍人肇明州谢表云：三江重复，百怪垂涎，七堰相望，万牛回首。盖自浙江抵鄞有七坝，此第五坝也。

孟宅闸，廿二都，在县城东，泄运河之水于江。清水闸圮，

宋嘉泰（注：应为嘉定）元年，尉钱绩修。

辑自《（万历）新修上虞县志》卷四《水利志》，中国文史出版社，2014年。

《（万历）新修上虞县志》卷八，食货志·均徭

旧通明堰坝夫两名，每名银陆两，共银壹拾贰两，遇闰（月）每名加伍钱。新通明坝坝夫叁拾名，每名银壹拾两捌钱，外加索银壹两贰钱，共银叁佰陆拾两，遇闰（月）每名加银玖钱。梁湖坝坝夫贰拾名，每名银玖两，共银壹佰捌拾两，遇闰（月）每名加银柒钱伍分。

辑自《（万历）新修上虞县志》卷八《食货志·均徭》，中国文史出版社，2014年。

清水闸碑记

（宋）孙应时

上虞越佳邑，独运渠为民患。渠贯邑而西二十五里，属于曹（娥）江，其堰曰梁湖。地势高率，数岁一浚，未病民也。邑东十二里，属于姚江，其堰曰通明，地势下倾。水容于两堤间，高于田丈余。而夹堤皆深浦，址薄土疏，故渠数决，决则明、越之运绝。并堤三乡，乡各一都，赋丈而守之。尉以催纲得专其事，霖潦则发丁壮、具畚锸、辇财用，旁午堤侧，随隙辄补。其大决，必先遏上流，而后即安。里正窘于供亿，大抵破家，至于撤屋伐墓以救急，为患岂小哉。

嘉定之元，吴越钱君绩为尉，博询其故。或曰堤之决也，水无所泄也。往者上管有酾水之道，曰清水闸。渠涨则北泄之于浦。今废数十年矣，而故址则存，盍复诸？钱君行视，信然，请费于邑。益以己俸仅为钱六万，乃召其都之豪长者，以礼劝之。君素信于民，莫不响应，凡闸之用，各献其力，不日告具。明年秋农隙乃作，相命子来，无敢惰偷。上创石桥，下甃斗门，启闭

以时，一遵旧规。因其余财，缮治近堤广五十尺，袤二千尺，土石坚密，足利永久。又明年渠得不决，民以大悦，归功于尉。钱君谢曰：水利非尉职也，财力非尉有也，幸分运渠之责，得从诸君以集事，有如悉治具所未及，使长堤方轨而多为酾水之道，岂不益善。顾其役大费，殷芸（注：钱绩字）尝请于府及使者，而未云获也。吾方有遗恨，敢言功乎。

邑人退而请记于余。余唯天下事有志者尝阻不得为，而得为者未必有志，或不知其所以为。今钱君可谓有志且于不得为之中独能为之有成绩矣。将使上之人明知其事而动心焉，则一举而运渠之患可以讫息。余又何辞，故乐为之书。

辑自《（万历）新修上虞县志》卷之四《水利》，中国文史出版社，2014年。

戴琥[*]

戴琥（生卒年不详），字廷节，江西浮梁县（今属江西省景德镇市）人。以明景泰元年（1450年）举人授南京监察御史，成化九年（1473年）知绍兴府，后擢广西右参政，乞归而卒。任绍兴知府期间大修水利，在海塘建设、浦阳江下游治理、绍兴水网整治等方面成就卓著，特别是设立"山会水则"、制定调控规则，为绍兴地区水系定量调控、各闸坝工程统一调度发挥了重要作用，浙东运河绍兴水网的东西骨干水道也因此受益。离

戴琥雕像

任前夕，将浙东地区水文地理形势及江河源流、演变、发展写成专文，绘制府境八县山川水条、城池、堰闸详细地图，并刻于碑，立于府署，碑文寄语后辈，要求"后之君子，庶几视如家事，随时葺理，不避嫌，不恤谤，不令大败，以佐吾民"。戴琥知绍兴府十年，除在水利建设上卓有成就外，官风廉介严明，深恤民情，修学宫、禹庙，奖掖人才，受绍兴人民爱戴。在任期间，他疏浚宋代名臣范仲淹的"清白泉"，以抒发自己的意趣，并以此鼓励属下公务人员。他兴办教育，要求学生对至理要义认识明确，身体力行；并增祀乡贤祠，修理兰亭石刻，修葺会稽的宋代陵墓，设守陵人员负责洒扫。遇水旱灾荒，上疏乞免老百姓的上供米。他还减少劳役，调解诉讼，剪灭盗贼，奖励尊老爱幼，救济孤苦危难，消除奸佞邪说。当他离开绍兴府那天，百姓不愿他离去，攀号挽留，道路为之堵塞。戴琥是绍兴水利史、浙东运河水利史上一位有突出贡献的著名历史人物。

---

* 作者：李云鹏

戴珫上任绍兴知府后，认识到治水为治越之第一要务，于是查看绍兴历代水利资料，到各地察看山川形势，河流走向，湖塘分布，堰闸设施，做到心中有数，情况明白，于是与众人一起，开展了大规模的江河水域整治工作。绍兴鉴湖自北宋湮废以来，虽然有复湖和废湖的激烈争论，到南宋后期就停止了，至明代，鉴湖基本上已湮废了。几百年间，江湖情况发生了变化，必须根据现实情况作出新的规划，实行新的举措。戴珫了解到当时山、会、萧三县水利的主要问题是西小江（浦阳江）治理问题。当时西小江水流严重不畅，一遇淫雨，上流急流狂奔，唯一的玉山斗门无法泄其大水，造成三县水灾。为此必须导水入海，其办法是上断下泄，即在上流凿通碛堰之山，使浦阳江以北诸水与大江汇合而一，于是在麻溪作坝，横亘南北切断了浦江的改道口，并在山阴新灶、拓林各置一闸，以泄浦阳江江南之水，又于扁拖、甲篷各置一闸，以泄江北之水；还在萧山之冤山、山阴之新河各置一闸，以泄湘湖、溪之水，此外，又建长河闸，泄入钱塘江。这样上断下泄的方法，大建水闸，多点排涝，就近排涝，终于治好了长年难治的浦阳江之水害。戴珫造闸七座，共计十三洞，使诸水悉有新往，变水害为水利。同时因为就近建闸，节省人力物力，深受民众的支持和欢迎。他成了绍兴著名的水利功臣。

戴珫治绍兴水患的又一创举是制定了一套科学管理鉴湖平原用水的制度，即设立山会水则、定量监测调控绍兴平原水网水位。原来鉴湖湮废后，湖水散移北部河湖，各地为一隅之私利，堰闸启闭各自为政，而水乡养殖，船舶航行又有各自需要，所以统一管理绍兴平原之江河用水实为一项趋利避害的民生大事。戴珫在十年治水基础上，明知各地河水升降，各项事业需水多少，于是以四季农事为本，兼顾航行、养殖、群众用水需要，制订了一套水位控制的原则和办法，设立了完整的调控制度。这就是于成化十二年（1476）在绍兴府城佑圣观前府河内设立的山会水则（水位尺），对不同季节、不同水位的水利要求作出了规定："种高田，水宜至中则；种中高田，水宜至中则，下五寸；种低田，水宜至下则，稍上五寸也无妨。低田秧正旺，及常时，及菜、麦未收时，宜在中则下五寸，决不可令过中则也。收稻时，宜在下则上五寸，再下恐妨舟楫矣。"航行是江河水流的重要功能，因此堰闸启闭必须根据航运之需。为此戴琥在山会水则中又作了许多具体规定，如水在中则上，各闸俱用开；至中则下五寸，只开玉山斗门扁拖尧山闸，至下则上五寸，各闸俱用闭。他又对一年中各月份的情况作了规定。这样，在府城之内就可管理数十里以外的水利设施，形成了一个科学的网络系统，这是一个了不起的创举。他又组织民众修筑海堤，使海水不致倒灌，堤长数十万丈，围海得田千万公顷，人称"戴公堤"。又筑内堤，形成近海滩涂地，可以种植庄稼，增加农民收入。

他在地方治政上又多有惠政，体恤民情，修建学宫、寺庙，学人遇疫病即刻遣人诊治，使之不流行扩大。民受其惠，拥戴不尽。成化十八年（1482）五月，在他离任前夕，特地制作了《绍兴府境仓阁》石碑，上图下文，将绍兴山、会、萧三县水利形势、江河流向、湖塘设施写成专文，绘制图形、镌刻石上，成《绍兴府境全图记》，并寄语后来者："后君子庶几视如家事，随时葺理，不避嫌，不恤谤，不令大败，以佐吾民。"他谆谆告诫继任之人："大抵湖塘，民赖以为利，侵盗之禁，不可少弛。弛则民受其害，复禁又生怨如近日。堰闸圩埂，贵时修筑。然而荒弊之秋，材无所出，而请求者不已，故事未举，而谤已兴。听者少察，遂至不乐其成，如民事何？"这是他十年治水经验。如是，则水利成，社会安，民生定。戴琥是一位著名水利功臣，廉洁清明，一尘不染，全心为民，一切为了"以佐吾民"。

升任广西左参政后，边陲有盗寇骚扰，戴琥出奇兵镇守，患乱日渐平息。他进而规划边境的防守。适值安南（今越南）犯界，戴琥以智取胜，使边界安定。后因病情加剧，便上书乞归故里。

戴琥著有《太极图说》《编定八阵图》《青峰拾稿》等。所撰《山会水则》碑、《绍兴府境全图记》碑现存绍兴大禹陵。

戴琥《绍兴府境全图记》水系图

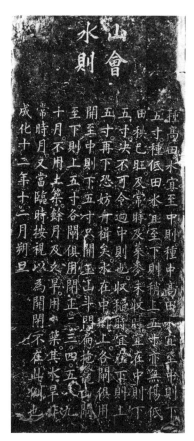

山会水则碑拓片

文献辑存

绍兴府戴公琥重修水利碑碑文

绍兴居浙东南，下流属分八县，经流四条：一出台州之天台，西至新昌，又西至嵊县，北经会稽、上虞而入海，是为东小江。一出山阴西北，经萧山，东复山阴，抵会稽而入海，是为西小江。一出上虞，东经余姚，又东过宁波之慈溪，至定海而入海，是为余姚江。一出金华之东阳、浦江、义乌，合流至诸暨，经山阴，至萧山入浙江，是为诸暨江。其间泉源支派汇潴，堤障会属从入如脉络藤蔓之不绝者，又不可不考。

东小江则发源天台关岭、天姥山之水东北来，从东阳之水出白峰岭，诸暨之水出皂角岭，合流会于嵊县之南门。至浦口，则罗松溪自西南三溪、黄泽溪自东南来入，东至上虞东山，会稽汤浦之水自西从之。又东至蒿埭，会于曹娥，由东关、蛏浦入海。罗松溪之上则有新塘、普惠塘、东湖塘；溪之下则有利湖、下湖、斛岭、路溪、并湖、书院、广利及汉、沃、芦十塘。三溪之上则有爱湖塘、黄塘，溪之下则有何家塘、任帡塘，黄泽溪之下则有西山塘、清隐塘，下湖之上有西溪湖，凡二十所焉。

西小江则山阴天乐、大岩、慈姑诸山之水，合于上下瀛等五湖，西北出麻溪，东西分流；西由新河闸随诸暨江从渔浦入浙江；东历萧山白露塘而三峡、苎罗、石岩诸塘，利市、固家、湘湖、排马湖、运河之水，东由螺山等闸注之。又东至钱清，山阴之黄湾、越山、铜井之水，西由九眼斗门注之。故道埋塞，并入山、会中村。而所谓三十六源以及秋湖、沸石湖、容山湖之乱于运河，连黄垞、东西瓜汙、央茶等湖，横流出新灶、柘林闸。白洋、西宸、金鼎、马鞍诸水，南出夹篷、扁佗闸。会稽之独树洋、白塔洋、梅湖，亦乱于运河，并贺家池横流，出玉山陡门，合于故道。

余姚则上虞百楼诸山溪涧之水，合于通明而成江。自此以下，则松阳湖、东泉炉塘、西泉莫湖、前溪、鸭阳、蒲阳、兆阑诸湖塘之水自西南桐子穴湖，自东北上岙、上林、烛溪，北出小河；而南鲤子、劳家、横山、桐树、乌戒、烛老六湖，东出小河，而西南各来入新、年二湖，则西北。汝仇、千金、余支三湖，则东北俱从长冷港出曹娥桥，上虞县夏盖、上妃、白马三湖，亦相属东从长冷港来会，乐女、藏野，会大、小查湖，南及皂李湖，俱经南来。

入诸暨江则金华之义乌、浦江、东阳之水，所谓浦阳江、苏溪、开化溪，西北合流于丫江。丫江之上，西有鲤湖，东有洋湖，下则东有木陈。柳家、诸家、杜家、王四之五湖。丫江北经县治至茅诸步，分为东、西江。西江则有竹桥溪、受马湖、章家湖，及新亭、柏树二湖，大、东二湖与夫镜子、沈家、道士三湖之水，又有京堂湖及朱家、戚家、江西三湖，神堂、峰山、黄潭三湖；东江则莲、仓、象、菱四湖，横塘、陶湖、高公、落星、上下竹月六湖，张麻、和尚、山后、缸灶四湖，泌湖及桥里、霍湖、家东、马塘、杜家、毕草七湖，前村、石荡、历山、忽睹、白塔、横山六湖。二江之间，则有大侣、黄家二湖，赵湖、泥湖、线鱼湖、西施湖、鲁家湖。二江合处名三港口，东有吴、金、蒋、下四湖，西有陶湖、朱公二湖，观庄、湄池、浦朱、里亭四湖，各来入，同归浙江。

东小江田多高阜，水道深径，无所容力。灌溉之功，嵊治以上可以为砩，以下则资之诸塘。西小江自鉴湖废、海塘成、故道埋，水如盂注，惟一玉山陡门，莫能尽泄。而山、会、萧始受其患。曾为柏林、新灶、扁佗、夹篷、新河、龛山、长山闸共十三洞泄之。遇非常之水亦不能支，须于有石山脚如山阴顾堹、白洋，会稽枯枝、新坝等处，增置数闸，则善矣。

诸暨江潮至大侣，自此以上诸湖则防水之出，人力可以有为；以下诸湖则防潮之入，亦有尽非人力所能为者。惟使斗门圩埂有备，余当付之天矣。余姚江通潮，支港能深浚之，使潮得以远入，湖得以不泄。又诸湖放水土门、啾之以石，如我汝仇湖之设，则水有余利矣。

诸暨江，萧山旧有积堰，并从西小江入海，堰废始析而二。好事者不察时务，不审水性，每以修堰为言。殊不知筑堰之初，未有海塘，水尚散流，故筑其一道而余犹可以杀其势，故能成功。兹欲以箦致之土，塞并流之江，可乎？设如堰成障，而之东小江数丈之道，果能容之乎？予固谓诸暨将为巨浸，而山、会、萧十余年舟行于陆，人将何以为生？或以先浚西小江为言者，亦不知世久故道皆为良田，浚之，故土无所安置。虽或暂通，而水势不能敌潮，故潮入则泥澄，不胜其浚，而终无益于埋塞。不然，则至今尚通可也。堰决不可成，小江决难复通矣。萧山湘湖，往年禁弛，奸民盗决堰塘，四农失利。近虽有防，而黄竹塘等处石堰仍须修复如《湖经》所载，则龟山之遗惠不竭矣。大抵湖塘民赖以为利，侵盗之禁不可少弛，弛则民受其害，复禁又生怨如近日。

堰闸圩埂，贵时修筑，然而荒弊之秋，材无所出，而请求者不已，故事未举而谤已兴，听者少察，遂致不乐其成，如民事何？后之君子，庶几视如家事，随时葺理，不避嫌，不恤谤，不令大败，以佐吾民，则幸甚。

成化十八年五月。

戴公重修水利记

（明）丘浚

绍兴居浙东下流，凡邻郡及属邑之水，多会于斯以入于海。有东西二江焉。东江于民无甚利害，惟西江之水，则会稽、山阴、诸暨、萧山四邑之民实资以为利。近因潮涌沙涨，水不能行，而亦往往有害于其间，故昔官于兹、有志利民者，若马氏之筑鉴湖，龟山之筑湘湖，赵彦俊之筑海塘，皆所以为民计也。虽然，土地变迁，古今异宜，固有昔然而今不然者，君子举事，视夫利之所在何如尔，又何陈迹之泥哉？

当是之时，水散流以入于海，利在于蓄水也，是宜昔人筑塘积堰，而禁民废湖以为田；今则塘堰久废之余，凡昔者汪茫沮洳之区，莫不畇畇而芄芄，悉成膏腴之壤，四邑之仰给以生生者，非一日矣，尚欲泥其迹而不知变更，可不可哉！此绍兴府浮梁戴侯琥水利之兴，所以异于前人也欤？

侯以名御史来知郡事，下车之初，问民疾苦，知其所患莫急于水利之修，乃躬临其地而遍阅之，以求其利之所在，与夫害之所必至，备得其实，乃择日庀徒，于其要害处，建石以为闸凡六。在山阴之境者五：曰新灶，曰柘林，为洞者四，以泄江南之水；曰夹篷，曰匾陀，为洞者三，以泄江北之水；曰新河，为洞者二，以泄麻溪五湖之水。在萧山之境者一，曰龛山，为洞者二，以泄湘湖之水。夫如是，则小江虽淤积，堰虽废，而诸水悉有所往，终不能为民之害也。其所建置，疏塞启闭，咸有法则，断断乎必有利而无害，必可经久而不坏。诸费一出于官，而民无与焉。於乎，若戴侯者，所谓良二千石者，非耶？郡之耆旧封给事中张蕴辉为乡人唱，属节推蒋君谊来京师求予文，以永侯之功于不泯。

窃惟五行之用，水土为大，土爰稼穑，而所以生者水也。水之在土也，潜则泉，发则源，流之则为川，塞之则为渊。润下之性。固无往而非利也。然夫所制，则往往或能以为害，故水必赖土以制之。人因其用，留其所不足，而放其所有余，适无过不及之中，然后能成生物之功，其大用在滋稼以养民生，善用之则燥阳不能以亢，湿阴不过于淫，而草木蕃芜，百谷用成矣。此古之明王所以必谨沟洫防庸之制，而世之良吏，亦必举夫疏通潴蓄之政，有以也。

夫绍兴古名郡，吏治之载于史册者，代有其人，而尤以兴水利为良，今其遗迹，或存或湮，而百世之下，蒙其利而仰其德者，恒如一日。戴侯继前人后而兴此役，虽不拘拘于其已往之陈迹，而其利民之心，则固昔人之心也。后之继侯者，人人存侯之心，行侯之政，次第推广之，则其利之在民者，庸有既耶！于是乎书以为记，盖美前政之良，所以启后之继者于无穷焉。

成化十五年秋七月。

崔溥（朝鲜）[*]

　　崔溥（1454—1504），字渊渊，号锦南，朝鲜全罗道罗州人。崔溥24岁中进士第三名，明成化二十二年（1486）中文科乙科第一名，授朝鲜弘文馆副校理。次年初，任济州等三邑推刷敬差官。弘治元年（1488）即朝鲜成宗十九年正月三十日，到任伊始的崔溥父病逝，崔溥并从者42人从济州岛登船渡海回罗州。途中遭遇海难，在海上漂流了14天后，闰正月十七日潮流将崔溥一行带到浙江台州府临海县牛头外洋，搁浅海滩后获救。^①随即押送绍兴府，经审查排除倭寇嫌疑后，由中国官员护送，自台州陆路经宁波、绍兴至杭州，然后经由江南运河、淮扬运河、会通河、南运河、北运河水路，于二月十三日至北京，在接受了明孝宗的接见后，派员由北京护送，陆路过鸭绿江，返回朝鲜。崔溥是第一位走完南北大运河全程的外国人。

　　中文科进士出身的崔溥回到朝鲜后，将自己由浙东北上归国的经历，以日记体记录下来，名《漂海录》，全书约五万四千字，涉及15世纪末明代社会、经济、文化、政治、外交各个方面。其中有关大运河，以及钱塘江、太湖、长江、淮河、黄河的记载，是这一时期江河自然史和运河史的珍贵史料。

　　崔溥的时代，朝鲜为中国的属国。《漂海录》原是崔溥呈送朝鲜国王的报告，所记见闻文字流畅，有中国文献和见闻互为印证。崔溥去世后70年，即朝鲜宣祖六年，明万历元年（1573）才得以刊行。

＊　　作者：谭徐明
①　　崔溥一行的登陆地点，葛振家《崔溥〈漂海录〉评注》认为在台州府临海县狮子寨，金贤德《崔溥漂海登陆点与行经路线及〈漂海录〉》指出在今台州市三门县沿江村金木沙湾。

崔溥中国行程

弘治元年（1488）闰正月十七日崔溥在临海牛头外洋登岸踏上陆地遇上的第一位地方官是千户许清，遂经过海门卫、松门把总的初审，递送绍兴府。在绍兴接受总督备倭署都指挥、巡视海道副使和布政司分守府级三司会审后，递送至杭州后，由浙江都指挥佥事、左布政使、按察司副使省三司复审，确认崔溥朝鲜官员身份，遭海难漂流，转京师遣回本国。崔溥等人倭寇的嫌疑排除后便一路受到礼遇，在北京受到皇帝的接见，最后"空手而来，重负而还"[①]，一路递送出山海关，至鸭绿江口岸。崔溥北上之行，由宁波至北京皆为水路，贯通元明清大运河，即浙东运河和京杭运河全程。

水程第一段自宁波至绍兴，经过西坝、曹娥、钱清、西兴等10驿，宁海至杭州武林驿一千五百余里。由杭州武林驿启程，沿江南运河水路北上，过吴山、长安、皂林、姑苏等10驿，到达镇江府京口驿，行程约一千里。京口过扬子江，达扬州府广陵驿。由淮扬运河北上，过邵伯、清口、新安、和合等40驿，达通州潞河水马驿，行程三千三百余里。自潞河至京城会同馆约四十里。离开北京自会同馆过辽东城达鸭绿江，过潞河、夏店、鞍山、辽阳、开州、汤站等34驿为二千余里陆路。崔溥北上之行涵盖了京杭运河和浙东运河（元明清大运河全图），一路水陆兼行食宿皆在驿站。明朝的驿站制度，以轻重缓急将驿站分为"急递铺""递运所""水马驿"三类，陆称"马驿"，水为"水驿"。京城会同馆为驿站的终点，水马驿为水陆转运的枢纽，崔溥在《漂海录》中有记录驿站260余处。

---

① ［朝鲜］崔溥撰，朴元熇校注：《漂海录》卷之三，上海书店出版社，2013年，第154页。

元明清大运河全图

元明清大运河即为京杭运河和浙东运河，全长约 2000 公里，图中运河水道为清康熙二十五年（1686）开中运河后水道。崔溥过淮安后经行黄河至徐州转会通河

　　崔溥一行自登岸到回国，在中国共 135 天，纵横中国东部，行程约 4000 公里，其中运河水路行程占全程的一半。运河有志最早见于明王恕《漕河图志》。《漕河图志》成书于弘治九年（1496），只记运河属中央经管河工的扬州以北段。江南运河、浙东运河记载散见于各地地方志，《漂海录》弥补了同一时期长江以南运河资料的不足，且日记体例对运河全程记录详尽，使今人得见沿途运河工程分布、类型及其运行。此外崔溥对沿途所接触明朝各级官吏、管河夫役，乃至风土人情更是不吝笔墨，读来犹如时空穿越回 400 年前。崔溥一行 42 人，所带主要陪吏四人：光州牧吏程保、和顺县吏金重、罗州牧吏孙孝子、济州牧吏李孝枝。

崔溥的中国之行，距南宋建炎二年（1128）黄河改道南行358年，距开会通河200年，距明代永乐时大力整治运河不过百年，彼时大运河成为贯通南北的骨干水路。运河在淮安转道黄河，经吕梁洪、徐州洪险滩，至徐州转入会通河。再百余年后，两洪淤平，及至清康熙二十五年（1686）开中运河。崔溥详细地记载了黄河行运的这段行程，为黄淮运交汇区域沧海桑田巨变提供了重要的见证。

大运河行程

根据《漂海录》的记载，弘治元年（1488）闰正月十七日崔溥一行自牛头外洋登岸，十八日便以倭寇嫌疑押赴至绍兴府。自临海牛头外洋陆行，经桃渚、健跳、越溪、宁海、奉化，至宁波，沿途为沿海无馆驿偏僻之地，直到越溪巡检司，始有递铺，到宁海县方食宿白峤驿。

浙东临海、宁海、宁波诸驿，因地处防倭要地，驿铺外筑有城墙，如防御所的建制，驿递官员皆由兵官担任，驿站有穿甲兵卒警戍。崔溥一行陆路抵达奉化江的常浦桥。常浦桥地处奉化江下游，此处有码头，崔溥在此上船，由奉化江水路达宁波。从闰正月十六日在临海登岸到二十九日至宁波，凡13日。

二十九日起，崔溥一行开始从宁波经由运河水程北上。浙东水驿凡10驿，共一千五百余里（见浙东运河水程图）。

二十九日，崔溥一行舟行奉化江从南门入宁波城内，经月湖出西水门，舟宿望京门外的西塘河上。负责押送的中国官员，唯恐耽误行期而不敢停留。浙东运河宁波至余姚段为复线运河，外为姚江，内为塘河。崔溥行经南塘河、中塘河、西塘河，过高桥镇、大西坝，一路向西（浙东运河余姚—宁波段）。初一过慈溪，次日傍晚崔溥抵达余姚丈亭，此为姚江、慈江交汇处，行程二十四里。二月初二过余姚、初三过上虞，初四日抵绍兴。

浙东运河水程图

船过余姚便逆水溯姚江上行，在余姚城进入十八里河，盘坝过下坝、新坝至上虞。崔溥记载了在曹娥驿过曹娥江时"舍舟过坝，步至曹娥江，乱流而渡"的情景，[①]越曹娥坝，即过曹娥江后，进入浙东运河上虞至绍兴段运河，即为山阴水道的南段，全长一百里，途经黄家堰浦、瓜山浦、陶家堰铺、茅洋浦等。初四，崔溥抵达绍兴。崔溥一行从城北昌安水门入绍兴城，走府河经五大桥，崔溥记"城有虹门，当水口，凡四重，皆设铁扃"，绍兴市肆之繁盛，三倍于宁波，及经魁门、联桂门、祐圣门、（山）会水则碑，泊舟于大云桥。崔溥下岸，入绍兴府衙门，在这里他们经过了最关键的三司分司的会审。

在绍兴，经管海防的总督备署都指挥金事黄宗、巡视海道副使吴文元、布政司分守右参议陈潭等，开始审讯崔溥。崔溥答以朝鲜历代沿革、社稷、宗庙及祀典，称："刑制，从《大明律》。丧制，从朱子《家礼》。冠裳，遵华制。户口、兵制、田赋，我以儒臣未知其详。"中国官员问及中朝相距远近，崔溥曰："传闻自我国都过鸭绿江，经辽东城抵皇都，三千九百有余里。"进士出身的崔溥以其渊博的中国、朝鲜历史和中文功底，顺利解除了自己的倭寇嫌疑。嗣后总兵官三使即以礼相待。当日，绍兴知府和会稽、山阴知县"皆优送粮馔"，护送出境。初五日，船至钱塘

---

① ［朝鲜］崔溥撰，朴元熇校注：《漂海录》卷之三，上海书店出版社，2013年，第45页。

江东岸西兴驿，结束了浙东之行。

崔溥一行于二月初六日到达杭州，滞留杭州7天，经过最后的浙江都指挥司、布政使、按察司三司最后会审，并游历杭州。最后按照官员北上水驿的配置，崔溥一行由指挥金事杨旺管送赴京，沿途"行所属驿递，应付差去官员廪给、站船，并伴送军余，及崔溥等口粮、红船、脚力"[1]。站船即为水驿官船，红船是随官船的专运物资的船。

二月十三日，官船从杭州出发，进入了京杭运河的航程。崔溥将杭州到扬州段江南运河，称为"水河路"，过长江后扬州到北京运河为"京河路"。明代过长江后的运河河工属总理河道管辖，一路工程设施完善，有闸坝运河节制水位，水道无风无浪，水流平稳，漕船、商船来往如织。

崔溥船队过长江后，经扬州、高邮、淮阴，二十七日至淮安，此段行程共4天。此距潘季驯筑高家堰蓄清刷黄还有100多年。船队经行淮安城，过清江浦板闸、移风闸、清江闸，过南渡门至黄淮合流处。二十八日船队至此渡过黄河，泊于黄河左岸清河县清口驿。二十九日开始黄河行程。黄河行运从清河至徐州，经桃源、宿迁过邳州，至房村驿过黄河最险河段——徐州的吕梁洪和徐州洪。此后100多年两洪为黄河泥沙淤平，直到17世纪清康熙时开中运河，过淮安后，穿黄河至清口转中运河，黄河与运河水道分离。崔溥对这段行程的记录，是黄河自然史的珍贵资料。三月初二日"过房村驿，至吕梁大洪，洪在吕梁山之间。洪之两旁，水底乱石，巉岩峭立，有起而高耸者，有伏而森列者。河流盘折，至此开岸，豁然奔放，怒气喷风，声如万雷，过者心悸神怖，间有覆舟之患。东岸筑石堤，凿齟龉以决水势。虽鼻居舠，必用竹绹，须十牛之力，然后可挽而上……洪之湍急处可八九里"[2]。次日过徐州洪。徐州洪又称百步洪。在徐州城北，泗清汴浊汇流于是洪。"洪之湍急处，虽不及吕梁之远，其险峻

---

① ［朝鲜］崔溥撰，朴元熇校注：《漂海录》卷之二，上海书店出版社，2013年，第65页。

② ［朝鲜］崔溥撰，朴元熇校注：《漂海录》卷之二，上海书店出版社，2013年，第99页。

尤甚，乱石错杂，磊砢如虎头鹿角，人呼为'翻船石'，水势奔突，转折壅遏，激为惊湍，涌为急溜，轰震霆，喷霹雹，冲决倒泻，舟行甚难。臣船自工部分司清风堂之前，用人夫百余，徇两岸牵路，以竹索缚舟，逆挽西上。"在百步洪中最险处设夫厂，洪中两舟架桥，厂夫在桥上牵引过往船只从两舟穿行而过。明成化时对吕梁洪、徐州洪进行了多次整治。八年（1472）修吕梁洪石堤长三十五丈，宽一丈四尺，以供船只上下牵挽；十九年（1483）另一岸修砌石牵路四百二十丈。成化四年（1468）凿徐州洪伸入河中的峭石，用石砌牵路一百三十一丈。成化十六年（1480）、二十年（1484）先后兴工将两洪封堵汊流的土坝改为石坝。[①]崔溥记"臣与傅荣（当为徐州洪的管事）等上岸，由牵路步行，见铺石坚整，问于荣曰：'治此路者有功于后世乎！'荣曰：'在昔此路湫隘，稍遇水涨，无路可寻。水退则土去石出，艰于步履。近年郭升、尹庭用相继修补，用石板砌砌，扣以铁锭，灌以石灰，故若此坚且固矣'"[②]。崔溥见到的恰是刚刚整治过的两洪。

过徐州后船队进入会通河段。经萧县、沛县、兖州、济宁，至开河驿进入运河最高汶上南旺分水龙王庙段。崔溥记："（三月）初十日，至开河驿。是日晴大风。晓发济宁城，西过分水闸，至南旺湖。湖渺漫无际，但西望远山而已。其东有青草茂塞之衍，即《禹贡》"大野既潴"之泽。今为湮塞者，湖中筑石长堤，名'官堰'。臣等沿堤岸顺风而北，过马长坡、安民、牢正、曹井等铺，至钜野县地方。…… 又至嘉祥县地方，过大长沟、十字河、寺前、孙村等铺。又至汶上县地方，过界首铺、老坡闸，至分水龙王庙，有大水自东北来，至庙前分南、北派。南派即臣所已经，顺流南下；北派即臣所将往，逆流北上。庙当其二水之分，故以分水名。"[③]

---

① （明）王恕：《漕河图志》卷一，引自姚汉源、谭徐明《漕河图志》校注本，水利电力出版社，1990年，第48页。

② ［朝鲜］崔溥撰，朴元熇校注：《漂海录》卷之二，上海书店出版社，2013年，第100页。

③ ［朝鲜］崔溥撰，朴元熇校注：《漂海录》卷之二，上海书店出版社，2013年，第107页。

崔溥记此"有大水自东北来",系明永乐时尚书宋礼用白英老人策,在汶河坎河口筑戴村坝,遏汶水引至南旺湖,为会通河最高段济运水源。元开会通河没有解决南旺段水源,年漕运量不过二十万左右石,引汶济运工程完工后,南北大运河得以畅通,成化时年漕运量达到四百万至五百万石。

三月十一日船队抵东平,北上的水路一路下行,过东昌府(今山东省聊城市)至临清。抵卫河、会通河、南运河交汇处,临清地处水路枢纽,县治及临清卫治俱在一城中,崔溥记曰:"(临清)商旅辐辏之地。其城中及城外数十里间,楼台之密、市肆之盛、货财之富、船泊之集,虽不及苏、杭,亦甲于山东,名于天下矣。"会通河济宁至临清为闸河,即以水道上的节制闸平衡水位,崔溥一一记所过之闸。元会通河建有40闸,明代全盘继承。自临清北行,进入卫河水道,今称临清至天津段为南运河。经德州、沧州、兴济、静海,二十四日过天津卫十字沽,转道白河(今所称北运河)。从临清至天津运河水道上不设闸,而是通过人工坐弯,降低运河的比降。

崔溥船队由白河经杨村驿、河西务,二十八日至潞河水马驿,结束了南北大运河水程,转道陆路入北京崇文门会同馆,下榻别馆在皇城玉河畔,亦称"玉河馆"。

崔溥一行盘桓北京20多天。四月十九日,明礼部赏赐崔溥及随行42人衣物、袜靴、布匹等物。二十日崔溥入大内觐见成化皇帝,五拜三叩头谢恩。二十四日,自北京会同馆启程,随行车三辆,崔溥骑马,从者或坐车或乘驴,从玉河桥出崇文门,过通州至潞河驿,东行,出山海关,过辽东。六月初四日,渡鸭绿江返回平壤。

文献辑存

崔溥中国见闻总说

自牛头外洋至桃渚所一百六十余里，自桃渚所至宁海县四百余里间，俱是沿海僻地，无馆驿。到越溪巡检司，始有铺，到宁海县，始见白峤驿。自白峤过西店、连山、四明、车厩、姚江、曹娥、东关、蓬莱、钱清、西兴，至杭州府武林驿，自桃渚所至此一千五百有余里也。

又自武林过吴山、长安、皂林、西水、平望、松陵、姑苏、锡山、毗陵、云阳，至镇江府京口驿，自杭州至此一千有余里也。

过扬子江，至扬州府广陵驿，自此以后，路分水陆。水路则有邵伯、盂城、界首、安平、淮阴、清口、桃源、古城、钟吾、直河、下邳、新安、房村、彭城、夹沟、泗亭、沙河、鲁桥、南城、开河、安山、荆门、崇武、清阳、清源、渡口、甲马营、梁家庄、安德、良店、连窝、新桥、砖河、乾宁、流河、奉新、杨青、杨村、河西、和合，至通州潞河水马驿，自扬州至此共三千三百有余里也。陆路则有大柳、池河、红心、濠梁、王庄、固镇、大店、睢阳、夹沟、桃山、黄泽、利国、滕阳、界河、邾城、昌平、新嘉、新桥、东原旧县、铜城、荏山、鱼丘、大平、安德、东光、阜城、乐城、瀛海、鄚城、归义、汾水、涿鹿，至固节驿，自扬州至此二千五百有余里也。

水有红船，陆有铺马。凡往来使命、贡献、商贾，皆由水路。若或因旱干，闸河水浅，不能通船。或有火驰星报之事，则由陆路。盖扬州府近南京，只隔三驿，且闽浙以南，皆路经此府，以达皇都，故驿路甚大。陆驿相距，或六十里，或七八十里。水驿则自武林至吴山三十里，自潞河至会同馆四十里，皆水路中之陆路，故相距近。其他则或六七十里、八九十里，或过百里，相距甚远。铺之相距，或十里，或二三十里。自扬州后，水边又设浅，或六七里，或十余里，以记里。

臣所经自牛头外洋至桃渚所，至杭州，至北京会同馆，大概共六千有余里。自会同馆，过潞河、夏店、公乐、渔阳、阳樊、永济、义丰、七家岭、湾河、芦峰口、榆关、迁安、高岭、沙河、东关、曹家庄、连山岛、杏儿、小凌河、十三山、闾阳、广宁、高平、沙岭、牛家庄、海州在城、鞍山、辽阳等驿，至辽东城，辽阳即辽东在城驿。驿相距，或三四十里，或五六十里，共千七百有余里。

山海关以内，十里置烟台，以备烽火。过关后，又间五里置小墩，立标以记里。自辽东，过头官、甜水、通远堡、斜里、开州、汤站等站，至鸭绿江又三百有余里。山海关以东，又筑长墙，置堡子，以防野人。驿递皆有城，与防御所一般。又不设府州县，置卫所，虽若驿递之官，皆以军职填之。臣又传闻，自三叉河，又有一路，过海州卫、西木城、绣岸城、莺拿河屯、牢房林子屯、独塔里屯、林江河屯、蒲芦葫屯，至鸭绿江，仅二百余里，亦是中大路。路左有旧城基，废为安市里，谚传拒唐兵处。大明洪武间，又筑长墙以御胡，头接秦长城迤东而来。三叉河以西不可详也，以东则北过长静、长宁、长安、长胜、长勇、长营、静远、上榆林、十方寺等堡，又东过平洛泊堡，至沈阳城，又北过蒲河、懿路县、凡河、铁岭卫、腰站等城，至开原城，又过东抚顺所城，南至东州、马跟单、清河、咸场、叆阳、十叉口等堡，至鸭绿江，凡数千余里。回抱定辽左二十五卫巡城，亦有路云云，然未可的知。

奉化县以南并海滨，多高山峻岭，奇岩乱石，溪涧萦绕，花卉明媚。大江以南，地多涂泥陂潴。然天台、四明、会稽、天目、天平诸山，错综横亘乎其间。淮河以南，地多湖浸泥淖沮洳，以北则地多坟起。漕河跟岸，高于平地，决啮流移，水陆变迁。济宁州之北，有分水庙，自庙以南，水势皆南下，以北则皆北下。武城县以北，地多泥沙，若长芦等处，斥卤多咸，即《禹贡》"海滨广斥"之地。天津卫以北，水势又皆南下，通至张家湾，平沙无际，随风流转。至北京则天寿等诸山，环拱于北，其西支则通连太行、王屋诸山，以达于河南之境，其东支则东走过三河、蓟州，至玉田县之北为燕山。

又东过丰润县，至榛子镇，又分为二支。其南支则东过滦州昌黎县，至碣石山，直抵于海。其北支则通连燕山之脉，东过迁安、永平，至抚宁之东，直抵于山海关。关外又蜿蜒而东，至广宁卫之西北为医巫闾山。自北京以至于此，山皆童秃不毛。其间，大江以北，太行以东，燕山、医巫闾以南数千里间，四野平衍。东通大海，延入于广宁之东、海州卫之西、辽东之北为大野，即所谓"鹤野"也。海州卫之东，始有鞍山萦纡，而南为千山。自此以后，群峰叠嶂，如列戟围屏，东南抵于鸭绿江，东入野人之境。

辽东之南，有分水岭。自岭以北，则水势皆北下，以南则皆南下。石门岭以南，山多林木茂密，涧水澄碧。自北京以至鸭绿江，其间名为河者，都是小川，皆雨涨旱干。唯滦河、三叉河为大，其次若白河、大小凌河、泰子、八渡等河也。

大江以南，地多软石。陆则皆凿石铺路，或横截潟淖，跨上山脊，如宁海、奉化县等处为多；水则皆炼石建虹门桥，筑堤捍江湖，如吴江县等处为多。淮河以北，一无石桥，或有造舟为浮桥，或有略设木桥者。陆路则沙尘涨天。自连山关以后，鸟道如线，荒草四合，蚊虻扑面，行者甚苦。自淮河以南，地多水田沃饶，稻粱为贱。徐州以北无水田，辽东以东，天又晚燠早寒，五谷不盛，唯黍生之。

在昔江浙、福建以南漕运，皆会于大江，浮于海，达于潞河，以至于北京。迨胡元顺帝时，始凿运河，筑堤置闸，以通漕转。至我永乐间，决黄河，注于淮，导卫河，通于白河，大加修筑。水泻，则置堰坝以防之；水淤，则置堤塘以捍之；水浅，则置闸以贮之；水急，则置洪以逆之；水会，则置嘴以分之。坝之制，限二水内外两傍，石筑作堰，堰之上植二石柱，柱上横木如门，横木凿一大孔，又植木柱当横木之孔，可以轮回之，柱间凿乱孔，又劈竹为绹缠舟结于木柱，以短木争植乱孔以庋之，挽舟而上。上坝逆而难，下坝顺而易。闸之制，两岸筑石堤，中可容过一船，又以广板塞其流以贮水，板之多少，随水浅深。又设木桥于堤上，以通人往来，又植二柱于木桥两旁，如坝之制，船至则撤其桥，以索系之柱，钩上广板通其流，然后扯舟以过，舟过复塞之。洪之制，两岸亦筑石堰，堰上治牵路，亦用竹缆以逆挽之，挽一船，人契则百余人，牛则十余头。若坝、若闸、若洪，皆有官员，聚人契、牛只以待船至。堤塘与嘴皆石筑，亦或有木栅者。

浙江镇守差杨旺，送臣等于皇都，限在四月初一日。故杨旺率臣等督行昼夜，顺风则悬帆，逆风则扯舟，水浅则撑舟，水深则棹舟。驿支口粮，递运所换船，凡使命及贡献往来皆然。

大抵百里之间，尚且风殊俗异，况乎天下风俗，不可以一概论之。然其大概以扬子一江分南北而观，其人烟盛衰，则江以南诸府城县卫之中，繁华壮丽，言不可悉。至若镇、若巡检司、若千户所、若寨、若驿、若铺、若里、若坝所在附近，或三四里，或七八里，或十余里，多或至二十余里间，闾阎扑地，市肆夹路，楼台相望，轴舻接缆。珠玉、金银、宝贝之产，稻粱、盐铁、鱼蟹之富，羔羊、鹅鸭、鸡豚、驴牛之畜，松篁、藤棕、龙眼、荔枝、橘柚之物，甲于天下。古人以江南为佳丽地者以此。江以北若扬州、淮安及淮河以北若徐州、济宁、临清，繁华丰阜，无异江南，临清为尤盛。其他若官府所治之城，则亦间有富盛繁夥者。若镇、若寨、若驿、若铺、若里、若集、若嘴、若厂、若湾、若坞、若闸、若坝、若迁（即偏险之地）之间，人烟不甚繁盛，里闬萧条。通州以东，人烟渐少，过山海关行百里，仅得一里社，不过二三草屋。唯羔羊、鸡猪、驴骆、牛马之畜笼络原野，杨柳桑枣之树茂翳交柯。八道河以南，荒旷无人居。

其第宅，则江南，盖以瓦，铺以砖。阶砌皆用炼石，亦或有建石柱者，皆宏壮华丽。江北，草屋矮小者，殆居其半。其服饰，则江南人皆穿宽大黑襦裤，做以绫罗、绢绡匹段者多。或戴羊毛帽、黑匹缎帽、马尾帽，或以巾帕裹头，或无角黑巾、有角黑巾。官人纱帽，丧者白布巾，或粗布巾，或着靴，或着皮鞋、鞨鞋、芒鞋。又有以巾子缠脚，以代袜者。妇女所服，皆左衽。首饰则宁波府以南，圆而长而大。其端中约华饰，以北，圆而锐，如牛角然。或戴观音冠，饰以金玉，照耀人目。虽白发老妪，皆垂耳环。江北服饰，大概与江南一般，但江北好着短窄白衣。贫匮悬鹑者，十居三四。妇女首饰，亦圆而尖，如鸡喙然。自沧州以北，女服之衽，或左或右。至通州以后，皆右衽。山海关以东，其人皆粗鄙，衣冠褴褛。海州、辽东等处人，半是中国，半是我国，半是女真。石门岭以南至鸭绿江，都是我国人移住者。其冠裳、语音及女首饰，类与我国同。

人心风俗，则江南和顺，或兄弟，或堂兄弟，再从兄弟，有同居一屋。自吴江县以北，间有父子异居者，人皆非之。无男女老少，皆踞绳床、交椅，以事其事。江北人心强悍，至山东以北，一家不相保，斗殴之声，炮闹不绝，或多有劫盗杀人。山海关以东，其人性行尤暴悍，大有胡狄之风。且江南人以读书为业，虽里闬童稚及津夫、水夫，皆识文字。臣至其地，写以问之，则凡山川、古迹、土地、沿革，皆晓解详告之。江北则不学者多，故臣欲问之，则皆曰："我不识字。"就是无识人也。

且江南人业水虞，乘舴艋、载笭箵，以罦、罩、笱、簝取鱼者千百为群。江北则唯济宁府南旺湖等处外，不见捕鱼之具。且江南妇女，皆不出门庭，或登朱楼，捲珠帘，以观望耳，无行路服役于外。江北则若治田、棹舟等事，皆自服劳。至如徐州、临清等地，华妆自鬻，要价资生以成风。且江南人号为官员者，或亲执役，为卒徒者，或踞胡床，冠带无章，尊卑无位，似若殊无礼节。然在官衙，则威仪整肃，在军中，则号令严切，正伍循次，无敢喧嚣。一出令时，闻一铮声，远近云集，莫或有后。江北亦然，但山东以北，凡出令，非鞭扑不能整之。且江南戎器，则有枪、剑、矛、戟，其甲、胄、盾等物，皆火书"勇"字，然无弓箭、战马。江北始有带弓箭者。通州以东及辽东等地，人皆以弓马为业，然箭竿以木为之。且江南好冶容，男女皆带镜奁、梳篦、刷牙等物。江北亦然，但不见带之者。江南市中使金银，江北用铜钱。江南市儿以锡约臂，江北以铅穿鼻。江南力农工商贾，江北多有游食之徒。江南陆路行用轿，江北或马或驴。江南无良马，江北马大如龙。江南人死，巨家大族或立庙旌门者有之，常人略用棺，不埋，委之水傍，如绍兴府城边，白骨成堆。江北如扬州等地，起坟茔或于江边，或田畔、里闾之中。江南丧者、僧人，或食肉不食荤。江北，则皆血食茹荤。此江南、江北之所以异也。其所同者，尚鬼神、崇道佛，言必摇手，怒必蹙口唾沫。饮食粗粝，同桌同器，轮箸以食。虮虱必咀嚼，砧杵皆用石，运磨使驴牛。市店建帘标，行者担而不负戴，人皆以商贾为业。虽达官巨家，或亲袖称锤，分析锱铢之利。官府常刑，如竹片、决杖、趱指（用刑具夹手指）、担石之属。其他若山川形胜、台榭古迹，有脍炙人口者，虽秃尽毛颖，不能悉记。而臣之历览，千载难之。然在衰绖之中，不敢观望游赏，采取胜概。只令陪吏四人逐日观标榜，问地方，挂一漏万，记其大略耳。

辑自［朝鲜］崔溥撰，朴元熇校注：《漂海录》卷之三，上海书店出版社，2013年。

王守仁[*]

王守仁（1472年10月31日—1529年
1月9日），本名王云，字伯安，号阳明，
又号乐山居士，明朝思想家、文学家、军
事家、教育家。明成化八年（1472），王
守仁生于余姚龙泉山瑞云楼，幼时与父复
还山阴。《王阳明年谱》载："宪宗成化八
年壬辰九月丁亥，先生生。是为九月三十
日。太夫人郑娠十四月。祖母岑梦神人衣
绯玉云中鼓吹，送儿授岑，岑警寤，已闻
啼声。祖竹轩公异之，即以云名。乡人传
其梦，指所生楼曰'瑞云楼'。"[①]

其父王华，明宪宗成化十七年
（1481）辛丑科进士，殿试状元。仕于宪
宗、孝宗、武宗三朝，曾授翰林院修撰，
历任翰林院学士、詹事府右春坊右谕德、
詹事府少詹事、礼部右侍郎，正德初年晋
礼部左侍郎、南京吏部尚书等职。祖父

清初宫廷画师焦秉贞绘《王阳明像》

王天叙，号竹轩公，雅好爱竹，雅善鼓琴，淡泊名利，于书无所不读，识
者谓竹轩公胸次洒落。王守仁幼年开蒙学儒，主要受父亲、祖父影响，而
祖父淡雅洒脱的个性，在潜移默化中深刻影响了王守仁幼年思想观念的
形成。

王守仁年少时，就表现出对事物认知的不同凡俗。王华及第后，被拜
翰林学士，留居京城。十八年（1482），十一岁的王守仁随祖父沿运河北

---

* 作者：陈方舟

① （明）李贽：《王阳明先生年谱》，隆庆刻本，梨洲文献馆藏。

上京城，在途经镇江金山寺时，作诗二首，其中一首"山近月远觉月小，便道此山大于月。若有人眼大于天，还觉山小月更阔"，显露出他的思辨格局。在京时，一次王守仁与书塾先生讨论何为天下第一要事，曾言"'读书学圣贤'方为第一等事"，将圣人之志作为学习的目标而勤于思考，常对书静坐凝思。据《年谱》记载，弘治元年（1488），十七岁的王守仁于江西洪都迎娶夫人诸氏，"合卺之日，偶闲行入铁柱宫，遇道士趺坐一榻，即而叩之，因闻养生之说，遂相与对坐忘归。诸公遣人追之，次早始还"。携夫人归越途中，王守仁于广信拜谒娄谅，对娄谅向他讲授的"格物致知"之说甚喜。还家后，常端坐研读《五经》，为求证"物有表里精粗，一草一木皆具至理"的"格物致知"之说，他曾"取竹格之"，七日不得，"遂遇疾"，因此对朱熹的"格物"学说产生怀疑。

王守仁为学并不在乎是否登科及第，而一心求圣人之学。弘治六年（1493），二十岁的王守仁第一次参加浙江乡试，与胡世宁、孙燧同榜中举。但在之后两次会试中却名落孙山，对此他认为"世以不得第为耻，吾以不得第动心为耻。"

运河北新闸

然而，他却因多年为学所求辞章艺能不足以通至道，以朱程理学"循序致精"读书思得渐渍洽浃，沉郁既久，旧疾复作，遂有遗世入山之意。这在他一生700多首诗词中可窥一斑。弘治十二年（1499）春，参加第三次会试的王守仁获二甲进士第七，并在殿试上脱颖而出，观政工部。出治葬前威宁伯王越，回朝上疏论西北边疆防备等八事，随后授刑部主事，在江北等地决断囚狱，后因病请求归乡。

归越期间，王守仁筑室会稽阳明洞，行导引术。后王守仁以"阳明"为号，义从此出。

弘治十七年（1504），王守仁授兵部武选司主事。是年，他开始招录门生。时"学者溺于词章记诵，不复知有身心之学。先生首倡言之，使人先立必为圣人之志"。他的治学观受到很多读书人的赞同，"有愿执贽及门者，至是专志授徒讲学"。在此期间，王守仁结识了时任翰林庶吉士的湛若水，一见定交，共以倡明圣学为事。湛若水乃陈献章学说的集大成者，他在陈章学基础上，以"随处体认天理"为宗，提出"格物为体认天理"与"为学先须认仁，仁与天地万物为一体"的理念，创立了"甘泉学派"，后人将湛若水的"甘泉学派"与王阳明的"阳明学"并称为"王湛之学"。王阳明的思想受到湛氏思想的启发、影响是不可忽略的，在《阳明子之南也其友湛元明歌九章以赠崔子钟和之以五诗于是阳明子作八咏以答之》中王阳明甚至称："道逢同心人（湛若水），秉节倡予敢。"尽管之后二人思想出现分歧，也并不影响两人间的友谊，如"两人同适京都，虽所由之途间有迂直，知其异日之归终同耳"。

弘治十八年（1505），明孝宗驾崩。武宗朱厚照继位之初，宦官刘瑾把持朝政。王守仁因上疏论救御史戴铣等人而触怒刘瑾，被下诏狱，廷杖四十，后贬谪贵州龙场（贵阳西北七十里，修文县治）任龙场驿栈驿丞，这成为王守仁一生的转折点。在赴黔途中，王守仁沿大运河南下。行至钱塘时，在运河北新关会别兄弟王守文，在他的《赴谪次北新关喜见诸弟》一诗中流露出多病缠身，向往山野的志向。在杭州胜果寺（今圣果寺）养病期间，地方文人蜂拥请教，为刘瑾所闻，遣人追杀王守仁。最终，王守仁不得不"乃托言投江以脱之"。

贵州修文阳明洞

正德三年（1508），王守仁至贵州龙场，见“西北万山丛棘中，蛇虺魍魉，蛊毒瘴疠”“万山丛薄，苗、僚杂居”，县驿破败难居，只能暂择一山洞搭建草屋，取名“何陋轩”。他在龙场期间，一边“日夜端居澄默，以求静一”，一边因俗化导当地人，教之范土架木以居，受到当地人爱戴，“相率伐木为屋，以栖守仁”。乡民的回报给予王守仁很大触动，“忽中夜大悟格物致知之旨”，认识到“圣人之道，吾性自足，向之求理于事物者，误也”，倡言“心即理、致良知”，并作《教条示龙场诸生》。自是，有了阳明心学，后世称“龙场悟道”。阳明心学诞生后，王守仁兴办龙冈书院，授徒讲学，声名渐远。正德四年（1509），贵州提学副使席书邀请他讲学于贵阳书院。此后，阳明心学不断延展，逐渐形成“知行合一”的思想观。

正德四年闰九月，王守仁谪戍期满，复官庐陵县（今江西省吉安市）知县。次年刘瑾被诛，王守仁升任南京刑部主事。六年（1511），王守仁被召入京，历任吏部验封司主事、署员外郎、吏部文选司主事。九年（1514），王守仁升任南京鸿胪卿。十一年（1516），擢为都察院左佥都御史，巡抚南（安）、赣（州）、汀（州）、漳（州）等地，于闽西、赣南、粤东平乱，恢复客家人源自秦汉的保伍制度，疏通盐法、教化乡民、创办书院，为地方百姓所爱戴。班师回朝途中，“所经州、县、隘、所，各立生祠。远乡之民，各肖像于祖堂，岁时尸祝”。

正德十四年（1519），宁王朱宸濠发动叛乱，王守仁率军平叛。十六年（1521），明世宗即位，封王守仁为新建伯。是年，“先生始揭致良知之教，时四方莅绍从学者日盛”，遂在状元府基础上扩建新建伯府第。嘉靖元年（1522），父亲王华去世，王守仁回乡守制。嘉靖三年（1524），他受邀在稽山书院及余姚的龙泉山半腰的龙泉寺天中阁（后改为阳明书院）讲学，招收了下第归来的王徽、邹守益、钱德洪等绍兴八县及湖广、直隶、南赣等地三百余人入学听讲，并“增建明德堂尊经阁”。绍兴知府南大吉也拜他为师。在这段时间里，他写下了许多代表他哲学思想的书信。在《书与陆子静》一文中，他进一步阐述了“知行合一”的含义。次年，他又于越城西郭门内光相桥之东创办阳明书院，传播"王学"，直至嘉靖六年（1527），思恩、田州的民族首领卢苏、王受造反，王守仁出征平叛。归途时病逝于江西南安府大庾县青龙港（今江西省大余县境内）舟中，享年五十七岁。隆庆时，追赠王守仁新建侯，谥文成。万历十二年（1584），从祀于孔庙。

　　王守仁所创的"阳明心学"是儒家心本体论的集大成者，他以"心"为宗，提出"心即理"的命题，断言"心外无物，心外无事，心外无理"，倡言"知行合一"说，后专主"致良知"说，认为"良知"即"天理"，强调从内心去体察天理。其弟子极众，其思想甚至远播日、韩，其学派史称"阳明学派"或"姚江学派"。著有《王文成公全书》传世。

王阳明与《传习录》

　　《传习录》是由王阳明门人弟子对其语录、信件进行整理编撰而成的哲学著作，集中反映了明代哲学家王阳明提倡的学术思想。"传习"一词源出自《论语》中的"传不习乎"一语。

《传习录》书影

《传习录》包含了王阳明的主要哲学思想，是研究王阳明思想及心学发展的重要资料。现通行本共分上、中、下三卷。上卷为正德七年（1512）妹婿徐爱、湖州门人陆澄等人抄录阳明语录而成，由王阳明亲自审阅。中卷里的书信出自王阳明亲笔，是他晚年的著述；下卷虽未经本人审阅，但较为具体地解说了他晚年的思想，并记载了王阳明提出的"四句教"，即"无善无恶心之体，有善有恶意之动，知善知恶是良知，为善去恶是格物"。

《传习录》现通行本是经王阳明弟子钱德洪最后定稿而完成的。在嘉靖时期，钱德洪反复搜集、修改、编辑王阳明语录，在充分汲取同门薛侃、南大吉、王畿、聂豹、陈九川、孙应奎、曾才汉等人编辑的《传习录》不同刻本的基础上，增收水西精舍《传习续录》（2 卷）本语录；后于湖北崇正书院又增录数十条王阳明语录，方成定稿。嘉靖三十七年（1558），胡宗宪捐资命杭州府同知唐尧臣重刻王阳明《文录》《传习录》崇正书院本于杭州天真书院（现藏于复旦大学图书馆）。内容与今通行本大体相同。所谓"胡宗宪天真书院本"也被认为是通行本《传习录》足本，内容最全。后世之万历武昌江汉书院本、万历胡嘉栋编《阳明语录》本、万历二十一年陈九叙刻本、万历三十年杨荆山刊《传习录》三卷本、万历朱文启与张明昌杭州刻本、万历查铎长沙本、崇祯三年蔡懋德本均源于通行本。[①]

王阳明越中诗

王阳明在少年时便认为人生第一等事不是登第做官，而是做圣贤之人，因此除了读书为学，"只把山游作课程"也成了他一生的追求。他嗜

---

① 邹建锋、陈雪：《王阳明〈传习录〉形成过程研究》，《浙江社会科学》2020 年第 3 期。

好山水近乎成癖,"野性从来山水癖,直躬更觉世途难"①。越中山水赋予了王阳明创作灵感与文化根基,他也将越中山水视为一种在官场中迷途知返的精神寄托。《王阳明年谱》中,对王阳明在绍兴府的足迹以"越"(绍兴府城)为核心区域,也涉及余姚、萧山、上虞、诸暨等地。越中对于王阳明的生命的全过程都有重要意义,他现存的700多首诗中,有215首涉及越中。这些越中诗歌不是他在越中所作,便是他身处异地时念及越中而写,或是与越中亲友和弟子门人的送别、答赠之作,其中描写的越中山水影像和历史图景为后世留下一幅生动的越中画卷。

王阳明越中诗歌的创作随着他在越中的足迹而展开,越地见证了他人生中多个重要阶段:十岁以前,王阳明跟随父亲居于越地;十七岁为迎娶夫人诸氏自京归越;二十一岁在越地参加乡试;三十六岁被贬龙场途中,有半年时间居住于绍兴府城,这期间王阳明在越中的活动主要是讲学。四十二岁升南京太仆寺少卿后,他与弟子及妹夫徐爱同游越中山水,"从上虞入四明,观白水,寻龙溪之源;登杖锡,至雪窦,上千丈岩,以望天姥、华顶;欲遂从奉化取道赤城。……先生兹游虽为山水,实注念爱、绾二子。盖先生点化同志,多得之登游山水间也";四十五岁,归省至越。嘉靖元年(1522),借守孝之名,王阳明再次请辞归越,其后六年是他在越的最后时光。"先生初归越时,朋友踪迹尚寥落。既后四方来游者日进。癸未年已后,环先生而居者比屋,如天妃、光相诸刹,每当一室,常合食者数十人;夜无卧处,更相就席;歌声彻昏旦。南镇、禹穴、阳明洞诸山远近寺刹,徙足所到,无非同志游寓所在。"晚年王阳明在越集中讲学的地点主要有三处:一是"南镇、禹穴、阳明洞诸山远近寺刹"。二是府山上的稽山书院。三是新建伯府及其周边。他在越地开坛授课,传播"王学",弟子云集,越地成为阳明心学的成熟地和传播地,这对绍兴地区文化产生了深远影响。他晚年在越中讲学论道活动中创作的越中诗,多吟咏良知,

---

① (明)王守仁《四明观白水二首》:"千丈飞流舞白鸾,碧潭倒影镜中看。藤萝半壁云烟湿,殿角长年风雨寒。野性从来山水癖,直躬更觉世途难。卜居断拟如周叔,高卧无劳比谢安。"

成为诗坛上别具一格的良知哲理诗。

阳明洞天

王阳明越地足迹

阳明洞天

　　阳明洞天位于会稽山的宛委山。据《康熙会稽县志》载："洞是一巨石，中有镂，在会稽山龙瑞宫旁。旧经三十六洞天之第十一洞天也。龟山白玉经：会稽山周回三百五十里，名阳明洞天，仙圣人都会之所，据此，阳明洞天不止龙瑞宫之一石矣。……其后王文成为刑部主事时以告归结庐洞侧，默坐三年，了悟心性，今故址犹存。其谪居龙场也，尝名其洞为小阳明洞天，以寄思云。"阳明，在道教中指东方青帝，即太阳神。洞天，意谓山中有洞室通达上天，贯通诸山。后王守仁以"阳明"为号，取阳明洞天之义，也是此后王守仁以"阳明"为号，可见其志向始终在结庐山间。

弘治十五年（1502），王阳明渐悟仙、释二氏之非，叹曰："吾焉能以有限精神为无用之虚文也！"遂告病归越，筑室阳明洞中，行导引术。"先生尝筑阳明洞，洞距越城东南二十里，学者咸称阳明先生云。"王阳明在阳明洞至少居住到了弘治十七年（1504）四月。他在《别友诗》中提到："□年来访予阳明洞天，其归也，赋首尾韵。以见别意。弘治甲子四月朔，阳明山人王守仁书。"黄绾在《阳明先生行状》中有言："养病归越，辟阳明书院，究极仙经秘旨，静坐，为长生久视之道，久能预知。"此处的阳明书院指的就是阳明洞，是王阳明在越中的讲学悟道之所。

新建伯牌坊

新建伯牌坊位于浙江省宁波市余姚市阳明西路 36 号，龙泉山北麓、阳明西路以北的武胜门西侧、王阳明故居前，为 2006 年新建。王阳明因平定宁王朱宸濠之乱有功，被明世宗封为新建伯（后追赠侯爵）。原牌坊在今余姚城区人民路小学大门口，1964 年损毁。初建于嘉靖十六年（1537）的农历十二月，《年谱》中记载"门人周汝员建新建伯祠于越"。坊额中有文字信息如下：右款首列"巡按浙江监察御史周汝员"，次列"□□□□□□张景"，三列"绍兴府知府汤绍恩同知□□通判周东惟捐建"；中间"新建伯"三个正楷大字；左款首列"余姚县知县顾随芳县丞金韶主簿李光义典史欧阳景"，次列（尾对齐排列）"儒学教谕王球训导许道"，末列"大明嘉靖十六年岁次丁酉十二月吉旦立"。（涣漫不清处以"□"代替。）可见，当时的绍兴知府汤绍恩、余姚县知县顾随芳、县丞金韶、主簿李光义、典史欧阳景、儒学教谕王球、训导许道等人在捐建新建伯牌坊中都有出资出力。

明代新建伯牌坊拆除前留影

2006 年新建的新建伯牌坊

稽山书院

稽山书院，位于绍兴府城卧龙山西岗（今府山风雨亭处）。书院基地
9.33 亩，学田 15.445 亩。宋宝元二年至康定元年（1039—1040），范仲淹
知越州，于州治创建稽山书院，聘著名学者新昌石待旦主持书院，四方受
业者甚众。朱熹任提举浙东常平茶盐事时，驻越州，曾在此讲学，使书院
名动海内。

稽山书院最盛时期为王阳明晚年归隐讲学的六年。彼时正值明嘉靖年
间，绍兴知府南大吉向正在越城丁忧、赋闲的王阳明问政请学，受阳明先
生亲炙，为此扩建书院，增建"明德堂""尊经阁"等，还请王阳明撰写
《稽山书院尊经阁记》，并邀其在稽山书院开坛讲学。王阳明于此阐述"致
良知"之学，弟子云集影从。

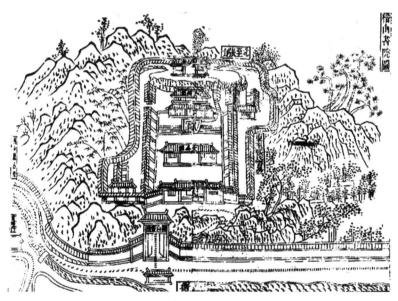

稽山书院图（引自明万历十五年《绍兴府志》）

王守仁故居

王守仁故居，位于浙江省余姚市余姚镇龙泉山北麓武胜门路，阳明西
路以北的武胜门西侧，距姚江支流侯青江 500 米。现存王阳明故居是在清

朝中期建筑寿山堂（桥梁专家叶樊［字季卫］所建）的基础上重修的。故居内各大建筑按中轴线由南往北依次为门厅、轿厅、砖雕门楼、大厅、瑞云楼、后罩屋，总占地面积 4800 平方米。其中瑞云楼为王阳明出生地，建筑面积 500 多平方米，系重檐硬山、五间二弄的二层木结构楼房，结构简朴，气势较大，展现了浙东地区明清楼宅建筑的基本风貌。王阳明故居于 2005 年 3 月 16 日由浙江省人民政府公布为省级文物保护单位。2006 年与绍兴的王守仁墓一起被国务院合并公布为第六批全国重点文物保护单位。

王守仁故居·瑞云楼

王守仁墓

王守仁墓

王守仁墓，位于浙江省绍兴市书法圣地兰亭街道以南 2 里许的仙暇山庄内。墓坐北朝南，背依山岗，顺依山势，逐级升高，视野开阔，风水特佳。墓冢直径 10 米，墓道全长 70 余米，百余级台阶，四层平台，全部用石材精心雕刻而成，气势雄伟，是浙江地区较典型的明代墓葬建筑。

嘉靖六年（1527），王守仁应召西征平叛。次年于归途中病逝，享年57 岁，后归葬兰亭附近的洪溪。据清《乾隆绍兴府志》卷七十三记载："明新建伯谥文成王守仁墓，旧《浙江通志》：在兰亭山，湛若水撰墓志铭。《旧志》云：在府城南二十里花街洪溪。文成与其父母三墓为土人所占，侵削殆尽，康熙五十四年知府俞卿毅力廓清，尽归所占者还之王氏，俾世守之。五十七年三月立谳语存案。"

王守仁生前曾在山阴讲学，深有桑梓之念，墓地为其生前所亲择，死后由弟子王畿等扶柩回绍兴安葬。王阳明墓于嘉靖八年（1529）始建，清康熙、乾隆年间曾多次修葺。乾隆四十九年（1784）高宗弘历南幸，作过一次修缮，御赐"名世真才"题额并建四柱冲天式石牌坊于墓前。全面抗日战争时期，国民党驻绍部队将领陶广竖立墓碑。1988—1989 年绍兴县文物保护管理所投资 20 余万元，对王守仁墓进行了全面整修。2006 年，王守仁墓与余姚王守仁故居合并公布为全国重点文物保护单位。

王阳明《浚河记》与南大吉治水

《浚河记》写于明嘉靖四年（1525），王阳明在记中记载了彼时绍兴知府南大吉府城治水之事，生动描绘了当时宁会平原的水情，也为后人留下了一位明德亲民、勇于担当力行、求诸己心、逆风勇进、昭明灵觉、高风亮节的绍兴知府形象。

文中主角南大吉，字元善，号瑞泉，明代陕西渭南县田市里秦村堡（今陕西省渭南市临渭区官道镇南家村）人，渭阳公南金长子，王阳明得意弟子之一。南大吉承袭王阳明的"致良知"之学，将作为道德意识的

"良知"立作最高本体，并通过论述"良知"与心性、道体的关系从而确定"良知"的内涵，形成了自己的理论体系。明嘉靖二年（1523），南大吉以户部郎出任绍兴府知府，结识了在家丁忧的王阳明，对他的心学极为感兴趣，以王阳明门生自居，时常向他请教。在与南大吉的交往中，王阳明为南大吉撰写过六篇相关的文章，包括著名的"越中三记"（《尊经阁记》《亲民堂记》《浚河记》），今收录于《王文成公全书·外集》。

《浚河记》记载的是绍兴知府南大吉明嘉靖四年（1525）在绍兴治水之事。自唐宋山会平原沿海海塘呈规模修筑后，内河水入海口被隔断。稽北丘陵的来水流经湮废后的鉴湖河道注入运河，泄于平原河网，一入浦阳江，一过直落江，并以直落江为主道经玉山闸调节入海（彼时浦阳江入海口在三江口不受玉山闸调节，曹娥江由曹娥斗门调节）。到了明天顺年间（1457—1464）浦阳江人工改道入富春江，又筑麻溪坝断其下流，浦阳江上游洪灾隐患消除，但下游水患更甚。由于原浦阳江下游仍与后海相通，海潮溯江倒灌，侵袭山会平原，彼时三江闸还未修建，玉山斗门泄洪流量不足，导致山会平原水患加剧。南大吉初任知府时，正是面临着"日规月筑，水道淤隘；蓄泄既亡，旱潦频仍。商旅日争于途，至有斗而死者矣"的情况。当年，绍兴府城河道被豪门巨富等严重侵占，以至于河道阻塞更加严重，争水械斗之事频繁，百姓叫苦不迭。南大吉在实地考察走访后，分析利弊，认为"善治越者以浚河为急"，故以治水为本。为阻止豪强私占水道，南大吉颁布浚河安民告示，规定"拟拆府河两旁庐舍六尺许，以广河道"。即拆除河道违章建筑，同时清障治污、疏通河道，留出足够的行洪通道。该次治水成效立竿见影，《浚河记》称："是秋大旱，江河龟坼，越之人收获输载如常。明年大水，民居免于垫溺。"当年秋，诸多地方旱情严重，但绍兴却无大碍。次年春，诸多地方水灾严重，而绍兴也平安无事。由此，百姓深感南大吉之恩，以歌谣传颂其功德。王阳明的《浚河记》正是在此背景下而撰。

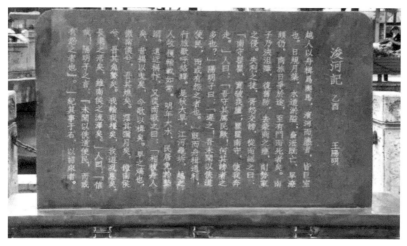

浚河记碑

文献辑存

浚河记

（明）王阳明

越人以舟楫为舆马，滨河而庐者，皆巨室也。日规月筑，水道淤隘；蓄泄既亡，旱潦频仍。商旅日争于途，至有斗而死者矣。南子乃决沮障，复旧防，去豪商之壅，削势家之侵。失利之徒，胥怨交谤，从而谣之曰："南守瞿瞿，实破我庐；瞿瞿南守，使我奔走。"人曰："吾守其厉民欤！何其谤者之多也？"阳明子曰："迟之！吾未闻以佚道使民，而或有怨之者也。"既而舟楫通利，行旅欢呼络绎。是秋大旱，江河龟坼，越之人收获输载如常。明年大水，民居免于垫溺。远近称忭，又从而歌之曰："相彼舟人矣，昔揭以曳矣，今歌以楫矣。旱之熇也，微南侯兮，吾其燋矣。霪其弥月矣，微南侯兮，吾其鱼鳖矣。我输我获矣，我游我息矣，长渠之活矣，维南侯之流泽矣。"人曰："信哉！阳明子之言：'未闻以佚道使民，而或有怨之者也。'"纪其事于石，以诏来者。

辑自（明）王阳明著，吴光、钱明、董平等编校：《王阳明全集》，浙江古籍出版社，2010年，第947—948页。

稽山书院尊经阁记

（明）王阳明

经，常道也。其在于天谓之命，其赋于人谓之性，其主于身谓之心。心也，性也，命也，一也。通人物，达四海，塞天地，亘古今，无有乎弗具，无有乎弗同，无有乎或变者也。是常道也，其应乎感也，则为恻隐，为羞恶，为辞让，为是非；其见于事也，则为父子之亲，为君臣之义，为夫妇之别，为长幼之序，为朋友之信。是恻隐也，羞恶也，辞让也，是非也；是亲也，义也，序也，别也，信也，一也。皆所谓心也，性也，命也。通人物，达四海，塞天地，亘古今，无有乎弗具，无有乎弗同，无有乎或变者也，是常道也。是常道也，以言其阴阳消息之行焉，则谓之《易》；以言其纪纲政事之施焉，则谓之《书》；以言其歌咏性情之发焉，则谓之《诗》；以言其条理节文之著焉，则谓之《礼》；以言其欣喜和平之生焉，则谓之《乐》；以言其诚伪邪正之辩焉，则谓之《春秋》。是阴阳消息之行也，以至于诚伪邪正之辩也，一也。皆所谓心也，性也，命也。通人物，达四海，塞天地，亘古今，无有乎弗具，无有乎弗同，无有乎或变者也，夫是之谓《六经》。《六经》者非他，吾心之常道也。故《易》也者，志吾心之阴阳消息者也；《书》也者，志吾心之纪纲政事者也；《诗》也者，志吾心之歌咏性情者也；《礼》也者，志吾心之条理节文者也；《乐》也者，志吾心之欣喜和平者也；《春秋》也者，志吾心之诚伪邪正者也。君子之于《六经》也，求之吾心之阴阳消息而时行焉，所以尊《易》也；求之吾心之纪纲政事而时施焉，所以尊《书》也；求之吾心之歌咏性情而时发焉，所以尊《诗》也；求之吾心之条理节文而时著焉，所以尊《礼》也；求之吾心之欣喜和平而时生焉，所以尊《乐》也；求之吾心之诚伪邪正而时辩焉，所以尊《春秋》也。

盖昔者圣人之扶人极，忧后世，而述《六经》也，犹之富家者之父祖虑其产业库藏之积，其子孙者或至于遗忘散失，卒困穷而无以自全也，而记籍其家之所有以贻之，使之世守其产业库藏之积而享用焉，以免于困穷之患。故《六经》者，吾心之记籍也，而《六经》之实则具于吾心，犹之产业库藏之实积，种种色色，具存于其家。其记籍者，特名状数目而已。而世之学者，不知求《六经》之实于吾心，而徒考索于影响之间，牵制于文义之末，硁硁然以为是《六经》矣。是犹富家之子孙不务守视享用其产业库藏之实积，日遗忘散失，至于窭人丐夫，而犹嚣嚣然指其记籍曰："斯吾产业库藏之积也！"何以异于是？呜呼！《六经》之学，其不明于世，非一朝一夕之故矣。尚功利，崇邪说，是谓乱经；习训诂，传记诵，没溺于浅闻小见以涂天下之耳目，是谓侮经；侈淫辞，竞诡辩，饰奸心，盗行逐世，垄断而犹自以为通经，是谓贼经。若是者，是并其所谓记籍者而割裂弃毁之矣，宁复知所以为尊经也乎！

越城旧有稽山书院，在卧龙西岗，荒废久矣。郡守渭南南君大吉既敷政于民，则慨然悼末学之支离，将进之以圣贤之道。于是使山阴令吴君瀛拓书院而一新之，又为尊经之阁于其后，曰："经正，则庶民兴；庶民兴，斯无邪慝矣。"阁成，请予一言以谂多士。予既不获辞，则为记之若是。呜呼！世之学者既得吾说而求诸其心焉，其亦庶乎知所以为尊经也矣。

辑自（明）王阳明著，吴光、钱明、董平等编校：《王阳明全集》，浙江古籍出版社，2010 年，第 270—272 页。

汤绍恩 *

汤绍恩（1499—1595），字汝承，四川安岳人。明嘉靖五年（1526）丙戌科进士，嘉靖十四至十九年（1535—1540）任浙江绍兴府知府，通天文，明地理，善辨水系，系明代著名水利家，官至山东右布政使，以护国佑民之神享祀绍兴汤公祠。①

汤绍恩像

汤绍恩任职绍兴知府时主持兴建的二十八孔石闸——三江闸，横截曹娥江、钱清江、钱塘江汇合的三江口。三江闸全长 103.15 米，是滨海地区拒咸蓄淡的多孔连续砌石重力闸，也是 16 世纪中国水利工程技术居于世界前列的标志性工程。1963 年，三江闸被列为浙江省级文物保护单位。2014 年，被列入中国大运河遗产名录。

绍兴三江闸（2017 年，汪毅摄）

---

* 　作者：汪毅
① 　《钦定大清会典》卷三十六《礼部》。

三江闸位于今浙江绍兴城北约 16 公里处，又名应宿闸，因应天之二十八星宿而有是名。三江闸具有拒咸蓄淡功能，既是浙东运河及绍兴城市的水源工程，又是区域重要的防洪排涝工程。其受益区域涵盖绍兴府山阴、会稽、萧山三县（见三江闸所在位置及其兴利区域图）。1981 年，新三江闸建成。2011 年，曹娥江大闸建成，两座现代水闸取代了三江闸。

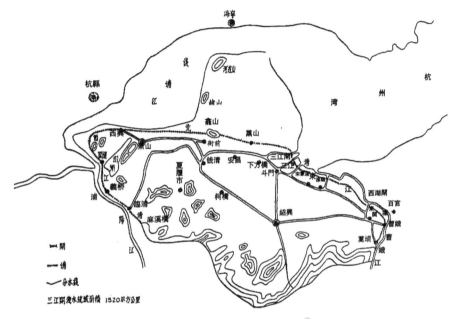

三江闸所在位置及其兴利区域图[①]

据清乾隆五十二年（1787）《汤氏族谱》记载，在元代中叶时，汤绍恩上七代先祖汤伯坚由湖北麻城至四川为官，始籍安岳。汤伯坚曾任资州太守，爱民洁己。汤绍恩爷爷汤焕新因子汤佐贵，皇帝赠诰南京户部尚书。汤绍恩父亲汤佐（1466—1525），字时衡，号白山，明弘治六年（1493）癸丑科进士，官至参政大夫、南京户部福建清吏司等职，治《礼记》，诗文双馨。汤佐连登甲科，相当于今天的硕博连读，奠定了在科考时代"学霸"的地位，曾轰动一时。在清康熙《安岳县志·乡贤》中，汤

———————
① 引自邱志荣、陈鹏儿：《浙东运河史》，三江闸泄水流域图，中国文史出版社，2014 年，第 322 页。

佐有"孝友兼全，才谞独步"的记载。至于其更多记载，因旧志脱页无法具体知晓。

汤氏父子两代进士，均有在南京户部任职的经历。汤绍恩先后任南京户部员外郎、郎中，后任德安知府、绍兴知府、按察副使、南京户部山西清吏司等职，官终山东右布政使，为朝廷从二品大员。在清代，汤绍恩创下了被康熙、雍正、咸丰、同治四朝皇帝敕封的纪录。

汤绍恩人生具有传奇色彩，无论是降生，还是取名字，皆不乏"灵异"。汤绍恩出生前夕，其母亲不仅梦到"巨星陨怀"，而且梦见有神从很远的地方捧着一个男孩来。此神相告，他来自绍兴城隍庙，专程来送子。此神还说，你的这个儿子长大之后"当作绍兴恩官"。据明万历《绍兴府志·祠祀志（一）》介绍，绍兴城隍庙颇有影响，庙里的神不仅灵验，而且大有来头，即在宋代绍兴元年时（1131），皇帝便赐额"显宁"；在明洪武三年时（1370），尊为绍兴府"城隍之神"。颇巧的是，后来因汤绍恩在绍兴治水有功，其像塑于该城隍庙，供后世奉养。

"巨星陨怀"托梦已经称奇，更奇的则是汤绍恩的取名。当他呱呱坠地时，正逢峨眉山僧人路过汤家门，汤绍恩父母遂请其为这个刚出世的婴儿取名。一番掐算之后，僧人说，你儿子的功名将建于"绍"。他日有称"绍"的地方，将会得到你儿子恩惠，当取名"绍"。僧人还说，他日你儿子将继承"绍"这方的大业，当命字"汝承"。僧人此番"掐算"，竟与绍兴城隍庙神的托梦之说不谋而合。由此，汤绍恩被取名"绍恩"，字"汝承"。巧的是，这个传说后来得到验证，诚如《明史·循吏传·汤绍恩传》所说，"其后果验"。

汤绍恩自幼敏慧过人，有志圣贤大业。及长，博涉书史，能览其大要，于经济、时务诸书，犹敏辨最晰。汤绍恩性格沉毅敦笃，才情横溢，工诗善文，擅长书法，有"蕊榜才人"之誉，入《明史·循吏传》。入《循吏传》的门槛极高，既要求勋德突出，职位又必须高于郡守。汤绍恩是入《明史·循吏传》的唯一四川人，也是绍兴水利史上的唯一入选者，后世评价极高。

汤绍恩声誉极隆，有"公缵禹功""功全禹迹""禹稷同功""缵禹之绪""智侔神禹""洞开缵禹绪""功垂禹绩侔""一方之神禹""公之恩泽，洵不在禹下""夏后无双""泽留万世""浙海之神"等称誉。汤绍恩为官绍兴，其功不仅是兴建三江闸，他修海塘，建闸开塘河，兴学校，正风俗，德政遍及三江。

建闸三江

浙江绍兴河网密布，特别是大运河绍兴段湖泊众多，有"水乡泽国"之称。公元140年，太守马臻（88—141）在这里率民众围筑了大型蓄水工程，西起浦阳江，东至曹娥江，拦蓄南侧会稽山发源的众多河溪之水，形成方圆百余公里的鉴湖。辅以斗门、闸、涵、堰等设施，鉴湖水利工程有了防洪、灌溉、航运和城市供水等综合效益。

南宋时，鉴湖逐渐湮废，导致河网蓄池失调，江水借道入海，潮汐横入，水患接踵，旱情频发，"民苦为壑"，形势十分严峻。

为减轻水、旱两灾，南宋及至明中叶，绍兴地方官曾做出不同程度的努力，或疏掘淤塞以畅水道，或修筑海塘以御潮水内侵，或整治平原河网以增加调蓄能力，或建诸闸以宣泄内涝，或筑麻溪坝使浦阳江复归故道，等等。这些举措，虽然缓解了平原地区旱涝灾害，但囿于平原河网的自蓄能力，雨涝后晴则旱的弊病依旧没有根治。

汤绍恩是善于总结前人经验的智者。先贤的治水方略及经验，对汤绍恩启发和影响最大的应是明成化九年（1473）任绍兴府知府的戴琥。他大兴水利，功绩卓著，被称为继马臻之后的"又一位水利功臣"。戴琥主持修建的扁拖闸颇具规模，明万历《绍兴府志》有介绍，绍兴治水纪念馆和博物馆均有展示。戴琥所创的"山会水则"，具有创意。他不仅把"山会水则"用于调节山会平原河网水位，还刻石碑于府署旁（无独有偶，后来汤绍恩亦将"五行"水则碑竖于府署旁），称为"戴琥水利碑"。其科学性在于，通过种高田、中高田、低田三者来调节水位，较好地解决了用水矛盾。这对汤绍恩后来主持修建三江闸时，采用道家金、木、水、火、土"五行"设置水则碑不乏启示。为缓解水患，汤绍恩走马上任绍兴知府后，迅速恢复浦阳上流由前守戴琥所筑绩堰，使浦阳之水坦而易泄；堵塞麻溪，不使浦阳之水得复入山阴东南。然而，当他登临府山望海亭目睹海潮之患时，仍情不自禁地发出"吾何忍二十年后，见百姓为鱼鳖也"的感慨。

中国南方水系发达，河网密布，常见的水利工程类型有围堤、建库、筑堰、挖塘、凿湖、治江河、修渠、疏浚水道等，唯独缺乏修筑大型节江制海的重力砌石闸。相对治江河，节江制海难度更高，特别是建三江闸这样的大型挡潮排水闸，一方面要节江，另一方面要制海。这个两"难"之攻克过程，恰恰体现了三江闸的科学性、创造性及其特色、意义、价值和影响。

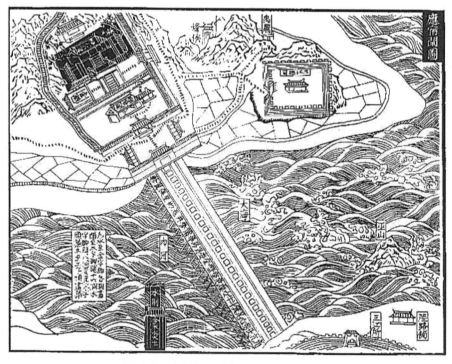

明三江闸及汤公祠（引自明万历《绍兴府志》）

明嘉靖十四年（1535），汤绍恩由南京户部郎中升任德安知府（今湖北省安陆市一带）。汤绍恩长于"千水之省"的四川，加之幼时戏水安岳岳阳溪，故对水利不乏感性认知。正是如此，在绍兴海潮漫漶、江洪肆虐、水患不断、民不聊生之际，汤绍恩在德安知府职位上很快迁任绍兴府知府。此迁任，暗合了汤绍恩姓（汤）、名（绍恩）、字（汝承）的故事，注定了他在绍兴的人生轨迹，而绍兴实现了他建功立业的最高价值，也印证了清代诗人万以敦所诗的"天生安岳福越地，堕地嘉名日月仰"。

汤绍恩为官以治水公而忘私的大禹为楷模。到任绍兴知府，首先率诸属官到大禹陵拜谒，以发治水解民苦之愿。在环视禹庙过程中，汤绍恩与大禹心有灵犀，认为禹庙的承梁、斗拱等建筑是梦中的"故识"。汤绍恩还认为，水的使者像教导大禹一样也教导了他，使他具有相同的汤汤水命和使一方安澜的担当。

汤绍恩任职当年，天大旱，田地龟裂。为祈老天普降甘霖，汤绍恩赤脚在烈日中行走。此番祈雨除旱经历，使汤绍恩对水的重要性、必要性多了一分认知，更坚定了建闸抗灾的决心。

"善治国者，必重水利。"作为朝廷命官，汤绍恩虽不是水利科班出身，亦非专司水利官员，但他谙熟"治郡先治水"之道，特别是在绍兴这个水乡泽国。在汤绍恩的治水理念和治水体系中，先贤管仲的水利思想应在其中占据主导，特别是在治郡与治水、水的行政管理、水的哲学思考等方面。

为治水患，汤绍恩以"至诚"之心体察民情，总结前人的经验和教训。在广泛征求民众意见的基础上，他考察各路水道，发现绍兴段河道密布，河流流量丰富，水位季节变化大，一年竟有两个汛期，上游水资源丰富，下游多受海潮顶托，溪河之水下泄困难。特别是三江口，海潮造成海水倒灌，水质恶化，沙积如丘。如此循环往复，遇雨阻道，水溢四方，萧（山）绍（兴）一带平原，每当暴雨后便水势猛涨，而当年马臻主持兴建的围湖水利工程和唐宋时期增修的海塘及涵闸几乎失去作用，洪水不能迅速排泄，房屋坍塌，平原良田淹没，土质因海水盐化而改变。在此困局之中，人们别无良策，只得掘塘放水以解燃眉之急。当水患平息时，人们忧虑旱情，又不得不重筑水塘蓄水。如此循环往复地决塘、筑塘，劳民伤财，萧绍平原旱、涝、潮"三灾"因而日益加剧，老百姓苦不堪言。

在调研中，汤绍恩还发现一个普遍规律：凡水入海，必将通潮。而当地的三江涌潮系钱塘江涌潮的一部分，其势非同寻常，后浪前涌，高十几丈。当目睹海潮之患和滔天浊浪的潮势时，汤绍恩情不自禁发出不忍二十年之后，见老百姓为鱼鳖的感慨。如此险情，坚定了汤绍恩的认知，即只有修筑大型挡潮排水闸，使之总揽山会平原水利全局，才能使海江两分，一方面阻截海潮侵袭，另一方面控制蓄水泄水，进而从源头上找到解决控制绍兴水利枢纽的钥匙，以解救百姓于水患之中。

据资料介绍，汤绍恩前任知府戴琥以及山阴知县张焕，均在玉山、扁拖一些支流上建过闸，但囿于规模小、标准低，无法根本解决水患问题。在总结前贤经验基础上，汤绍恩认为只有建闸于主流之上，才能根本解决咸潮内侵的难题。然而，修筑大型挡潮排水闸前所未有，是绍兴人世世代代的水利工程梦。据民国时期水利专家延平所撰《三江闸上看工程》一文可知，为实现这个千年梦，汤绍恩建闸最初取址于浮山之西，屡屡失败，被强劲的海潮冲毁。地基不牢，地动山摇，失败使汤绍恩得出经验，防海工程不仅要占据要津，而且要筑牢基础。基础若经不起海潮的猛烈冲击，更遑论工程的百年之大计。从最初建闸取址于浮山，再到后来定址并动工于彩凤山、龙背山之间的时间推算，汤绍恩几乎是到任后便视筑闸为治郡第一要务，即"水兴则邦兴，水安则民安"。

在失败的基础上，经过反复实地勘测和比较，汤绍恩力排众议，最后确定在钱塘江、曹娥江、钱清江三江内河外海交关处设闸址。这里位于彩凤山与龙背山之间，山基绵亘，火成岩横铺基底，系建闸理想之地。闸址两端为峡口处，水深流急，水文地质复杂。三江闸属于大型挡潮排水闸，在水利工程设计和施工方面，为砌石重力工程，其闸桩基必须以峡口石地为依托，才能生根。

在延平《三江闸上看工程》一文中，三江闸还被称为"进士的水利工程"，意在感慨进士的智慧、进步、毅力和力量。其实，三江闸系典型的民生工程，体现了汤绍恩"民为邦本，本固邦宁"的思想。

三江闸水利工程浩大，始建于嘉靖十五年（1536）秋七月，历时大半年于翌年（1537）竣工。在工程实施中，汤绍恩率领其团队，在府推官陈让辅佐下，分工担责，采取人海战术，集结千名石工，动员数万名其他民工，甚至押解监狱犯人服工，伐石于大山和洋山石宕，依峡而建闸，石牝牡相衔，烹秫和炭胶之。至于两堤筑土，则冶铁浇根。为弥补建闸经费之不足，汤绍恩捐出俸禄的主要部分，过着素食素服生活。汤绍恩擅长书法，为筹措建闸资金，他一方面陈情上方拨款；另一方面"卖"字筹银若干，至今坊间还流传有"越香楼献银赠匾"的故事，在绍兴运河园中还能见到他为出资建闸的皇室移民题写的"南渡世家"匾额。

三江闸全长 103.15 米，共 28 孔，孔宽 62.74 米，单孔宽不等。闸高5 米—7 米不等，闸孔宽 3.4 米—5.14 米不等。闸面为桥，宽 9.16 米，可供行人和车马通行。桥孔 28 个，以应星宿数，名称按四方七宿排列，为"角、亢、氐、房、心、尾、箕、斗、牛、女、虚、危、室、壁、奎、娄、胃、昴、毕、觜、参、井、鬼、柳、星、张、翼、轸" 28 个字，体现了汤绍恩的奇思妙想和创新能力。据《郡守汤公新建塘闸实迹》载，原规划建桥孔为 36 个。从汤绍恩擅长星宿之术角度分析，这或许是他拟对应道家北斗丛星中的三十六天罡星，后因战线过长便削减为 30 个。未想到 30 孔的闸，潮浪依然对它有微微影响。为解决闸身振动频率这个物理学问题，汤绍恩命人填去 2 孔，对应二十八宿之后，闸桥便出现奇迹——"屹然不动"。这与其说是神奇，不如说是具有科学性。因为星宿与天体有关，即中国古代将黄道和赤道附近的天区划分为 28 个区域，根据二十八星宿出现的情形，分为青龙、白虎、朱雀、玄武四象。汤绍恩使闸桥孔的数量与二十八星宿结合，创出上应天体、下应地理的天时地利观的水利工程建筑的杰作，体现了他天、地、人、水四位一体的世界观。

中华民族是世界上最早观测天文、重视星宿的民族。应星闸的修建，当首推宋代处州（今浙江省丽水市）的"应星闸"。此闸以"处士星"分野命名，传递了"应处士星君"而福星高照的信息。而"应星闸"只是古处州内河控制性工程，其规模、功能、文化内涵及在水利史上的影响，均无法与三江闸相提并论。两相比较，三江应宿闸属于大型挡潮排水闸，功能及规模与处州"应星闸"有本质区别。其设计上的科学性，包括属于自然科学范畴的力学、物理学与属于社会科学范畴的易学、星相学等，均体现了汤绍恩完美处理海潮与江（塘）水的举措，确立了绍萧内河运河水系，从根本上突破了马臻围堤筑湖不能拦截潮水而使潮水肆虐平原的局限。

汤绍恩建闸，匠心独运，考虑缜密。闸墩两端为流线型设计，以顺应潮进潮退，化解江潮冲击。闸体分深闸与浅闸、内闸与外闸。闸上建坊，开启闸板有操作之地。三江闸的拒咸蓄淡全在工程管理，海潮来时，先关内闸，再关外闸，先关深闸，后关浅闸，把海潮挡在三江之外；海潮去时，先关外闸，再关内闸，先关浅闸，后关深闸，三江水保持相对水位。所筑的28个内外及深浅闸门、涵洞，均设水位标志及校核水则，由专人管理，以控制闸门启闭。三江闸成功地使江海两分，标志山会平原全局性水系再次调整完成，客观地证明了在选址、创意、施工、运用、管理等诸多方面的创新，是水利工程技术划时代的突破。

三江闸为砌石重力闸坝工程。在修建过程中，闸墩石的置放颇具难度，因为石层高达十二块，每块巨石重近一吨。在没有起重机的时代，垒筑是需要智慧的。为解决这道难题，汤绍恩采取层层垒筑的办法，即每修一层，便垒筑高于墩石的土台。石越高则垒土面积越大，甚至到后来只能把石头从土堆中拖拽上去，直到闸墩高度，再掘去垒土。墩刻内外闸槽，放置双层闸门。特别是奎洞，修筑难度最大，曾让汤绍恩心力交瘁。在处理闸洞与闸墩关系时，为保证闸洞与沟渠及江流相通，每隔 5 洞置一大闸墩，插板启闭自如。闸底设石槛，以承闸板。内闸、外闸均置插板，上设开关系统。闸上置七梁，下安放门槛。洞高约两丈，水位升降因而与闸充分协调。

为截流断水，确保闸堤基稳固，汤绍恩采取的筑法是"令石与石牝牡相衔，胶以灰秫，底措于石，凿榫于活石上，相与维系，灌以生铁"。这就保证了工程的百年大计。此筑法精绝，不逊色于西方建筑，而且领先300 多年。对此，在 1933 年 1 月重修三江闸所镌刻的《三江闸碑记》中，浙江省建设厅厅长曾养甫有高度评价："挽近西土工程，共夸精绝。以此方之殊无逊色，而远在数百年前有兹伟划，尤足钦矣！"

三江闸兴建并非一帆风顺。据志书记载，汤绍恩是在"怨谤"和"哗言不便者十之八九，谤讟朋兴"的重重阻力中不断探索前进的。诚如诗人季本的诗所言："水防用尽几年心，只为生民陷溺深。二十八门倾复起，几多怨谤一身任。"清道光《安岳县志·移修汤公祠记》也有类似记载："同官莫不私笑之，谓某无知书生耳，不度德，不量力，于事何济？"在此压力之下，汤绍恩远不顾马臻遭刑戮的"前车之鉴"，近不惧前任知府即明嘉靖二年（1523）任知府的南大吉因治水所遭的诽谤之祸，而是"矢志以诚，不顾家身"。

在建三江闸初期，基础工程一度被海潮冲垮。其情景惨不忍睹，不仅

"役夫皆哭"，而且官绅非议声四起，汤绍恩甚至在祈祷海神时不禁慷慨悲壮：如果再溃堤坝，便投江以身殉职。正是汤绍恩的"至诚"以及精神、意志、人格、智慧与科学设计施工使然，一方面他圆了"治水梦"，实现了崇高的民本理想；另一方面验证了"恩在吾绍"的宿命，使三江闸最终成为中国古代大型挡潮排水闸的扛鼎之作。

三江闸的兴建切断潮汐，有效地改变了三江水系，出现了如《三江闸务全书》开卷所描述的新貌"野色空濛云密罩，潮光潋滟水平分"，与"怪石嵌岩临九曲，飞湍汹涌入三江"的旧貌形成鲜明对比。所呈现的"汤闸秋涛""宿闸鱼灯""汤堤绿荫"等，构成了一道道美丽风景线，成为古越州十景与三江八景。

三江闸建成后，可以对三江水位进行有效控制，即依据水则来实现定量调度水资源，即以碑自上而下的"金、木、水、火、土"五个字位置显示水位高低来确定放水的多寡，即水至金字脚，全闸开启；水至木字脚，开十六孔；至水字脚开八孔；至火字头，全闸关闭。闸门由三江巡检代管。为确保水则显示无误，除在三江闸设水则碑，还在府城内设水则碑校核，彼此印证，体现水资源调度的科学性。一方面强调科学管理，制定《大闸事宜条例》。该条例9条，约1200字，内容涉及闸概况、闸启闭、闸官、开闸、筑闸、闸夫例定、闸工报酬、闸板工价、外解塘闸银、渔户通闸与闸夫等方面，具体到管理机构、人员（闸官、闸夫）配置、职责分工、目标量化、闸夫报酬和奖罚、维修经费报销办法、闸板下起规定、渔户通闸时磕碰闸赔偿追究等若干规定，使治水和管水成为一个系统，代表了那个时代水利工程管理的最高水平。

三江闸由汤绍恩主持修建，但水利工程的维修和维护却赓续不断。据1980年绍兴市文物管理局《三江闸调查记录》记载，在明清和民国时期，三江闸曾有六次大修。新中国成立后，绍兴县人民政府曾数度维修。

三江闸水利工程格局的形成和发展，积累了若干实践经验。对其经验进行总结的水利要籍，尤以清康熙年间由程鸣九纂辑的《三江闸务全书》（包括《闸务全书》《闸务全书三刻》）最具代表性，系绍兴历史上第一部水利工程专书，也是古越郡治水研究的权威记录，堪称稀籍。

绍兴府在三江左侧建汤侯生祠并立像，规模为"三间二进"。所谓生祠，是对活着的人立祠奉祀，为罕见荣誉。除建生祠外，在府城开元寺内还建有汤公祠，在府城城隍庙内塑有汤公像。据《闸务全书》第三卷《修闸补遗·议增祀典》可知，明代汤公祠左右庑列有"前五贤"和"后五贤"闸功人物，清代汤公祠左右庑列有"前十贤"和"后十贤"闸功人物。这些人物有陈让、萧良干、李应期、郑嘉谟、张鲁唯、吴成器、张任学、林日瑞、余煌、孙鑨（为"前十贤"）、司政、彭谊、戴琥、黄绷、张元忭、胡以焕、姚启圣、李铎、茹棻、周仲墀（为"后十贤"），囊括了从明嘉靖至清嘉庆有功于三江闸的20位代表人物。2014年，汤公祠被列入中国大运河遗产名录。

兴水利惠三江

三江水利是系统工程。三江闸主体工程竣工之后，为完善闸塘配套，汤绍恩一鼓作气，率领老百姓于次年（1537）春三月开工，用五个月时间修筑了海塘堤。塘长400余丈（折长1332米）、宽40余丈（折长133.2米）。这段海塘堤，构成了绍兴海塘的组成部分。海塘素称"海上长城"，具有独特的文化内涵。1989年，绍兴海塘经浙江省人民政府公布为省级文物保护单位。

修筑海塘堤的目的，在于与三江闸配套，使百余公里的山会海塘连成一片，筑起萧绍平原御潮拒咸的海滨屏障，引流萧绍平原诸河成为内河水系而并入运河水网。建闸不易，筑塘堤亦艰，难度不亚于建闸。海塘堤筑于闸外海中，塘脚（根基）是防止海塘堤坍塌倾覆的关键。因水深、潮汐冲击，加之最初筑在海鳅穴居上等原因，海塘堤六次溃塌，即"初筑时，随筑随溃"。汤绍恩为之呕心沥血，莫名恐惧。

关于筑塘堤，文献中记录了汤绍恩卜卦说豚入塘则吉利、义士莫龙血签桩下榫、云鹤助工报恩、道士献策、梦神人相助、请祷于海神而潮忽退与塘堤依在等故事。这些故事扑朔迷离，惊心动魄，不仅在坊间流传，而且被写入邑人汪鸣冈《敬献紫阳、灵济二公》的对联（下联）中："精诚孚海藏，云鹤襄工，豚鱼协兆，千春异迹，播南郡。"其中有的内容过于神异，称汤绍恩可以通"神"，系人间非凡者，具有治水与改造自然环境的智慧及能力。其说证明了汤绍恩能够顺应民众心理，善于利用神的力量来凝聚人心，激励人们兴建塘堤积极性。

为消减潮进潮退时的巨大水量对三江闸的冲击。嘉靖十七年（1538），汤绍恩在三江闸上游建平水、泾溇、撞塘三闸以作拱卫，共同组成外可挡海潮、内可蓄水、泄水的三江闸水利体系，开创了绍兴河网密布的新格局，使泄水流域达 1520 平方公里，化泽国为膏腴之地，泽惠人口一百余万，圆了绍兴人的千里沃野梦。应绍兴府吏胥（府衙掌管文秘的官员）之请，明总督两广军务陶谐于嘉靖十八年（1539）撰写了《塘闸碑记》（又名《陶公塘闸碑记》）。记中说："渐得良田百万余亩。"清学者毛奇龄在《绍兴府知府汤公别传》中说："阅一年功成，共得良田一百万亩，渔盐斥卤、桑竹场畷，亦不下八十万亩。而绍兴府于是称大府，沃野千里，绍恩之力也。"汤绍恩的三江水利有效地促进了绍兴经济和文化的发展。

完成三江闸水利体系之后，汤绍恩因势利导，率领百姓描绘绍兴水利蓝图，营造新型水环境。据明万历《绍兴府志·水利志（二）》记载，在明嘉靖十七年（1538），汤绍恩主持了对地跨山阴、会稽两县因年久失修而功能式微的官塘进行改造的工作。山阴部分称为"南塘"，均为古鉴湖范畴，为东汉马臻所筑。汤绍恩"改筑水浒，东西横亘百余里，遂为通衢"，使古鉴湖重放异彩，使内河水道交通形成了"以船为车，以楫为马"的新格局，让灌溉、供淡、航运、渔业及沿水畔的种植皆顺利开展。

闸、塘、浒三位一体配套及功能的进一步综合凸显，调整了鉴湖水系，构成了运河水系中相对独立的绍兴城河体系，堪称绍兴明代水环境改造的集大成，体现了汤绍恩科学治水兴水的大思维、大智慧、大视野、大格局、大手笔，弥足珍贵，厥功至伟。如果说，汤绍恩之前的先贤在治水兴水方面，只是强调了"抗旱、排涝、灌溉、供淡、交通"五位一体的水利实践；那么，汤绍恩则是首次完整地实现了绍兴古代水利工程"拒潮、抗旱、排涝、灌溉、供淡、交通"六位一体的价值体系，领先水利工程技术和管理300余年，奠定了他在中外水利工程史上的崇高地位。

为解决上游水流的问题，汤绍恩还恢复了前任戴琥所开的碛堰，"浦阳之通浙者坦而易泄。而乃塞麻溪以遏其来，不使浦阳之水得复入山阴东南"。可见，汤绍恩通过继承与创新并举，构建起了综合治水、科学治水的系统。

汤绍恩治水业绩还与大运河（绍兴段）密切相关，即在前任知府基础上，修建了绍兴古纤道，使这条交通线进一步提高了航运能力，成为大运河上一大奇观。古纤道有"水上长城"和"天下文物孤本"之誉，1988年被列为全国重点文物保护单位。古纤道东段始建于春秋战国时期，西段凿于西晋。明弘治年间（1488—1505），知县李良重修。明嘉靖年间，知府南大吉、汤绍恩又加以修建，后各代再有修建。汤绍恩修建的三江闸则确立了绍萧内河的运河水系。2014年，浙东运河被列入世界文化遗产名录，为绍兴唯一的世界文化遗产。

汤绍恩在绍兴治水兴水，兴建工程类型之多、技术价值之高，在古代地方官中少有。绍兴水利工程遗产三江闸、海塘、运河及古纤道都是汤绍恩当年修治的历史印迹。

兴文教，德在三江

在为官绍兴期间，汤绍恩奉职循理，整齐人道，谙熟纲纪，具有非同寻常的执政能力。据《振举纲维引》描述，"……是以公庭之上，琴鹤悠然，初无案牍之劳，而治化神于八邑"，即汤绍恩对治郡（辖八个县）竟如烹小鲜。这得益于汤绍恩高超的执政理念和有效的为政方式，以仁治和法治并举。据清学者程鸣九的《汤神事实录》记载，汤绍恩的仁治方式别出心裁，他外出开道并非"肃静""回避"之类的官衙做派，而是"悬两炉热香"，熏善良之意，让"善"的倡导和影响植根民间。与之对应的法治手段，则是在衙门前高悬粗大铁索，警示和震慑犯罪者，强调"绳之以法"，这与《孙子兵法·谋攻》所言的"不战而屈人之兵"有异曲同工之妙。对此，坊间有歌谣传唱："府香炉，悬铁索；一为善，一为恶。"

汤绍恩为官以民生为本，以政宽得人和，推行了"缓刑罚，恤贫弱，济灾荒"、"缓刑狱，务存恤，老疾者有养，贫弱者有贷，不能丧葬者捐俸以助之"等一系列仁德举措，使民情大和。与此同时，汤绍恩还注重精神文明建设，一方面，为改变世风和陋习，他以圣人礼乐教化民众，专门派人去临安（今杭州）请擅长声律的道士到绍兴办礼乐培训，让绍兴人修礼乐，目睹国家礼乐之恢宏，感受中华礼乐之文明。一方面，汤绍恩倡导"动静乐寿"和"向义乐善"，把百姓的强身健体、快乐、长寿与尚义、乐善等有机统一起来，以此提高人们生活水平，构建社会和谐。至今，在绍兴城古越龙山北侧岩壁上，还镌刻有汤绍恩所书的"动静乐寿"四个大字。这四个字遒劲有力，气势不凡，有苏体风韵。该题字取意于《论语》"知者动，仁者静；知者乐，仁者寿"，总结了前人的养生之道，现已成为人们养生的座右铭。鉴于汤绍恩的种种惠民政策，老百姓把他比喻为严冬里的"太阳"。

汤绍恩为一代清廉贤守，有史为证。《明史·循吏传·汤绍恩传》便称他"性俭素，内服疏布，外以父所遗故袍袭之"。明万历《绍兴府志·汤绍恩传》对他的盖棺定论是："朴俭性成，内服皆其先参政所遗，始终清白。"毛奇龄在《绍兴府知府汤公传》中也说他是"褐衣越布，覆以父官参政时所遗丝袍，终其身不之易"。《冰蘖清操引》称赞其人品和情操："夫子赋性清约，质任自然。"即指身为知府的汤绍恩竟家无仆人，素食以餐，衣装朴素，有"冰蘖清操"。《程孺人传》说他是"除图书之外，萧然无一长物"。

在兴教方面，汤绍恩"新学宫，广设社学"，甚至"亲身视学，谆谆讲授"。他主持修葺学堂墙垣，做读书人的贴心人和保护人，解决其实际困难，即"尤喜延接诸生，诸生事涉身家，必委曲调护"。为了成就后学和培养人才，他不仅"视学""分题作课，亲为裁正"，而且"立社学条约，翻刻文公小学，以训童蒙"。当私塾老师率领学生前来府衙拜访时，他"亲教以小学之方"，甚至率同僚属"观其习冠、婚、投壶等礼"，使大家"均沾化育之神，以致文教大振"，奠定了绍兴"文薮"的历史地位，体现了循吏重文教的特色。在绍兴历史上，徐渭（1521—1593）是三江闸的见证者，亦是汤绍恩"新学官，广设社学"的直接受益者，甚至是汤绍恩帮扶的寒门学子之一（汤绍恩任职绍兴时，徐渭正值中学生年龄段）。要不然，以"孤傲自赏、郁郁寡欢"名世的徐渭，怎么可能对汤绍恩作出"凿山振海河，千年遗泽在三江，缵禹之绪"这样的高度评价，以表达其感恩之心和高山仰止之情。巧的是，汤绍恩与徐渭殊途同归，比肩走进《明史》，前者因政绩显著入《明史·循吏传》，后者因文心卓殊入《明史·文苑传》，让绍兴历史的天空多了一抹璀璨霞光，使绍兴这座历史名城多了一份厚重的科技与人文内涵。

汤绍恩擅长敲诗写韵。在绍兴期间，他写有《马太守庙》七律诗："澄湖事业更何如？镜水清吟恨有余。埋玉不随苌血化，利功岂与岘碑殊？精英曾拯东方业，伟绩无惭太史书。千古名祠当道左，往来谁不一嗟吁！"诗中，汤绍恩赞扬了马臻创鉴湖的千秋伟业，感叹了马臻"埋玉不随苌血化"的冤屈和悲壮，赞颂了马臻"无惭太史书"的卓著功绩。至于"往来谁不一嗟吁"句，则表达了同为循吏治水兴水的惺惺相惜。其诗雅达深远，情真意切，用典（"苌弘化碧"和"羊工岘碑"）精到，堪称佳作。此诗系目前在志书中发现的汤绍恩唯一留存的诗，弥足珍贵。

汤绍恩还写有《自题画像诗》："云崖一老衲，静里悟前生。寄迹在尘世，绾符来蠡城。济人无他术，惟惠又清因。口切同民志，非关后世名。何时素愿慰？归听晓钟声。"结合诗的背景，从程鸣九《汤神事实录》"在郡六年，乃迁按察副使，备兵宁绍"的记载研判，这应该是汤绍恩由绍兴知府改任按察副使一职前的"自题画像诗"。诗寄情言志，一定意义上是汤绍恩对绍兴父老乡亲的离任"交代"，不乏"与君离别意"的感慨，亦有他后来所写《董公去思记》的情景再现。诗所传递的信息，既表达了他为政清廉和"民为邦本，本固邦宁"的民本思想，又表达了他空怀济世之志及济人之术；既传递了宦海沉浮的失意和愤懑（汤绍恩变水患泛滥的绍兴为"越东南名郡"，在位考核有"钦命知绍兴府事加三级"的记录，结果却遭排挤，失宠于朝廷，改任他职，这对他无疑是沉重的打击），又传递了他自谓"一老衲"，开悟"前生"而"何时素愿慰？归听晓钟声"的皈依思想。诗中传递的纠结和痛楚，足见他当时"关山难越，谁悲失路之人"的低落情绪和"马有千里之程，无骑不能自往"的百般无奈，及出家不得的精神状态和五味杂陈的内心世界。

除向诗里寻李（白）杜（甫），汤绍恩还有建亭的风雅兴致。据明万历《绍兴府志·古迹志（一）》载，汤绍恩在巇山之巅建有"兼山亭"，以供游人眺望。三江闸建成后，潮患平息，汤绍恩遂把望海亭改建为"越望亭"，供人们作"越之望"怀想。著名诗人陈鹤为此编辑了《越望亭诗集》（二卷，含赋），收录了唐至明约千年间咏诵绍兴的名篇佳作，乃绍兴一桩风雅盛事。诗集除轰动文坛，影响久远外，还被辑录于《钦定四库全书》。

汤绍恩还精通书法。在绍兴期间，除书录杜甫《陪郑广文游何将军山林》、孟浩然《宿建德江》、贾至《早朝大明宫》等唐代名诗篇，还书写了"动静乐寿"和"向义乐善""南渡世家"等大字。其书法淳厚笃定，劲气内敛，温火得度，根深叶茂。从其书法结体与舒张看，除见王羲之、颜真卿、柳公权等诸家法书之根脉和苏轼遗风余味外，还有其个人风格，应在明代书法家中占一席之地，姑且谓之"汤体"。这些诗和书法，表达了汤绍恩的心境、生活态度和人生格局。

因汤绍恩的德政和贡献，汤公祠历代都有修建，表达了地方官绅与百姓的追思缅怀之情。除建祠外，绍兴民间还流传有若干颂歌，如"旱为虐，暵其修。汤为霖，年大有""三江之山，维其崒兮；三江之水，维其泌兮；比户讴歌，公之力兮"。特别是《颂汤侯德政歌》："泰山巅，千丈万丈高于天；长江水，千尺万尺深到底。高于天，不可跻，公名千载与山齐；深到底，不可滓，公名千载留青史。"比喻汤绍恩功绩逾泰山顶而达蓝天，德政像长江水深澈。此歌谣流传广泛而久远，被辑录于清词人暨《明史》修纂者朱彝尊所编的《明诗综》。

文献辑存

汤绍恩年谱

明弘治十二年（1499），1岁[①]。农历三月二十五日，生于都城（今南京）。字汝承，号笃斋，别号方伯，谥号"灵济"。时其父汤佐任南京户部福建清吏司。

明弘治十三年（1500），2岁。

约明正德三年（1508），10岁。还乡安岳。读书紫岩。

明正德十一年（1516），18岁。春，撰写《千佛寺碑记》，落款"里人汤绍恩撰"。

约明正德十二年（1517），19岁。因抵制江彬专权，父汤佐罢官。1521年，江彬被凌迟处死，汤佐遂官复原位。

明正德十四年（1519），21岁。为己卯科举人。

明嘉靖五年（1526），28岁。丙戌科进士。

约明嘉靖十年（1531），32岁。任南京户部员外郎。

明嘉靖十一年（1532）春，34岁。应邀为安岳道林寺撰写《重修道林寺佛殿记》。

约明嘉靖十二年（1533），35岁。由南京户部员外郎晋升户部郎中。

明嘉靖十三年（1534），36岁。由户部郎中迁德安知府。

明嘉靖十四年（1535），37岁。4月，由德安知府迁任绍兴知府。率诸官员至禹庙谒神禹，撰写凭吊马臻的《马太守庙》

---

① 按虚岁计，即出生为1岁

诗。复浦阳上流前守戴琥所开绩堰，堵塞麻溪。是年，大旱，为祈降甘霖，赤脚在烈日中行走。

明嘉靖十五年（1536），38岁。绍兴建新学宫，广设社学。7月，力排众议，兴建三江闸。为筑闸捐俸禄，书"南渡世家"匾额，筹银若干。

明嘉靖十六年（1537），39岁。3月，三江闸竣工。在戢山之巅建"兼山亭"，供游人眺望。10月，奉议大夫张文焕撰写《汤公颂碑记》，碑立于镇东阁下。

明嘉靖十七年（1538），40岁。三江闸外筑海塘，内建平水、泾溇、撞塘三闸，三江闸工程体系形成，排水泄洪兴利区域达1520平方公里，泽惠三江平原。

是年，改望海亭为"越望亭"，陈鹤编《越望亭诗集》（二卷，含赋）。绍兴为汤绍恩建生祠立像。

明嘉靖十八年（1539），41岁。改建鉴湖东塘、南塘，东西横亘百余里。修缮古纤道。办礼乐讲习，倡导动静乐寿、向义乐善的风俗。10月，陶谐撰《塘闸碑记》（又名《总督陶公塘闸碑记》），记录汤绍恩修筑塘闸事，碑立于观澜亭。获"议叙"褒奖，知绍兴府事加三级。

明嘉靖十九年（1540），42岁。写《自题画像诗》。改任按察副使，"备岳宁韶"。

明嘉靖二十六年（1547），49岁。任南京户部山西清吏司。迁山东右布政使，从二品。

约明嘉靖三十四年（1555），57岁。由山东右布政使任上致仕还乡安岳。

约明嘉靖三十八年（1559），61岁。撰写《李公祠记》。另写有《十礼图说·序》《董公去思记》《新修大成乐记》（均辑录于清《安岳县志》）。

明万历二十二年（1594），96岁。询问过路客商："汝处三江塘闸，今时利赖，比昔时如何？"情系绍兴，日久更深。

明万历二十三年（1595），97岁。逝于安岳，葬安岳县城北岊坝（今岳阳镇城北陶海村）。

明史·汤绍恩传

汤绍恩，安岳人。父佐，弘治初进士。仕至参政。绍恩以嘉靖五年擢第。十四年由户部郎中迁德安知府，寻移绍兴。为人宽厚长者，性俭素，内服疏布，外以父所遗故袍袭之。始至，新学宫，广设社学。岁大旱，徒步祷烈日中，雨即降。缓刑罚，恤贫弱，旌节孝，民情大和。

山阴、会稽、萧山三邑之水，汇三江口入海，潮汐日至，拥沙积如丘陵。遇霪潦，则水阻沙不能骤泄，良田尽成巨浸，当事者不得已决塘以泻之。塘决则忧旱，岁苦修筑。绍恩遍行水道，至三江口，见两山对峙，喜曰："此下必有石根，余其于此建闸乎？"募善水者探之，果有石脉横亘两山间，遂兴工。先投以铁石，继以笼盛礜屑沉之。工未半，潮冲荡不能就，怨讟烦兴。绍恩不为动，祷于海神，潮不至者累日，工遂竣。修五十余寻，为闸二十有八，以应列宿。于内为备闸三，曰经（泾）溇、曰撞塘、曰平水，以防大闸之溃。闸外筑石堤四百余丈扼潮，始不为闸患。刻水则石间，俾后人相水势以时启闭。自是，三邑方数百里间无水患矣。士民德之，立庙闸左，岁时奉祀不绝。屡迁山东右布政使。致仕归，年九十七而卒。

初，绍恩之生也，有峨眉僧过其门，曰："他日地有称绍者，将承是儿恩乎？"因名绍恩，字汝承，其后果验。

辑自（明）张廷玉等：《明史》卷二百八十一《汤绍恩传》，中华书局，1974年，第7212—7213页。

汤绍恩追封考

作为历史人物，汤绍恩是典型的当朝开花异朝香。清康熙皇帝敕赐他"灵济"、雍正皇帝敕赐他"宁江伯"、成丰皇帝敕赐他"功襄清堰"、同治皇帝敕赐他"孚惠"。其追封之多、规格之高，为异代典型，让人格外关注。

汤绍恩任职功绩卓著，虽有两榜七省总督朱燮元这样的朝廷重臣"跪恳当事，题请封爵"，但并未引起当朝皇帝重视。其原因，在没有确切史料之前，只能作若干推测：或因以二十八应宿建闸，顺应天象，挑战了皇权，使龙颜不悦；或是过于强调思想解放和个性张扬，有忤朝廷招致谗邪；或是官场丑陋，"木秀于林，风必摧之；行高于人，众必诽之"。在这些推测中，诽谤和诬陷比较靠谱，有若干依据，如季本诗"二十八门倾复起，几多怨谤一身任"，如拙笔联"遑恤当年谤讟"，如汪鸣绍题词"宦奴难戡忠被疏，海滨屈谪贾江都。一朝跋扈张牙吻，始忆疑丞早上书"，如朱英词"谤言何恤"。

尽管明朝皇帝未对汤绍恩敕赐，甚至历来对汤绍恩的请封几乎中阻，但人们为其请封执着不已，即从汤绍恩1540年离任绍兴知府至清康熙四十一年（1702）最终受襃封，时间竟达162年。其原因是绍兴人民忘不了他，《宜封十例》开篇便是答案："汤公爱民之深，而施膏泽于靡穷，斯其所以久而不能忘也。"而促使清康熙皇帝敕赐汤绍恩的原因，至少包括以下四个层面。

其一，封疆大吏的上疏。清康熙十一年时，藩司袁公举荐；二十三年时，总督署抚事王公举荐；四十一年时，浙江巡抚赵公举荐。其中，赵公举荐对于康熙皇帝敕赐汤绍恩"灵济"起到主要作用。清雍正二年，浙江巡抚法海的请封，其效果可谓立竿见影，翌年雍正皇帝便敕赐"宁江伯"。对此，《清世宗实录》卷三十三有记载："雍正三年六月丙申（三十日）礼部议复浙江巡抚法海疏言……又明代绍兴府知府汤绍恩，创筑三江闸，有功绍郡。请各加封号，修整庙宇，每岁春秋致祭。应如所请。得旨……汤绍恩封为宁江伯。"《大清一统志》亦有"本朝雍正敕封宁江伯，春秋致祭"的记载。清咸丰元年（1851），咸丰皇帝为汤绍恩朱笔题"功襄清晏"。清同治六年（1867），因浙江巡抚马新贻奏报，同治皇帝加封汤绍恩"孚惠"二字。至此，汤绍恩创下了被清朝皇帝"四封"的纪录。

其二，地方官员的不断请封。据《县覆府引》记载，关于汤绍恩的请封竟达到"今吾越人之请封汤神者，何啻连篇累牍"的程度。

其三，地方缙绅和贤达的上书奏请，包括像程鸣九等学人拦康熙南巡祭禹龙舟跪呈奏章（未遂）。对于汤绍恩一时未被敕赐褒封，程鸣九如鲠在喉，不惜在《入史褒封说》中说："每念及此，不禁感怀弥切，而深有望焉。"进而，程鸣九还为汤绍恩"打抱不平"，认为汤绍恩对绍兴的功德如同大禹，而康熙皇帝亲谒神禹，崇德报功，却未褒封汤绍恩，这对祭祀的神不仅没有安慰作用，而且对舆论也不合适。程鸣九认为"銮舆亲谒神禹，崇德报功，可谓盛矣。汤神之功德如是，而入史未行，则神贶何有慰，舆情何由洽哉"，这番议论，在当时算是犯"妄议朝廷"之罪的。可见，程鸣九力挺汤绍恩请封的冲天勇气和凛然大义。程鸣九还联合毛奇龄等缙绅与刘绅等士庶，撰写《海滨耆士请封》（又名《请封汤神奏折》），具呈请封，恳请康熙皇帝"追奖前贤，俯顺舆情，加以尊爵，赠以美谥"。程鸣九甚至还拿出隔代请封的理由，如会稽郡守马臻宋时追封利济王，并认为"视绍恩之功，殆数倍于马守"。其文洋洋千言，文情并茂不逊李密《陈情表》，足显他为汤绍恩请封锲而不舍的精神，不愧为义士典范和汤绍恩的隔代知己。

其四，老百姓因饮水思源而不遗余力地提请，诚如《宜封十例》所载："历来，士民请封郡邑，案积盈箱。"其中"宜加封者之八"，把汤绍恩治水勋绩与东汉时任绍兴郡守的马臻类比，结论是超过马臻，即"汤公勋绩，犹居其上"。如果说在中国历史上，为民请命是士大夫的美德和美谈，如明代嘉靖年间为老百姓请命的海瑞；那么绍兴老百姓在长达162年为汤公请封的过程，则算得上为民的美德和美谈。它传递了民之所感恩、民之所有爱、民心之所向、民意之不可辱，算得上历史上"为官请封"的典型。

可见，上述请封颇不简单，既有《入史褒封说》《宜封十例》《抚藩具由疏引》《南巡请封引》《海滨耆士请封》《县覆府引》《请封汤神奏折》《敕封汤侯神号回祥》等奏请性公文，又有《敕封汤神"灵济"徽谥记》等记录性文疏，亦有《敕封宁江伯咨文》，还有《请封汤神"灵济"原案》《请晋封汤公并封莫神案》等备案性质的批文，记录了数次追封过程和赐封流程，见证了清代褒封制度体系的完整性。其过程，既可见汤绍恩入史褒封之不易，又可见民心之可敬，体现了"越之不忘（汤）公功德也"。当汤绍恩荣获康熙皇帝敕赐"灵济"时，绍兴百姓无不"忭欢踊跃"，其情景诚如程鸣九在《闸务全书·自记》中所描述："全越舆忭歌载道。"

参考文献

[1] [清]程鸣九纂辑，邹志方标点、冯建荣主编，闸务全书：黄河水利出版社，2013.

[2] [清]程鸣九纂辑，邱志荣、赵任飞主编，闸务全书三刻：广陵书社出版社，2018.

[3] [清]汤自新、汤更新、汤仁新、汤炳新编纂，汤氏族谱；汤继勋审定重印，汤氏族谱（重印）：2007.

[4] 汪毅著，四川省历史学会、绍兴市鉴湖研究会编，汤绍恩述评：2020.

爱新觉罗·玄烨[*]

爱新觉罗·玄烨（1654—1722），清朝第四位皇帝，清定都北京后第二位皇帝，1661年2月至1722年12月在位，年号"康熙"，庙号"圣祖"。康熙帝8岁登基，14岁亲政，在位61年，是中国历史上在位时间最长的皇帝，开启了清朝百余年康雍乾盛世。

康熙八年（1669）康熙帝亲政，首先平三藩，巩固清朝统治；继而收复台湾，北征沙俄、噶尔丹。至十八年（1689），清朝与沙俄签订《尼布楚条约》，划定了中俄东部边

康熙皇帝像

界，自汉唐王朝之后，疆域辽阔的一统中国再次出现，并延续至今。康熙帝在文化上将治统与道统合一，以儒学为本，加速了清朝汉化的进程，强化了一统国家的文化基础。在社会经济上，康熙帝废除清初入关后的圈地令，放宽垦荒起科年限，将荒地垦殖与官职进阶挂钩，及至康熙二十年（1681）前后全国耕地面积恢复到了明中期水平。

清朝定都北京后，继承了明朝漕运制度，仰仗南北大运河，重新恢复了北京政治中心与东南经济中心的纽带。康熙当政后，面临益加频繁的黄河改道、洪水灾害遍及黄淮海平原、漕路屡屡中断的局面。康熙二十年基本平定内乱外患之后，康熙皇帝将治国的重点放在水利上，河工成为清朝的国之要务，在黄淮运交会的徐州、淮安间连年大举兴工。

康熙皇帝自二十四年（1685）起至四十六年（1707），六次南巡考察，亲自擘画河工，曲阜祭孔、金陵祀明陵等政治意义重大的活动同时贯穿其间。第二次南巡，康熙皇帝过钱塘江至绍兴会稽山麓禹陵，代为继秦始皇之

---

*　作者：谭徐明

后，第二位亲至会稽拜谒祖先之神、治水之神大禹的一统王朝皇帝。康熙皇帝通过南巡的仪礼昭告以道统文治天下，将中华文化浸润于水利事业中。

六次河工南巡

"三藩、河务、漕运"是康熙帝亲政不久后所列的三事。[①] 漕运的关键是运河畅通。12 世纪末黄河改道，夺泗水、淮河水道，至云梯关入海。黄河、淮河、运河交会的徐州、淮安一带，黄河或北决、或南决，屡屡冲断运河，淤塞漕路。自元代至清初，治河大工程经年不断。康熙平定三藩后，不惜投入巨资，重建黄淮运堤防、清口枢纽，开中运河。康熙二十三年（1684）康熙帝第一次南巡正值他亲理河工不久，到四十六年（1707）最后一次南巡，六次巡视总天数达 520 天。南巡包括河工巡视和礼祭两大活动。礼祭活动主要是泰安祭孔、祭泰山，江宁（今南京）拜谒明孝陵，绍兴祭大禹，以及宿迁祭黄河神等，以第二次礼祭最为隆重。康熙皇帝六次南巡，大张旗鼓宣扬文治，招抚天下，而巡视停留时间、所费精力则多在黄淮运关键河工现场（见康熙南巡纪事表）。南巡期间还有康熙三十八至四十年（1699—1701）连续三年考察永定河河工。南巡无论是南下还是北返，经行路线各次大同小异，大致黄河以南，水陆兼行，陆路为主。过黄河后，除镇江至江宁陆路外，以运河水路为主，河工考察主要在关键工程或堤防的险工地段（参见康熙、乾隆南巡线路图）。

康熙皇帝第二次南巡，黄淮运大工刚启，绍兴会稽山祭禹之行，在以禹治水喻己治河之工，为空前浩大的水利建设张目。到第五次南巡时，目睹河工建设卓有成效，沿途民情大获改观。这一次他谕其臣工："初次到江南，船在黄河，两岸人烟树木皆一一在望；康熙三十八年时则仅见河岸；四十二年时则河比岸甚低，可见河身日益加深。以前山东百姓流离失所，

---

① 《清圣祖实录》卷一五四，康熙帝原文："朕听政以来，以三藩及河务、漕运为三大事，夙夜厪念，曾书而悬之宫中柱上。"

不堪寓目，如今服饰颜面已大异往时。"① 彼时距康熙皇帝第一次南巡已过了 23 年，距会稽谒禹陵过去了 16 年。康熙二十年（1681）以来，持续整治黄淮运河工，尤其是开中运河、重建清口枢纽后，实现了淮安至邳州黄河与运河的分离，漕路避黄行运三百余里，康熙朝以降大运河畅通二百年。

康熙南巡纪事表

| 序次 | 时间 | | 纪事 |
	年号 公元纪年	行期	
第一次	二十三年（1684）	自九月二十八日至十一月二十九日	经行：陆路至济南、泰安、宿迁、桃源，渡黄河过清口；由淮扬运河水路经清河、淮安、宝应、高邮、扬州，过长江入江南运河，经镇江、苏州，由苏州折返，仍水路经无锡、丹阳，转陆路经句容至江宁（今江苏南京），由江宁陆路至镇江。过长江，经江都邵伯镇入淮扬运河北上，再至清口，过黄河；陆路返京。 祭祀活动：济南，观趵突泉，题"激湍"；泰安，登泰山顶，祀泰山之神，曲阜孔庙祭孔，免次年曲阜县地丁钱粮；江宁，祭明孝陵。 河工巡视：宿迁至桃源：视察黄河北岸一百八十里黄河大堤及各处险；清河及淮安：考察清口天妃闸（惠济闸）、高家堰伍家墩险工及清口御黄坝；淮扬运河、江南运河。
第二次	二十八年（1689）	自正月初二日至三月十九日②	经行：济南、泰山、苏州、杭州，过钱塘江，浙东运河水路至绍兴。 祭祀活动：济南，观趵突、珍珠二泉；泰安，祀泰山；江宁，祭明孝陵；绍兴，祭大禹陵。 河工巡视：中运河、下河，谕微山湖开支河口减洪水，（开中运河后）黄河运道可仍存之；清口及高家堰河工。

① 另见于《圣祖仁皇帝御制文第三集卷七·敕谕·谕扈从大学士马齐张玉书陈廷敬》："初次到江南时，船在黄河，两岸人烟树木皆一一在望。三十八年则仅见河岸，四十二年则河去岸甚低，是河身日刷深矣。自此日深一日，岂不大治？闻下河连年皆大熟，亦从前所未有也。康熙四十四年二月二十六日。"
② 自南巡第二次起，经行路线重复者从略。

续表

序次	时间		纪事
	年号 公元纪年	行期	
第三次	三十八年 （1699）	自二月初三日 至五月十七日	经行：天津河西务、沧州、德州、东昌、济宁、宿迁往返水陆兼行，淮安至杭州由水路往返。 河工巡视：视察黄河堤工、高家堰、归仁堤以及洪泽湖各工、济宁会通河南旺枢纽。
第四次	四十二年 （1703）	自正月十六日 至三月十八日	河工巡视：会通河南旺枢纽、黄淮运河工。以黄淮运河工告成，书"四海奠安，民生富庶"，诏告全国。
第五次	四十四年 （1705）	自二月初九日 至闰四月二十八日	河工巡视：会通河南旺枢纽，黄淮运河工。
第六次	四十六年 （1707）	自正月二十二日 至五月二十二日	河工巡视：会通河南旺枢纽，黄淮运河工。

会稽谒陵

康熙皇帝第二次南巡，南至浙江绍兴，经行五千八百余里，是六次南巡中最远的行程。《清史稿·圣祖本纪》记载："（二十八年二月）辛亥，上渡钱塘江，舟泊绍兴府会稽山麓。""壬子，祭禹陵，亲制祭文，书名，行九叩礼，制颂刊石，书额曰'地平天成'。……是日，御舟泊萧山县西兴镇。癸丑，上还驻杭州。"康熙皇帝祭禹之行，第一日即从杭州过钱塘江后直达禹陵，第二日从窆石亭返回钱塘江东岸，宿西兴镇。御舟在浙东运河往返畅行，皆日行百余里，经萧山西关镇、西兴驿、萧山县城、绍兴柯桥镇，抵绍兴府城，泊御舟于都泗门至大江桥（参见《康熙南巡图·绍兴祭禹图》）①。

---

① 《清实录·康熙朝实录》第 12 部分："（康熙二十八年二月）辛亥，上渡钱塘江。舟泊绍兴府会稽山麓。（壬子）上登窆石亭留览。是日，御舟泊萧山县西兴镇。"

汉武帝"罢黜百家，独尊儒术"，儒家学说渗透汉以来的王朝礼制，开启了祖先神即先王神的人神祭祀。汉代国家礼制中，禹享有先王神、水神的至尊地位。魏晋南北朝500年动荡中，各割据政权各有祭祀制度，源于中原的先王祭祀及水神崇拜，因地域、文化不同，礼制规范的诸王、诸神及其祭祀形式发生了异化。隋重建一统的国家后，开始制订礼仪祀典，以形成合乎国家利益诉求的祭祀礼制。隋文帝、炀帝，唐太宗、高宗、武则天先后征天下大儒制订新礼，在国家仪礼法的架构下进行整合，最终玄宗朝集各礼之大成，制订并颁布了《大唐开元礼》。《开元礼》分中央到地方诸神祭祀层级为大祀、中祀、小祀，清代将小祀之名改为"群祀"。唐《开元礼》，确立大祀自伏羲以下至前朝皇帝历代先王，及其配享功臣、祭祀地点、仪礼。定祀夏禹，配享伯益，祭于安邑。安邑是汉以降传说的夏都城之一，在今山西运城夏县境内。北宋、金、元亦设禹庙于黄河中游平阳、河中等地，会稽建禹祠。明代再次修订仪礼，确立浙江国祀先王二，会稽祀夏禹、宋孝宗。清建政后于顺治八年（1651）确认承继明先王祭祀制，以浙江会稽为禹陵寝、祠所在，为禹祭祀地。

二十三年（1684）康熙皇帝第一次南巡时便着手谋划会稽祭禹之行，甚至具体到行程、仪礼的细节。康熙皇帝定谒禹陵祭礼援引祭明太祖陵例，即在遣官致祭后，由皇帝亲诣奠酒。他谕臣工曰："禹陵朕将亲祭，祭文内可书朕名"，"祭以敬为主。禹陵僻处荒村，恐致亵慢，凡供献粢盛礼仪诸事，令左都御史马齐、侍郎席尔达同往省视。"[1]二十八年二月康熙皇帝至会稽山麓祭禹，亲写禹陵颂并序。大典悉遵唐大祀仪礼，主祭官致祭后，行九叩礼。康熙皇帝祭文曰：

> 惟王精一传心，俭勤式训。道由天锡，启皇极之图畴。功在民生，定中邦之井牧。四载昔劳胼胝，永赖平成。九叙早著谟谋，惟歌府事。行其无间，德远益新。朕省方东南，道经吴越。

---

① 乾隆《皇朝文献通考》卷一百二十，第19b页，并见《圣祖仁皇帝圣训》卷五十六，第3a页。

睹长江之浩渺，心切溯洄。瞻高巘之嵯峨，企深仰止。幸矣松楸伊迩，俨然律度可亲。特荐馨香，躬修祀事。惟祈灵爽，尚克来歆。①

清康熙前期，浙闽尚未从明末清初的战乱中恢复过来。二十八年（1689）康熙皇帝见到的禹陵，"（庙寺）殿庑圮倾，礼器缺略，人役寥寥，荒凉增叹。愚民风俗，崇祀淫祠，俎豆馨香，奔走恐后。宜祀之神，反多轻忽"②。此番祭禹之行，以及嗣后修复禹陵、匡正风俗等举措，都注入了康熙皇帝以文治天下的理念。康熙皇帝谕臣工曰："况大禹道冠百王，身劳疏凿，奠宁率土，至今攸赖。……令地方官即加修理，毕备仪物。守祀人役，亦宜增添。俾规模弘整，岁时严肃，兼赐白金二百，给守祀之人。此后益令敬慎。守土之臣，亦须时为加意。"③祭陵后，康熙皇帝为禹祠题写"地平天成"匾额，以及"江淮河汉思明德，精一危微见道心"楹联，悬挂于禹庙正殿屋脊和大殿庭柱。

康熙皇帝绍兴祭禹62年后，清朝入关后第四位皇帝爱新觉罗·弘历（1711—1799）再次到会稽山祭禹。弘历年号"乾隆"，庙号"高宗"，执政自1736—1796年，凡60年。乾隆皇帝仿效其祖父康熙皇帝，一生六次南巡，历时120天，共写520余首御制诗纪其行。乾隆皇帝南巡线路和活动与康熙皇帝大致相同，不过他的首次南巡便选择了会稽祭禹，河工巡视则更多关注于海宁钱塘江鱼鳞大石塘。乾隆十六年（1751）春正月，乾隆帝开启了他六次南巡河工的首次行程。三月戊戌，乾隆帝及皇太后一行至杭州，乙巳，渡钱塘江至绍兴，驻跸常禧门；丙午，禹陵祭禹。当日返还。此行乾隆帝题写禹庙匾额"成功永赖"，禹庙楹联"绩奠九州垂万世；统承二帝首三王"，祀礼后谕浙江督抚授姒氏子姓有品行者一人八品衔任奉祀

---

① 见《清实录·康熙朝实录》第12部分。乾隆《皇朝文献通考》卷一百二十同文有异："定"作"建"，"睹"作"视"。
② 《圣祖仁皇帝御制文集》第二集卷七，第7a页。
③ 乾隆《皇朝文献通考》卷一百二十，第20a—20b页。

官，居陵侧以世奉祭祀。

康熙皇帝第二次南巡、乾隆皇帝首次南巡场景，后来被宫廷画师记录在《南巡图》中。今人可以从《南巡图》中寻觅到17、18世纪黄淮运河工程设施、运河沿线风土人情、名胜古迹的历史印迹。《康熙南巡图》由王翚、杨晋等作，创作时间自1691年至1693年，共十二卷，总长约220米，可惜后来散佚，今有第一卷、第九卷、第十卷、第十一卷、第十二卷收藏于故宫博物院，第二卷、第四卷、第六卷分别收藏于法国、美国、加拿大的博物馆，第七卷为私人收藏。乾隆皇帝从御制诗中选出十二首，令宫廷画师徐扬以御制诗意为图，绘制《乾隆南巡图》（现藏于中国国家博物馆），①全图十二卷，总长154.17米。两图架构、分卷起止、题材相同。但是内容各有侧重。两图第九卷均为《绍兴祭禹》。

皇帝亲到会稽祭禹，推动了此后禹陵的修复和扩建，完善了奉祀和禹陵管理制度，使得清以降绍兴禹陵规制及其祭祀仪礼居于全国众多大禹祭祀地之首。今天的禹陵完整保留了清代建筑、题刻、匾额、楹联等。葱郁的会稽山环抱下，禹陵、庙祠肃穆恢宏，其一砖一木，一石一柱无不沁润着悠久的历史文化。

1. 御舟渡钱塘江（自右至左）

---

① 《乾隆南巡图》十二卷：卷首《启跸京师》、卷二《过德州》、卷三《渡黄河》、卷四《阅视黄淮河工》、卷五《金山放舟至焦山》、卷六《驻跸姑苏》、卷七《入杭州境到嘉兴烟雨楼》、卷八《驻跸杭州》、卷九《绍兴谒大禹庙》、卷十《江宁阅兵》、卷十一《顺河集离舟登陆》、卷十二《回銮紫禁城》。

2. 御舟经萧山西兴镇、萧山县城，泊于绍兴府城河（自右至左）

3. 会稽山禹庙祭禹（自右至左）

康熙南巡图·绍兴祭禹图（节选）①

文献辑存

御制禹陵颂（并序）

朕阅视河淮，省方浙地，会稽在望。爰渡钱塘，展拜大禹陵庙，瞻眺久之。敕有司岁加修葺，春秋荐祼，粢盛牲醴，必丰必虔，以志崇报之意。时康熙二十八年二月十五日也。缅维大禹接二帝之心传，开三代之治运，昏垫既平，教稼明伦，由是而起，其有功于后世不浅，岂特当时利赖哉！朕自御宇以来，轸怀饥溺，留意河防，讲求疏浚，渐见底绩，周行山泽，益仰前徽。爰

---

① 引自《康熙南巡图》卷九。

作颂曰：

下民其咨，圣人乃生。危微精一，允执相承。克勤克俭，不伐不矜。随山刊木，地平天成。九州始辨，万世永宁。六府三事，政教修明。会稽钜镇，五岳媲灵。兹惟其藏，陵谷式经。百神守护，松柏郁贞。仰止高山，时切景行。

辑自《四库全书·圣祖仁皇帝御制文集》第二集卷三十五，第 3b—4a 页。

御制谒大禹庙诗

古庙青山下，登临晓霭中。
梅梁存旧迹，金简纪神功。
九载随刊力，千年统绪崇。
兹来荐蘩藻，瞻对率群工。

李亨特[*]

李亨特（？—1815），汉军正蓝旗。李亨特出身于河道总督世家。其祖李宏（？—1771）、父李奉翰（？—1799）及亨特皆由入赀获得官职，即不经科举纳钱授官，且从低职小官升至河道总督，三代河督历经康熙、乾隆、嘉庆三朝。李宏在康熙二十九年（1690）河东河道总督任上，因修治会通河济宁南旺诸湖、兖州金口坝、微山湖等处济运水源工程得力，得到康熙皇帝嘉奖。父李奉翰在南河总督任上，乾隆四十九年（1784）皇帝南巡时，奉翰在行在觐见乾隆帝，以其黄淮运清口河工政绩被赐骑都尉世职。嘉庆二年（1797）正月，奉翰加太子太保衔，授两江总督，兼领南河事。相比其先辈，李亨特却在河道总督任上迭遭变故，几起几落，最后发配黑龙江。

《清史稿》记李亨特嘉庆前的经历疏略，亨特"入赀授布政司理问，发河东委用，补兖州通判。累迁云南迤西道。嘉庆初，佐平苗、傈，赐孔雀翎，加按察使衔。累迁调授江苏按察使。九年，擢河东河道总督"。其实在乾隆朝末年李亨特有一段任绍兴知府的经历，并以整治绍兴城河而卓有官声。

据《越中杂识》上卷记载，李亨特于乾隆五十五年（1790）出任绍兴知府，甫就任便微行城乡。绍兴城河（时称府河）与运河相通，水量同受萧山三江闸和府城水门水则标识水位节制调度。绍兴自南宋以来便是越中大城，街衢宽坦，城河纵横，街巷、河岸悉以石甃，水陆交通便利。清朝百年之后，绍兴城人口日繁，民居、商行侵占街市、河道。街之存者，仅容车马，每当久雨，道路泥泞。肩趾相挤，人甚苦之。因其地狭，居民在城河上架木为屋，时谓"水阁"，两岸水阁几近相连，行船至此，穿行其下，几乎不见天日，如遇火灾，便是火烧连城。为两岸交通之便，河上置

---

* 作者：谭徐明

石墩、架木桥，更加阻碍水路。城河两岸及水阁居民，常年向河中任意倾倒垃圾，居民与过往船夫之间随时发生互诟斗殴。长年累月疏于管理的河道，垃圾、泥沙淤堵，夏秋排水受阻，污水横流泛滥于市井，冬春时节则舟楫难行。李亨特到任后，首先整治府城街面，使城中街道畅通无阻，恢复了"天下绍兴路"①的美誉。李亨特治理棘手的城河，先从查考河道碍水建筑入手。查出河上共建水阁 74 座，条石跳墩 4 座，木桥 8 座。然后发布清障令《禁造城河水阁示》，立禁牌于城门，限令业主在 20 日内拆除水阁、石墩、木桥。有违抗者，官府拆毁并将违禁人按侵占罪论处。城河清障后，李亨特又主持疏浚城河水道。绍兴终于河清路通后，李亨特又做了一件大事——订府河水则。清《绍兴府志》对此记载如下：

> 乾隆五十七年正月，知府李亨特探定府河现在水则。二水中分水深七尺，利济桥深八尺，水澄桥水深六尺二寸、巷口深五尺、桥南深四尺，大善寺深三处五寸、寺南深三尺，仓街口深二尺五寸，乌龙庙口深四尺五寸，县西桥水深一尺五寸、桥南深二尺五寸，轩亭口深二尺二寸，富民坊口深四尺五寸，清道桥深三尺、桥南深一尺六寸，通水桥深一尺六寸，桥南深二尺七寸，兴隆桥深二尺六寸，蕙兰桥深三尺，市门阁水深二尺一寸，木爪桥深二尺，观桥深二尺五寸，大云桥深三尺四寸，云西寺深五尺、寺南深三尺，大庆桥深三尺，景宁桥深三尺五寸，舍子桥深二尺五寸，上望庙深二尺五寸，太平桥深二尺六寸，毓秀桥深二尺四寸，新兴桥深三尺，鲍家桥深三尺八寸，望花桥深三尺三寸，南秀桥深四尺七寸，南门深五尺六寸。②

李亨特"探定府河现在水则"，实为以此次测得的水深作为控制的标准。他选择了 33 处点位测水深，有个别的点位还有多个测点，获取的水

---

① 《越中杂识》卷上。

② 《绍兴府志》卷十四，第 8—9 页。

深数据不是一个点，而是系统化的一组量化指标。李氏水则其一可用作城河工程管理的依据。测量的时间是正月，是常规河道疏浚的时间。这些点位的水深定为"水则"，即为今后疏浚，采用同段时间，同一水位为标准水深，可以准确把控清淤尺度和施工质量。其二这些水深数据可以作城河和运河最低水量调度的依据。绍兴城河与浙东运河水源互补。李亨特测得的水深数据也代表城河枯水期的水位，为保障最低水位，提供了城河斗门启闭的依据。而在今天，这些测点成为珍贵的绍兴古城水道，以及桥梁，沿岸祠庙、亭轩等建筑的历史见证。乾隆五十八年（1793），李亨特调离绍兴，"郡人至今谈公德政，不胜屈指"①，三年知府任上，李亨特留下的岂止是治理城河的声名，"李氏水则"在水利工程管理上的技术成就与都江堰宝瓶口的标准台、卧铁的技术成就不相上下。

嘉庆初，李亨特迁云南迤西道，参与平息苗、裸部族动乱，因战功获赐孔雀翎，加按察使衔后迁调江苏按察使。九年（1804），李亨特升任河东河道总督。十一年（1806），河南巡抚马慧裕弹劾李亨特索属吏贿赂不得而迫令告养，因此夺官，发配伊犁。十三年（1808），又将其开释至南河河道衙门候差。次年却以河决荷花塘，咎亨特不善料理河工之罪，发配热河。未几，复释授河道主事。十五年（1810），任户部主事，升直隶永定河道。不久，再复河东河道总督职。次年，李亨特上奏南粮漕船北上至通州后剥运受阻，请在天津南运河杨村驿全数起剥。此议遭到仓场侍郎玉宁、戴均元等反对，嘉庆皇帝斥李亨特妄议。十八年（1813）秋，黄河在睢宁决溢。亨特夺官留工效力。十九年，河道总督吴璥奏微山湖存水仅一二尺，南阳、昭阳、独山诸湖淤成平陆，无水可导。嘉庆帝指责李亨特在官却不能预筹，又以他既夺官，其济宁东河河道衙门仍用总河仪制，以亨特玩误纵恣，发配黑龙江。二十年（1815），李亨特卒于戍所。

---

① 《越中杂识》卷上。

文献辑存

禁造城河水阁令

（清）李亨特

为申明禁令立限拆毁私占官河水阁事。

粤考志乘，内载绍郡城河自南门受水，直进江桥，分流别浍，四达交通，仍流泄于昌安门，山会二县于此分界，商贾辐辏。市民恶其地狭，架水阁于河上，舟行几不见日月。或时倾污秽溅人，往来者苦之，又形家言兹河为郡城血脉，淤塞不通，故阛阓凋瘵，文明晦而科甲衰。康熙五十四年俞前守下令尽撤之，并镌石碑二，一立府仪门，一立江桥张神祠。日后仍有占河架阁等弊，许邻佑总甲报官，按律究治，扶同容隐，一体科罪，以昭永禁等因。

迄今越年已久，市民复蹈前辙，仍架水阁，致使通衢黑暗污秽淋漓，水皆臭恶，泥污壅积。甚有妇女踞坐阁上，或当阁暴晒亵衣秽物，舟行其下恬不知耻。且两岸相接，设遇祝融不戒，延灾尤为大害。更查设有平矮石条、木桥，以图行走自便，不顾下碍舟楫，亦于河道不便，均应拆禁。

兹本府委员查得自张神祠起，至南门止，共计水阁七十四座，石条四座，木桥八座，本应即行拿究，姑先申明禁令，立限拆毁。为此示仰该市居民等知悉，立将所架水阁石条、木桥各自拆毁，限二十日内拆竣，以凭委员查勘。倘敢抗违，除委员带匠押拆外，仍将本人严拿，按强占律治罪，断不稍宽，各宜凛遵毋违。

辑自《绍兴府志》卷十四，李亨特任绍兴知府时制定。

程鹤翥[*]

程鹤翥，字鸣九，生卒年不详，应为明末生人，绍兴人士，康熙年间曾参与三江闸工程大修，著有三江闸第一部工程专书《闸务全书》，为后世研究、保护、维修三江闸工程留下了系统、详尽的资料和历史依据。《三江所志》称程鹤翥"明末弃诸生，高蹈尚志。晚年纂《闸务全书》，用力劳瘁"，评价至伟。程鹤翥对三江闸在康熙时的大修也作出了重要贡献。康熙二十年（1681），时任福建总督兼兵部尚书、太子太保衔的绍兴人姚启圣的弟弟姚启凤，由绍兴老家赴闽看望哥哥，程鹤翥托他带信，说三江闸以五十年一修为宜，今又逢其时，希望姚启圣慷慨解囊支持大修。姚启圣答应得很爽快，说"是余之责也"，独捐数千金支持三江闸大修，并命伊弟代为佐理，程鹤翥参与其事，这为他后来编著《闸务全书》奠定了详细了解工程及其相关制度的基础。《闸务全书》详细记述了前人如何造闸、修闸、管闸、用闸的过程，使后来修闸者"展卷了然，不烦更费心计"，可直接作为章程来查阅参考。时人李元坤评价："程子亦因是书而不朽矣。"

《（嘉庆）山阴县志》里的三江闸图

---

* 作者：李云鹏

程鹤翥不仅留下了一部三江闸工程专书，更想为有功越中水利者讨封。他撰写并向康熙皇帝上了《海滨耆士请封疏》，提出："臣本府绍兴系边海水乡，其初潮汐为患，冲坏田庐，咸水内入，且山阴、会稽、萧山三邑，土田最下，雨淫则万水钟会，陆地成渊；旱久则田禾枯槁，秋收无望，以故旱涝俱疹，民甚苦之。"希望按古祀典的"能御大灾者则祀之，能捍大患者则祀之"原则，认为"嘉靖以来，三邑之水，蓄泄有则，旱涝无灾，汤公绍恩功也，远考则尚有后汉马臻、江神张夏、河神金龙四大王等"，都应"加以尊爵，赠以美谥"。在《闸务全书》中，他对相关人员的功绩都做了记述，也提出了系统的祭祀、安排。

程鹤翥所编著的《闸务全书》分上、下两卷，上卷主要记述建闸实绩，下卷主要收录萧良干和余煌有关修闸、管闸的著述和条文，共约5万字。上卷具体内容包括：序4篇及引文13篇，序文作者分别为姚启圣、鲁元炅、李元坤、罗京，引文包括程鹤翥自撰的《汤神事实录》、佚名作者的《两川间气引》、毛翼《庙堂雅量引》、王文鐩《功全禹迹引》、娄志《修明礼乐引》、胡朝臣《振举纲维引》、胡秀《黉序春风引》、垫敬《闾阎冬日引》、马晋《诚感商霖引》、胡守贞《三代遗才引》、单经《冰蘗清操引》、朱燮元《朱公再叙》、明修《余公永思集记》；图及图说，即"三江塘闸内地及外海口两沙紫"旧图及新图2幅和《塘闸内外新旧图说》1篇；《三江纪略》；《郡守汤公新建塘闸实迹（附录建闸增田）》《总督陶公塘闸碑记（附录郎中张文渊碑记）》；《郡守萧公初修大闸实迹》《修撰张公初修大闸碑记》《萧公大闸事宜条例》；《修撰余公再修大闸实迹》《修撰余公再修大闸碑记》《余公修闸成规条例》；《总督姚公三修大闸实迹》《京兆姜公三修大闸碑记》；《郡守胡公捐田实数》《郡守胡公捐田碑记》；《敬神实迹》《浚江实迹》；《会邑王公建闸碑记》；《续创诸公履历》。下卷主要收录萧良干和余煌有关修闸、管闸的著述和条文，并有程鹤翥本人的总结、考证、评价和论述，以及为于闸有功人士纪念、祭祀请封的文件，具体内容包括：《事宜核实成规管见引》《大闸事宜核实》《修闸成规管见》《核实管见总论》；《观澜亭十贤记》《诸闸附记》；《补略存疑》《辩讹》；《时务要略》《新开江路说》《越郡治水总论》;《郡城汤祠》《开元寺汤祠》《汤祠对联》《汤祠奠章》《郡守李公奠文》《丙寅年祝文》《三邑士民奠章》;《入史襃封说》《宜封十例》《抚藩具由疏引》《南巡请封引》《海滨耆士请封》《县覆府引》(附录绍兴以往有功水利的人物封神情况)《敕封汤神"灵济"原案》《敕封汤神"灵济"徽谥记》《自撰义会祭文》;《自记》。

道光年间,提议并参与再次大修三江闸的平衡(晚号"两渔"),在程鹤翥《闸务全书》基础上进行续编,辑录、总结、评述康熙之后三江闸修护及管理等各重要文件、技术、制度,即为《闸务全书续刻》四卷。清末将二者合刻一书,名《三江闸务全书》。百余年后,邱志荣、赵任飞再续前书,将道光之后至今有关三江闸系列工程的相关材料汇编为《闸务全书三刻》,2018年出版。

《三江闸务全书》书影

文献辑存

《闸务全书》后记

（清）程鹤翥

海水无从入，则不咸；河流无从出，则不涸。上以输国课，下以遂民生，全赖乎此，闸之不可不固也，明矣。今闸罅漏处如攒矛，何洞不然？奚能免于二者之患，岁可望其有仓箱之积乎？赋可望其无追呼之扰乎？则修闸诚斯时之急务也。苟非姚公轸念民瘼，奋起力行，迟之又久，势必至大肆决裂，后即有欲起而修之者，晚矣。乃有人言，以为非急务，何怪乎萧公初修闸时，即有以不急之务议公者。噫，彼夫子所云远虑近忧之说，亦尝闻之否耶？不揣固陋，所叙建修大闸，皆本诸庄敏、阳和、武贞三先生《记》中。确而有据，即传闻或有未确处，亦存之以备参考。迄今修闸，姜公定庵《碑文》可考也。翥又亲历其事，据实言之，度未有丝毫或爽者，若所附《核实》《管见》《时务》《要略》等作，虽考诸往日所载，询诸斯时所言，犹恐未能合宜中理，冀博闻君子，慨然惠教，讹者辨之，谬者正之，庶不负一片苦心也。封大典，累世莫能酬，犹幸康熙四十一年荷蒙圣恩，敕赐"灵济"徽谥，以慰苍生之仰望，全越舆情怍歌载道。夫如是，何患丰功懋德终归湮没，而无彰明较著之日哉？

越郡治水总论

（清）程鹤翥

润万物者惟水，故水居五行之首，利民者不小。然怀襄泽洞者水也，淹没禾稼者水也，覆舟逆命者亦水也，病民者亦甚大。自古唯神禹治水，功在万世，巡狩会稽，徂落于此。迄今海菹汤村，及禹陵，皆立庙祀焉。越地居东南最下，尤多水患，沐禹奠之恩者最深，而禹灵之在郡庙者为独赫。自是而后，东汉郡守马臻筑鉴湖，虽有蓄水溉田之利，后湖占为田，而水溢田淹之害未能除也。至唐武肃王钱镠，浙东观察使司皇甫政、陆亘、孟简，宋工部张夏、刺史赵彦俅、刘良贵，明刺史彭谊、戴琥、游兴，山邑宰李良、张焕等，于各会流处，建闸筑塘，以弥水患。奈此塞彼决，东壅西激，民劳殊甚，而水患犹未尽除。明巴蜀汤公来守郡，目击水灾之困民久矣。嘉靖年间，乃审度地形于三江西北城外，接彩凤山石骨，建应宿大闸，万水归宗，直注大海，由是而三邑之庐舍田庄，皆成锦地。兆民赖之，于今为烈。感公德泽，具呈详请敕封，未能如愿。己巳岁，圣驾南巡，专谒禹庙，煮同金、沈二友猛拟面陈茂绩，奈以天威严重，不果所奏。呜呼！公道久而不彰，人情郁而未遂，褒崇之典，应有日也。煮等其拭目俟之矣。近闸之区，有独巨湖，屡遭覆舟之患，附郭广宁桥张贤臣号思溪者，罄产捐赀六千两，于湖西一带，建塘六里，舟行塘内，以避风涛，全活甚众。且沿湖田圉，亦免水激岸坍，乡人感戴，塑像于湖畔古庙，并立二子牌位。厥后塘有倾圮，子孙即起而修之，以承前志。此虽功在一隅，然以一富民而能捍患御灾，此亦马汤二公所亟引为同心者矣。倘逢盛典，配享二公，传之无穷，岂不可乎？因附之论末，以不没其善云。

自撰义会祭文

（清）程鹤煮

山、会、萧邑，地非高崇。巨源所会，支流亦溹。霖虽夕止，雨即朝终。原隰洋溢，郊野冲瀜。浸彼稷黍，没此菁薹。人多菜色，谁解愠衷？我公莅任，不胜忧冲。旋至江城，计过腾沟。凿山振海，辇石兴工。乃建宿闸，聿成懋功。蓄泄维则，耕获遂农。家沾膏雨，户纳薰风。南阳召父，岘山羊公。追思罔极，颂慕靡穷。斋明表敬，谢启褒封。对越惟虔，庆是奇逢。福由天授，乐与人同。季春谷旦，上寿呼嵩。特荐馨香，跻堂恪恭。爰献酒醴，称兕肃雍。丝纶甫下，传后靡穷。仰瞻巍焕，并配穹窿。延及侪辈，均荷姘懔。介眉有庆，纯嘏咸蒙。

《闸务全书》序四篇

姚启圣序

吏治之道，由来尚矣。求其深切民依，因地制宜，害去而利兴为一方计久远者，治固不易言，吏更不数觏，若吾越刺史笃斋汤公非其人欤？越州盖泽国也，势最洼，潮汐腾啮，倾注内地，为山、会萧三邑巨患。厥初无论矣，即汉唐宋元以迄明兴，田禾强半不登民厉征输，庐舍恒难保其飘没。天不弃越，笃生异人，得公来守是邦，权其利害，存其利在水者，去其害在水者，爰相地脉之高下，源委之会归。去郡治三十里许，按经星建闸，号曰"应宿"。嗣是而捍御有备，旱则闭以蓄之，田足于灌溉；涝则启以泄之，稼不致浸淫。三邑之民，安居乐业，而输将自巫。其视昔之穿渠引洮，后先辉映，深切民依者，功何让哉！余弱冠时，憩游其所，泥首汤祠，窃尸祝焉，恐后无继，则闸久而渐敝，民复危矣。讵意叨公冥庇，事合机缘，承乏闽制，因慨然兴叹，谓凤昔所心期者，今则可以赎吾愿。为梓里计也，捐俸营缮，虽王事鞅掌，未遑躬任厥劳，而解橐之余，亦得弥缝其什一。然微名宿儒生，穷源竟委，勒之简编，后有同志，未由循其渠镬而遵行之。程子鸣九，余女兄倩也，留神经济老而弥笃，广搜博探，酌古准今，汇为一册，名曰《闸务全书》。地形水势，了若指掌，洵后人之金鉴哉！窃念创始者笃斋汤神，绍往者萧、余二前辈，余则踵而新之。我鸣九则又统集成绩，垂诸永久，授诸锓梓，庶几前贤之伟绪，不至湮没不彰焉，而从来吏治之道，亦斑斑可睹矣。是为序。

康熙岁在癸亥嘉月，眷同学弟姚启圣熙止氏顿首漫题

鲁元昹序

士君子尽心利济，使海内人少他不得，则天地亦少他不得。盖世界原自缺陷，人心本自圆满，吾人当以圆满之人心补满缺陷之世界，无论或出，或处，或创，或继，或述，皆可以大公无我之心，存万物一体之念，而经纶参赞，出其中焉。天下大势，西北高而东南下，神禹奠之，凿龙门，辟伊阙，以成决排疏瀹之功；东南大势，荆扬高而吴越最下，东汉会稽郡守马臻、唐武肃王钱缪奠之，筑南北堤，营捍海塘，以兴灌溉渔盐之利；若吾越大势，三江为尾闾，而山、会、萧之水归之，浙江、曹娥、钱清之江又会焉。故三邑频多水患，潦则苦浸，旱则苦涸，田卒污莱、民号饥溺者匪朝伊夕。明时，汤公绍恩嘉靖间自德安来守越，思所以奠之，建应宿大闸二十八洞，筑捍闸塘及要关两涯，以节宣三邑之水，使海潮咸水不能入内河，淡水不易涸，以广丰阜饶沃之土，越民永赖焉。然权其大概，大率五十年水石冲啮，势不得不修，踵公后者，当道则有郡守萧公，荐绅则有修撰余公，俱以明时，后先递襄闸政。迄今皇清，闽督姚公独捐俸数千金，力为修治。又郡守胡公祖莅吾越，下车问民疾苦，知一郡之丰凶，系闸板之启闭，而启闭之缓急，又系筑闸之工食。戊午，朝廷以兵饷亟需裁其半，于是板筑费缺，启闭愆时，绍民岁岁苦饥矣。公癙然悯之，暨山萧两邑，共捐田三十亩，以租米给板镶塘闸银，悉给为工食，垂于永久。若此数公，皆以大公无我心，存万物一体念为社稷苍生福，可称邦家之光矣。然前人创之，后人不能继，即或能继之，而其所以创与继，后人或不能述。当其时，焦心劳思，每深经营惨淡之苦，一有不当，非徒无益，而害即随之，何所视法，以永越民万世之利，而保百年不坏之功，此程君鸣九《闸务全书》之所由昉也。程君为会邑诸生，博学善文，数奇不遇，多究心经济之务，三江其土著也，故能备考闸政之巅末，详晰规制利害，审形势，酌权宜，洞察隐微，尽发秘奥，直言示人，其亦以大公无我心，存万物一体念，后之良二千石、贤有司、泊乡先生，一览了然，丰功伟业，便可立就其功，与创继者等。昔神禹治水八年，使无《禹贡》一篇，则治水之道不详。若汤公与诸公之建修诸务，使无全书一录，则节水之计罔据，岂非皆天地间不可少之人，以补世界之缺陷者哉！昔人有曰："莫为之前，虽美不彰；莫为之后，虽盛不传。"是书也，梓而行之，列之府志，板藏汤祠，仁人之言，其利溥哉！余乐得而读之。是为序。

康熙甲子阳月，鉴水眷同学弟鲁元炅渠园氏拜撰。

李元坤序

余友程子鸣九，少游簧序，日习举子业，登群玉之巅，胸富五车二酉，兼能留心经济，慨然有澄清海宇之志，凡兴革利弊，关切民生者，无不详加考究，务期有济于当世，奈数奇不偶，始工著述，更欲藏之名山，以垂不朽，庶几不得著之于实事者，犹得见之于空言乎？他如诗、古文、词，姑不具论。即如吾越有应宿大闸，为一郡之咽喉，系三邑之利害，创而建之者则郡守笃斋汤公也，踵而修之者则郡守拙斋萧公也。厥后本郡缙绅若武贞余公，近日忧庵姚公，皆出身任事，竭力经营，以绍前绪，可谓懋矣。然未闻有能悉其颠末纪载其事者。若神禹治水，得金简玉字于宛委，是神禹治水之功德传矣，而所以治水之方略不传也，设有能记其事而得其传者，则神禹之功，谅不难于再见。今去汤萧诸公不远，当日建修之事，不能得之于见之者，犹可得之于闻知。使今日无一人纪其事，将事久年淹，后之人几不知创而建之者为谁，踵而修之者为谁，并不知其如何建，如何修，传闻不确，亥豕多讹，往往然也。抑或有父老能言其事，又苦鄙陋不文，举一漏百，遗前失后，何能悉举前贤之事实，而一一表章之乎？程子鸣九，家世三江，躬在闸所，非得之于目见，即得之于耳闻，因而述所见、证所闻，条分缕析，辑成一集，名曰《闸务全书》，不特汤萧诸公之功德赖以不朽，即诸公相度之苦心经营之方略，其于夫匠、工程、物料、价值，一一详于简端，使后有赓修闸之举者，展卷了然，不烦更费心计。则是集也，洵为修闸之章程，较之仅传治水功德而方略不传者，似反过之。其有功于诸公固多，造福于三邑亦非浅。程子之空言，谓程子之实事也。可付之剞劂，与星闸并传不朽。吾友程子亦因是书而不朽矣。是为序。

康熙乙丑嘉平月，眷同学弟李元坤至庵氏拜题于若耶溪之静远堂。

罗京序

於越千岩环郡，北滨大海，古泽国也。方春霖秋涨时，陂谷奔溢，民苦为壑暴泄之；十日不雨，复苦涸；且潮汐横入，厥壤泻卤患此三者，以故岁比不登。先贤于玉山、扁拖等处建诸闸，酾引水势，然未扼其吭，其吞噬震荡犹故也，罔奏厥功。嗟夫，非常之役造物者往往笃生伟人，以仔肩之。那守汤公绍恩，来莅兹土，治行称最，乃以三江地当数邑水冲，控带万壑，度形立闸，上应列星，跨山截海，规制壮阔，屹然成今古巨障，民无旱干水溢之咨，而有黍稷桑麻之喜者，皆出公赐，公之明德远矣哉！迨后二千石萧公良干踵公遗绪，增葺之，遂益巩固。又前贤余公煌，迄今姚公启圣，相继缮完，所费无虑千百计。大约越五十载，一为饬治云。盖闸势陡险，水土木石日夜相射激，浸假蚁穴，浸假鲸波，其驯致然耳。嗟夫，世有作者，后必待继者，继者不乏人，则作与继均可不朽。古来为德为民，凡事莫不然，况斯闸之关於越重且巨乎？余故日望后之贤大夫、荐绅先生，晓畅利病，尽如前数公者之尽心民事也。程子鸣九，三江布衣耳，伏处户庭，殷忧饥溺，衷述应宿规制，次第成书。余读之叹曰：

"嗟夫，世之都通显，跻华膴，扬历中外者众矣，所为捍灾御害，殁可社祭者何鲜也。若乃文人掞藻，学士著书，居然自命大雅，即邦之人相与宗师之，咸奉其文词为珍璧，然卒皆空言，何裨实用？若程子者，可以风矣。是书精捷啬石菑之用，密罅漏啮决之防经纬变通，条贯眉列，其识远，其思深，其言约而能该，俾后之贤大夫、荐绅先生考镜端委，以永厥功，庶无苟且因仍之弊也云尔。嗟夫程子之风，洵山高水长矣。

康熙丁卯仲春花朝，眷同学弟罗京周师氏拜手撰。

鲁迅[*]

鲁迅（1881—1936），浙江绍兴人，名周树人。1918 年周树人以"鲁迅"为笔名发表《狂人日记》，此后以"鲁迅"之名行于文坛。鲁迅是中国现代文学的奠基人之一，是现代著名的文学史家、文学家和思想家。鲁迅一生在文学创作、文学批评、思想研究、文学史研究、翻译、美术理论引进、基础科学介绍和古籍校勘与研究等多个领域卓有贡献，尤其是他的小说、杂文对五四运动以后的中国社会思想文化有深远影响，蜚声世界文坛，被誉为"二十世纪东亚文化地图上占最大领土的作家"。

鲁迅

清光绪七年（1881）农历八月初三，鲁迅出生于浙江绍兴城东昌坊口殷实的官僚世家。光绪十八年（1892），时年 11 岁的鲁迅在本城寿镜吾的"三味书屋"私塾就读。次年，祖父周福清因科举案被革职下狱，鲁迅兄弟在离城三十多里的皇甫庄舅父家避难，绍兴乡间成了少年鲁迅又一处家园。周福清被判"斩监候"入狱 8 年，周家耗尽家产使之得以活命，家道也因此衰落。鲁迅在早期《呐喊》《彷徨》的两部小说集，以及散文集《病故》中写下了反映家庭变故的内容。光绪二十四年（1898）鲁迅考入南京江南水师学堂。次年，进入江南水师学堂路矿学堂学习土木工程，光绪二十七年（1901）毕业。

光绪二十八年（1902），鲁迅由江南督练公所选送赴日本留学。鲁迅到日本后的最初两年就读东京弘文学院学习，后进入仙台医学专门学校学医，学医后退学。他在《藤野先生》一文中写到了退学的原因，称自己是

---

* 作者：王丽娟

在一部日俄战争纪录电影片里，看到中国人因为给俄国人做侦探而被日本军人逮捕，在枪毙现场，因围观的中国人麻木不仁而深受刺激，立志"救国救民需先救思想"，于是弃医从文。

宣统元年（1909），鲁迅从日本归国，先后在浙江两级师范学堂、绍兴中学堂、绍兴师范学校任职。1911年鲁迅发表了第一篇用文言文写作的小说《怀旧》。1912年，受蔡元培之邀，赴天津就任民国政府教育部工作，后政府迁往北京。鲁迅在北京历任教育部社会教育司第1科科长、教育部佥事。1918年，首次以"鲁迅"为笔名，在《新青年》杂志上发表中国现代文学史上第一篇白话文短篇小说《狂人日记》。1921年发表著名的中篇小说《阿Q正传》。1924年，鲁迅与周作人、钱玄同、林语堂等创办现代文学期刊《语丝》。

1926年8月，鲁迅因支持北京学生运动，抗议"三一八"惨案，被北洋政府通缉，于是南下，先后在厦门大学、中山大学任教。1927年10月，鲁迅辞去中山大学教职到达上海，此后在上海居住十年之久。1927年到1936年间，鲁迅创作了大量小说、散文、杂文、文学史研究论著，翻译了俄国、日本文学作品。1936年10月19日鲁迅在上海病逝，享年55岁。

鲁迅堪称现代中国的民族魂，他的文学深刻地影响了现代中国。鲁迅以独特的个人风格为世界奉献了"现今想要参与世界上的事业的中国人"的文学。他跻身同时期世界杰出的思想家和文学家之列，在关注中华民族未来的同时，也在关注人类共同面临的问题，为中国和世界文化作出了伟大的贡献。

鲁迅小说的地域空间

地域空间是孕育文学的原乡。绍兴是为越会稽地，河网交织，湖塘遍布，物饶埠丰，人杰地灵。浙东运河横贯萧绍平原，在这块土地上所有的河道都与运河勾连，人们的生活生产与水路息息相关。运河水道成就了文学家鲁迅最重要的文学空间。

鲁迅在世55年，有近20年的时间在故乡绍兴度过。除去童年、少年时期，鲁迅在青年求学和成年工作离开故土后，仍多次回绍兴，他因此广泛且深入地接触到这里的风土人情，沁润到鲁迅文学作品中。鲁迅大部分小说以绍兴为背景，小说里有19世纪末至20世纪初绍兴丰富的人文场景，通过地域的人间风貌具象描写，呈现出变革时期中国的社会现实。

在鲁迅的笔下，浙东运河充满了生命的色彩，水在流动，历史是鲜活的。《阿Q正传》这样描写绍兴的水与船："有一只大乌篷船到了赵府上的河埠头。"绍兴的交通主要是水路，鲁迅记绍兴的船有"白篷""乌篷"之分。白篷船小，又称划船，是农家自用船。大的称埠船、航船，是乡间公共交通的船。地主、商户用乌篷船，较小的为"坐船"，手划脚桨，又名"脚划船"；大乌篷船主要用于远距离的货船或客船。乌篷船航行起来快捷稳当，但是制作成本高，绍兴婚嫁、丧葬，或游玩多用乌篷船。"埠头"，即市镇街衢泊船起货之码头，官户、大户的宅门前有专用的石级埠头。[①]《阿Q正传》里生动地写出了不同阶层，于水路所拥有的不同程度的私权，呈现出改朝换代的前夜社会，以及运河的历史细节。

1920年9月，鲁迅在《新青年》第八卷第一号发表了小说《风波》。这是第一篇以绍兴的地理空间为背景的小说。后来的小说集《呐喊》《彷徨》，散文集《朝花夕拾》中的作品都是在稽山镜水的背景下铺陈开来的，如鲁镇、未庄、赵庄、平桥村都是小说人物生活的水路通达的地方，少年鲁迅常常乘船往返其间。鲁迅童年常随母亲到安桥头外婆家消夏，与小伙伴到赵庄看戏，到东关去看五猖会，到郊外去扫墓，到皇甫庄、小皋埠寄居探亲，等等，[②]鲁迅曾经的生活，给予了小说人物鲜明的性格和不同的人生经历，社会形态便是通过这些小人物的不同侧面被解析、被批判的。

---

① 金纪贤：《鲁迅小说与绍兴背景》，《宁波师专学报（社会科学版）》1979年第2期。
② 何信恩：《鲁迅与大运河》，绍兴市鉴湖研究会（微信公众号），2022年10月18日。

鲁迅外婆家——安桥头（绍兴市鉴湖研究会提供）

　　鲁迅小说中的地域空间，赋予了"人"的精神世界，诸多鲁迅文学研究者，从不同的视角研究、阐释，成果多多。于浙东运河而言，尤其珍贵的是通过其中的人和事，将运河水系发散开来，延伸至水道的末端，展现出史料中不会记载，或少有记载的细节，还原了运河干道以下，穿行于乡村、城镇水道的面貌。这些水道的工程设施，不同类型和功能的船，与运河的人与社会的交织，才是水的历史最珍贵的底色。

浙东运河绍兴段（戴秀丽摄）

文献辑存

鲁迅小说中的故乡与运河

《社戏》（1922）节选

外祖母和母亲也相信，便不再驳回，都微笑了。我们立刻一哄的出了门。

我的很重的心忽而轻松了，身体也似乎舒展到说不出的大。一出门，便望见月下的平桥内泊着一只白篷的航船，大家跳下船，双喜拔前篙，阿发拔后篙，年幼的都陪我坐在舱中，较大的．聚在船尾。母亲送出来吩咐"要小心"的时候，我们已经点开船，在桥石上一磕，退后几尺，即又上前出了桥。于是架起两支橹，一支两人，一里一换，有说笑的，有嚷的，夹着潺潺的船头激水的声音，在左右都是碧绿的豆麦田地的河流中，飞一般径向赵庄前进了。

两岸的豆麦和河底的水草所发散出来的清香，夹杂在水气中扑面的吹来；月色便朦胧在这水气里。淡黑的起伏的连山，仿佛是踊跃的铁的兽脊似的，都远远的向船尾跑去了，但我却还以为船慢。他们换了四回手，渐望见依稀的赵庄，而且似乎听到歌吹了，还有几点火，料想便是戏台，但或者也许是渔火。

那声音大概是横笛，宛转，悠扬，使我的心也沉静，然而又自失起来，觉得要和他弥散在含着豆麦蕴藻之香的夜气里。

那火接近了，果然是渔火；我才记得先前望见的也不是赵庄。那是正对船头的一丛松柏林，我去年也曾经去游玩过，还看见破的石马倒在地下，一个石羊蹲在草里呢。过了那林，船便弯进了汊港，于是赵庄便真在眼前了。

最惹眼的是屹立在庄外临河的空地上的一座戏台，模糊在远处的月夜中，和空间几乎分不出界限，我疑心画上见过的仙境，就在这里出现了。这时船走得更快，不多时，在台上显出人物来，红红绿绿的动，近台的河里一望乌黑的是看戏的人家的船篷。

注：文中描写了少年鲁迅和小伙伴们划着一只白篷的航船去赵庄看社戏的场景，路途中但见"河流两岸豆麦和河底的水草所发散出来的清香"，"淡黑的起伏的连山"，还原了20世纪浙东运河的景象。

《风波》（1920）节选

临河的土场上，太阳渐渐的收了他通黄的光线了。场边靠河的乌桕树叶，干巴巴的才喘过气来，几个花脚蚊子在下面哼着飞舞。面河的农家的烟突里，逐渐减少了炊烟，女人孩子们都在自己门口的土场上泼些水，放下小桌子和矮凳；人知道，这已经是晚饭的时候了。

老人男人坐在矮凳上，摇着大芭蕉扇闲谈，孩子飞也似的跑，或者蹲在乌桕树下赌玩石子。女人端出乌黑的蒸干菜和松花黄的米饭，热蓬蓬冒烟。河里驶过文人的酒船，文豪见了，大发诗兴，说，"无思无虑，这真是田家乐呵！"

但文豪的话有些不合事实，就因为他们没有听到九斤老太的话。这时候，九斤老太正在大怒，拿破芭蕉扇敲着凳脚说：

"我活到七十九岁了，活够了，不愿意眼见这些败家相，——还是死的好。立刻就要吃饭了，还吃炒豆子，吃穷了一家子！"

伊的曾孙女儿六斤捏着一把豆，正从对面跑来，见这情形，便直奔河边，藏在乌桕树后，伸出双丫角的小头，大声说，"这老不死的！"

九斤老太虽然高寿，耳朵却还不很聋，但也没有听到孩子的话，仍旧自己说，"这真是一代不如一代！"

这村庄的习惯有点特别，女人生下孩子，多喜欢用秤称了轻重，便用斤数当作小名。九斤老太自从庆祝了五十大寿以后，便渐渐的变了不平家，常说伊年青的时候，天气没有现在这般热，豆子也没有现在这般硬；总之现在的时世是不对了。何况六斤比伊的曾祖，少了三斤，比伊父亲七斤，又少了一斤，这真是一条颠扑不破的实例。所以伊又用劲说，"这真是一代不如一代！"

伊的儿媳七斤嫂子正捧着饭篮走到桌边，便将饭篮在桌上一摔，愤愤的说，"你老人家又这么说了。六斤生下来的时候，不是六斤五两么？你家的秤又是私秤，加重称，十八两秤；用了准十六，我们的六斤该有七斤多哩。我想便是太公和公公，也不见得正是九斤八斤十足，用的秤也许是十四两……"

"一代不如一代！"

七斤嫂还没有答话，忽然看见七斤从小巷口转出，便移了方向，对他嚷道，"你这死尸怎这时候才回来，死到那里去了！不管人家等着你开饭！"

七斤虽然住在农村，却早有些飞黄腾达的意思。从他的祖父到他，三代不捏锄头柄了；他也照例的帮人撑着航船，每日一回，早晨从鲁镇进城，傍晚又回到鲁镇，因此很知道些时事：例如什么地方，雷公劈死了蜈蚣精；什么地方，闺女生了一个夜义之类。他在村人里面，的确已经是一名出场人物了。但夏天吃饭不点灯，却还守着农家习惯，所以回家太迟，是该骂的。

七斤一手捏着象牙嘴白铜斗六尺多长的湘妃竹烟管，低着头，慢慢地走来，坐在矮凳上。六斤也趁势溜出，坐在他身边，叫他爹爹。七斤没有应。

"一代不如一代！"九斤老太说。

七斤慢慢地抬起头来，叹一口气说，"皇帝坐了龙庭了。"

七斤嫂呆了一刻，忽而恍然大悟的道，"这可好了，这不是又要皇恩大赦了么！"

七斤又叹一口气，说，"我没有辫子。"

"皇帝要辫子么？"

"皇帝要辫子。"

"你怎么知道呢？"七斤嫂有些着急，赶忙的问。

"咸亨酒店里的人，都说要的。"

七斤嫂这时从直觉上觉得事情似乎有些不妙了，因为咸亨酒店是消息灵通的所在。伊一转眼瞥见七斤的光头，便忍不住动怒，怪他恨他怨他；忽然又绝望起来，装好一碗饭，撺在七斤的面前道，"还是赶快吃你的饭罢！哭丧着脸，就会长出辫子来么？"

太阳收尽了他最末的光线了，水面暗暗地回复过凉气来；土场上一片碗筷声响，人人的脊梁上又都吐出汗粒。七斤嫂吃完三碗饭，偶然抬起头，心坎里便禁不住突突地发跳。伊透过乌桕叶，看见又矮又胖的赵七爷正从独木桥上走来，而且穿着宝蓝色竹布的长衫。

注：文中"靠河""独木桥""水面"等语句表明了该故事是在河流场域中展开，鲁迅为小说的故事设置了一个平和温馨的乡村土场背景，却在这独特的乡村社会舞台上上演了一幕人生的闹剧，激起了一场不小的辫子风波，从而揭示了乡民的愚昧和麻木。

《故乡》(1921)节选

这来的便是闰土。虽然我一见便知道是闰土，但又不是我这记忆上的闰土了。他身材增加了一倍；先前的紫色的圆脸，已经变作灰黄，而且加上了很深的皱纹；眼睛也像他父亲一样，周围都肿得通红，这我知道，在海边种地的人，终日吹着海风，大抵是这样的。他头上是一顶破毡帽，身上只一件极薄的棉衣，浑身瑟索着；手里提着一个纸包和一支长烟管，那手也不是我所记得的红活圆实的手，却又粗又笨而且开裂，像是松树皮了。

我这时很兴奋，但不知道怎么说才好，只是说：

"阿！闰土哥，——你来了？……"

我接着便有许多话，想要连珠一般涌出：角鸡，跳鱼儿，贝壳，猹，……但又总觉得被什么挡着似的，单在脑里面回旋，吐不出口外去。

他站住了，脸上现出欢喜和凄凉的神情；动着嘴唇，却没有作声。他的态度终于恭敬起来了，分明的叫道：

"老爷！……"

我似乎打了一个寒噤；我就知道，我们之间已经隔了一层可悲的厚障壁了。我也说不出话。

他回过头去说，"水生，给老爷磕头。"便拖出躲在背后的孩子来，这正是一个廿年前的闰土，只是黄瘦些，颈子上没有银圈罢了。"这是第五个孩子，没有见过世面，躲躲闪闪……"

母亲和宏儿下楼来了，他们大约也听到了声音。

"老太太。信是早收到了。我实在喜欢的不得了，知道老爷回来……"闰土说。

"阿，你怎的这样客气起来。你们先前不是哥弟称呼么？还是照旧：迅哥儿。"母亲高兴的说。

"阿呀，老太太真是……这成什么规矩。那时是孩子，不懂事……"闰土说着，又叫水生上来打拱，那孩子却害羞，紧紧的只贴在他背后。

"他就是水生？第五个？都是生人，怕生也难怪的；还是宏儿和他去走走。"母亲说。

宏儿听得这话，便来招水生，水生却松松爽爽同他一路出去了。母亲叫闰土坐，他迟疑了一回，终于就了坐，将长烟管靠在桌旁，递过纸包来，说：

"冬天没有什么东西了。这一点干青豆倒是自家晒在那里的，请老爷……"

我问问他的景况。他只是摇头。

"非常难。第六个孩子也会帮忙了，却总是吃不够……又不太平……什么地方都要钱，没有规定……收成又坏。种出东西来，挑去卖，总要捐几回钱，折了本；不去卖，又只能烂掉……"

他只是摇头；脸上虽然刻着许多皱纹，却全然不动，仿佛石像一般。他大约只是觉得苦，却又形容不出，沉默了片时，便拿起烟管来默默的吸烟了。

母亲问他，知道他的家里事务忙，明天便得回去；又没有吃过午饭，便叫他自己到厨下炒饭吃去。

他出去了；母亲和我都叹息他的景况：多子，饥荒，苛税，兵，匪，官，绅，都苦得他像一个木偶人了。母亲对我说，凡是不必搬走的东西，尽可以送他，可以听他自己去拣择。

下午，他拣好了几件东西：两条长桌，四个椅子，一副香炉和烛台，一杆抬秤。他又要所有的草灰（我们这里煮饭是烧稻草的，那灰，可以做沙地的肥料），待我们启程的时候，他用船来载去。

夜间，我们又谈些闲天，都是无关紧要的话；第二天早晨，他就领了水生回去了。

又过了九日，是我们启程的日期。闰土早晨便到了，水生没有同来，却只带着一个五岁的女儿管船只。我们终日很忙碌，再没有谈天的工夫。来客也不少，有送行的，有拿东西的，有送行兼拿东西的。待到傍晚我们上船的时候，这老屋里的所有破旧大小粗细东西，已经一扫而空了。

我们的船向前走，两岸的青山在黄昏中，都装成了深黛颜色，连着退向船后梢去。

宏儿和我靠着船窗，同看外面模糊的风景，他忽然问道：

"大伯！我们什么时候回来？"

"回来？你怎么还没有走就想回来了。"

"可是，水生约我到他家玩去咧……"他睁着大的黑眼睛，痴痴的想。

我和母亲也都有些惘然，于是又提起闰土来。母亲说，那豆腐西施的杨二嫂，自从我家收拾行李以来，本是每日必到的，前天伊在灰堆里，掏出十多个碗碟来，议论之后，便定说是闰土埋着的，他可以在运灰的时候，一齐搬回家里去；杨二嫂发现了这件事，自己很以为功，便拿了那狗气杀（这是我们这里养鸡的器具，木盘上面有着栅栏，内盛食料，鸡可以伸进颈子去啄，狗却不能，只能看着气死），飞也似的跑了，亏伊装着这么高底的小脚，竟跑得这样快。

老屋离我愈远了；故乡的山水也都渐渐远离了我，但我却并不感到怎样的留恋。我只觉得我四面有看不见的高墙，将我隔成孤身，使我非常气闷；那西瓜地上的银项圈的小英雄的影像，我本来十分清楚，现在却忽地模糊了，又使我非常的悲哀。

母亲和宏儿都睡着了。

我躺着，听船底潺潺的水声，知道我在走我的路。我想：我竟与闰土隔绝到这地步了，但我们的后辈还是一气，宏儿不是正在想念水生么。我希望他们不再像我，又大家隔膜起来……然而我又不愿意他们因为要一气，都如我的辛苦展转而生活，也不愿意他们都如闰土的辛苦麻木而生活，也不愿意都如别人的辛苦恣睢而生活。他们应该有新的生活，为我们所未经生活过的。

我想到希望，忽然害怕起来了。闰土要香炉和烛台的时候，我还暗地里笑他，以为他总是崇拜偶像，什么时候都不忘却。现在我所谓希望，不也是我自己手制的偶像么？只是他的愿望切近，我的愿望茫远罢了。

我在朦胧中，眼前展开一片海边碧绿的沙地来，上面深蓝的天空中挂着一轮金黄的圆月。我想：希望是本无所谓有，无所谓无的。这正如地上的路；其实地上本没有路，走的人多了，也便成了路。

注：文中描写坐在船上看到的"深黛颜色的青山"，听到的船底潺潺的水声，美好的运河景象与作者对当时社会的封建礼教关系的厌恶态度形成鲜明对比。

邵力子[*]

邵力子（1882—1967），初名景奎，字仲辉，进校时改名闻泰，任《民立报》编辑时笔名力子，浙江会稽（今绍兴市）人。国共两党的元老。历任国民党中央政治委员会常务委员、国民革命军总司令部秘书长、陕西省政府主席、中华人民共和国政务院委员、全国人大常委会委员、政协全国常委等。他一生为国共合作、国家和平事业辛劳奔波，鞠躬尽瘁，被称为"和平老人"。

邵力子

邵力子于1882年1月26日出生于浙江会稽陶墟乡邵家楼，其父邵霖，科举出身，曾任江苏吴江县县丞。邵力子出生后，长期由叔父邵莲坡抚养。幼年的邵力子就学于私塾，因聪颖曾被乡亲们称为"神童"，加之邵莲坡是廪生，又对侄子非常疼爱，亲自教邵力子读书识字，学习上对其要求严格。邵力子17岁进入上海求志学堂学习，18岁考入广方言馆学习法文，不久又考入苏州中西学堂学习；20岁时参加乡试，以一篇《振兴实业论》的策论，被取为举人。中举后，为陕西候补知县，得"文魁"匾，同年在邵家溇四德庵创办强明小学，次年在吴兴南浔镇执教。

其时清政府在甲午战争中惨败，孙中山创立兴中会，康有为、梁启超鼓吹维新。受当时新文化思潮影响，邵力子来到上海，考入南洋公学，并进入为培养高级人才、"以待成才之彦士有志西学"的"特班"。当时负责特班教学的正是他的同乡蔡元培。蔡元培不但知识渊博，而且思想进步。邵力子在这里得以看到很多进步书籍，学习到了很多新思想。后来南洋公学发生"墨水瓶事件"，继而引发了学生抗议学校专制的学潮，邵力子决定离开南洋公学。清光绪三十一年（1905），他求学于上海震旦公学、复旦公学，结识于右任。次年随于右任赴日本考察新闻，回上海后协助于右

---

* 作者：郭姝姝

任等创办《神州日报》，进行反清宣传。同年再赴日本，在东京会见孙中山，次年加入中国同盟会。宣统二年（1910）初，去陕西高等学校执教，因宣传新思想被当局驱逐出境。

1910年，邵力子与于右任在上海创办《民立报》，同时在复旦公学兼任国文教员，从《后汉书》"游子天所弃，力子天所富"中取"力子"为名。1913年加入中华革命党。1916年加入中国国民党，与叶楚伧在上海创办《民国日报》并任主编。1919年在《民国日报》特辟《觉悟》副刊，积极宣传新思想、新文化，支持五四运动，在当时的新闻界享有很高的声誉。次年与陈独秀等人在上海发起建立马克思主义研究会，8月参加上海组织，成为中国共产党最早的党员之一（经组织同意，不参加开会）。1922年与于右任创办上海大学并任副校长，次年代理校长。1924年当选为国民党第一届中央候补执行委员。次年因参加领导"五卅运动"，被护军使下令通缉，离上海去广州。先后任黄埔军校秘书长，政治部副主任、主任。

1926年被选为国民党中央监察委员，任国民革命军总司令部秘书长。8月经陈独秀、瞿秋白同意脱离中国共产党组织关系。11月以国民党代表身份出席共产国际执委会第七次扩大会议，受到斯大林接见。会后入莫斯科东方大学学习，1927年回国。次年出任国民党中央政治会议委员，陆海空军总司令部秘书长。1931年九一八事变后辞职，主张停止内战，一致抗日，任中国公学和复旦实验学校校长。次年任甘肃省政府主席。同年发起创办绍兴中学（次年改名稽山中学）并任校董会董事长。1933—1936年改任陕西省政府主席，任职期间，紧抓赈灾救济、大兴水利、开荒造林、兴办教育事业等。他与杨虎城对关中的渭、泾、沣河进行实地考察，请著名水利专家李仪祉主持其事，后来建成的渭惠、泾惠、沣惠诸渠，至今仍发挥作用。西安事变中，参加与中共的谈判，努力促成事变和平解决。1937年出任国民党中央宣传部部长。7月与蒋介石、张冲组成国民党代表团，同周恩来等组成的中共代表团在庐山会谈。任国民党宣传部部长期间，支持中共在南京创办《新华日报》，批准出版《鲁迅全集》，准予《毛泽东传》在《文摘》发表。1940年任驻苏联大使，主张维护国共合作，巩固中苏友好关系。1943 年春在重庆出任国民党参政会、宪法促进委员会秘书长。1945 年作为国民党代表参加国共和平会谈，对促成签订《双十协定》起了积极作用。1949 年 4 月，参加以张治中为首的南京政府和谈代表团，在北平与中共和谈。和谈失败后，宣布脱离国民党。6 月参加中国人民政治协商会议，9 月被选为全国政协委员，任政务院政务委员。

中华人民共和国成立后，邵力子任世界和平理事会理事、政协全国委员会常委、中苏友好协会副会长、中央社会主义学院副院长、民革和平解放台湾工作委员会第一副主任等职。1951 年受毛泽东主席委托治淮，以"中央治淮视察团"团长的身份，率领各民主党派及中央有关各部负责人共 32 人，分赴皖北、河南、苏北 3 省工地和南京、上海、海宁等地视察。1954—1967 年，连任全国人大常委会委员、全国政协常委和民革中央常委等职。在第一届全国人大一次会议上，从社会主义计划经济的观点出发，提出要有计划地控制人口的增长。1956 年，中国国民党革命委员会成立"和平解放台湾委员会"，张治中任主任委员、邵力子任第一副主任委员。邵力子利用同国民党的历史关系，经常通过广播、通讯、发表讲话等方式对台湾军政人员进行争取工作，对台湾回归祖国，完成国家统一事业做了不懈的努力。

1967 年 12 月 25 日，邵力子在北京逝世。

情系民生，梦系统一

1949 年中华人民共和国成立的时候，邵力子已经是快 70 岁的老人了。战争虽然结束了，但新的国家百废待兴。邵力子的内心充满了热情，他要为新的国家贡献自己的余热。他出席了首届人民政协会议，参与了多项开国工作。中央人民政府成立后，他任政务院政务委员，并历任多届全国政协常务委员、多届全国人大代表和常务委员，同时在全国文学艺术界联合会、华侨事务委员会、中国人民外交学会、中苏友好协会、世界和平理事会等担任各种重要职务。在国内，他为国家各方面建设亲力亲为、鞠躬尽瘁；在国际上，他代表国家出席国际重要会议，为争取中国在国际上的地位发声，为世界和平贡献一己之力。

他身兼数职，不辞辛劳，全身心地投入到新国家的各种建设中去。国旗、人民英雄纪念碑的设计讨论中有他的独到见解，宪法草案的讨论中有他的真知灼见……无论作为身居要职的大人物，还是日常生活中的一名普通百姓，他都身体力行地做着他想做的事。1950年，朝鲜战争爆发。邵力子结合当时抗美援朝实际撰写并发表了《抗日战争胜利日六周年中国人民应有的认识和努力》一文，指出："全国人民应认识到现在必须加强抗美援朝的重要意义。日本侵略我国是从朝鲜入手的，美帝国主义现正以日本做它的侵略基地。美国武装日本的阴谋如果实现，必然要利用朝鲜来侵略我国，目前美帝国主义在朝鲜的侵略行为已经说明了这一点。"11月5日，民革中央召开有一百余人参加的反对美帝国主义侵略朝鲜座谈会。会上，邵力子作了《分析美帝侵朝战争和我们援朝的意义》的中心发言，他说："美帝国主义侵略朝鲜的战争目前已严重地威胁到我们祖国的领土安全，所以，从任何角度看，我们都不能坐视美帝国主义对朝鲜的疯狂侵略而置之不理！"一向生活俭朴的邵力子，将省吃俭用积攒的钱都慷慨地捐献出来用于支援国家购买飞机、大炮。他还积极动员身边的亲朋好友送年轻的子弟去参军，鼓励年纪大的积极参加生产、厉行节约、支援前线。就连别人寄给他的信，他都要把信封留下来，翻个面糊好了留着以后寄信用。

邵力子敢任敢言，关心百姓疾苦，时刻把人民记在心里。1951年，邵力子担任中央治淮视察团团长，率各民主党派及中央有关部门负责同志分赴皖北、河南、苏北三省工地和南京、上海、海宁等地视察淮河治理的情况。他在视察中发现泗县、灵璧的民工生活非常艰苦。民工领了工粮以后先去把细粮换成粗粮，这样能多得几斤粮食，但还是不够，再掺上野菜，做成饼子充饥。还因为没钱买盐，影响了劳动和健康。区县限于经费不足，也无力补救。而这些民工还需要缴纳农税，还清贷款等，但他们根本无力支付。邵力子向中央申请特许宿县、阜阳两个重灾区的民工可分期还清贷款或者政府对其农税予以减免。由于他勤于体察民情，为民工排忧解难，深得民工的敬仰。

邵力子一直为祖国的和平事业尽心尽力。虽然大陆已经解放了，但是国家尚未统一，远在台湾的那些曾经一起奋斗的昔日国民党元老、同事、朋友，无一日不令他牵挂。他对夫人说："我奔波了大半辈子，还不是为了国安民康，至今海峡两岸父老兄弟姐妹还不能欢聚共享天伦，真让人心不安。"1949年经邵力子牵线，孙越崎回到大陆。同年年底，邵力子获悉国民党驻法大使馆及驻巴黎总领事馆全体工作人员联名通电起义。他写信给大使馆公使凌其翰，对其义举表示高度赞赏，认为其义举给在巴黎起义的外交人员以莫大的安慰和鼓舞。新中国成立后，翁文灏想从香港回内地，但自感有罪，不敢回来。孙越崎告诉翁文灏，有邵力子在北京，可请其帮忙。经过邵力子联系，1950年12月翁文灏回到祖国，一家祖孙四代得以团圆。

邵力子还积极地撰写文章、发表谈话，通过广播、国内外报刊等方式，向远在台湾和海外的老朋友、老同事、老部下们进行宣传和争取，特别是在春节、中秋这样的传统佳节之际，以及孙中山诞辰、逝世纪念日等具有特殊意义的日子里。孙中山90周年诞辰的时候，邵力子担任纪念筹备委员会副主任兼秘书长。他在中央人民广播电台发表了《在中山先生爱国精神感召下重新团结起来》的广播演说，他充满激情地号召台湾国民党员归来参加孙中山先生90周年诞辰纪念活动，"你们勾留海外，岁月稽迟，当此秋高气爽，是谁都要怀念祖国家友、故乡田园的。""归来吧，及时归来参加盛典，一叙契阔吧！"纪念活动还包括出版了《孙中山选集》、发行了孙中山纪念邮票、制作了特别金质纪念像章等，表达了邵力子对孙中山先生的无限怀念与敬仰之情。

就在去世的前一天，邵力子还对拜访他的张丰胄表达了他对台湾问题的关注和对祖国统一的期盼。他讲道，台湾自古是中国神圣领土的一部分，实现包括台湾在内的祖国统一事业是人心所向，盼望国共两党重新合作建国、兴国。

胡步川[*]

胡步川（1893—1981），字竹铭，浙江省临海市人，近代水利家。1920 年毕业于南京河海工程专门学校（今河海大学）。1921 年胡步川随李仪祉先生参与陕西现代农田水利工程建设，是渭河、泾河、汉江工程水文测量的开创者。1927 年关中工程设计初备，遭遇军阀混战，被迫停工，胡步川先后任职西北大学、华北水利委员会。1929 年至 1933 年胡步川主持建设了浙江温岭金清闸、黄岩西江闸拒咸蓄淡

胡步川

工程，这是中国工程师设计的最早的现代水利工程。1935 年，胡步川应李仪祉之召再入陕西，参与渭惠渠、洛惠渠建设。1938 年胡步川出任渭惠渠工程管理局长，创立并实施灌区水权制度。1950 年胡步川任西北军政委员会水利部主任，1951 年至 1955 年任西北水工试验所所长。1956 年至 1960 年任水利水电科学研究院水利史所所长。胡步川先生自 1950 年至 1969 年从事水利史研究 13 年，这期间承担了故宫水利档案采集、整编的组织、总纲制订和实施，以及《李仪祉年谱》编纂和《李仪祉遗著》整编等。《李仪祉遗著》的文稿曾于 1966 年由水利出版社付印，适逢"文革"，书未能出版而累及作者。1969 年至 1972 年胡步川被下放青海大通县。1974 年退休后返回故乡临海石鼓村。石鼓村濒始丰、永安两溪，汛期洪水将农田裹挟而去。他沿溪流设计 7 处挑水坝，然后前后奔走直到建成。他在居所焦山选择了自己的墓地，自拟墓志："生小居东海，天仙二水环。立身期禹稷，励志克艰辛。放浪形骸处，追逐台荡间。著书留爪印，埋骨傍焦山。"

---

* 作者：谭徐明

胡步川一生经历了第一代中国现代水利工程的规划、勘测设计、科研和教育，他学养深厚，著述颇丰，擅书法，以隶书、楷书见长。主要学术专著有《李仪祉年谱》、《雕虫集》（上、下集）、《行水金鉴校注》、《钢筋混凝土学》等。有《西北农田水利行》《查勘黄河并设置沿河流量测站报告书》《灌溉工程和管理》《纪念仪师：从振兴陕西水利说到改善农作》《仪师事迹》《渭惠渠第二期工程纪略》《陕西泾渭梅黑水利史实》《引泾工程浅说》《陕甘宁老根据地的水利建设》等文章存世。此外，胡步川还有186册日记，1000余幅水利工程照片保存至今。2020年，河海大学出版社出版了《李仪祉年谱》《新中国成立之初西北水利工程影像集》，尤其是《李仪祉年谱》为近代史留存了宝贵的史料。2012年，浙江临海市将他的故居辟为胡步川纪念馆，以他的名字命名"步川路"。

文献辑存

春游山阴道（四首）

胡步川

春晴挟侣驾青骢，渡过钱塘折向东。近山远水皆画意，山阴道上乘长风。

西湖辜负好春光，花落花开底事忙。此日车行还有意，满郊麦绿菜花黄。

越人荡桨手兼足，越水汪洋岸渺漫。最是河心筑纤路，石梁十里幻奇观。

日日杭州工事忙，清明未得返家乡。徒观新坟添新土，游子心惊一感伤。

作者自注："西江、金清二闸设计完成，至杭州请（浙江省水利局）总工程师白郎都核定。而白每日觅小问题为难，久不签字。及予请白以计划大意，则为一船闸之一端的单闸门。予批评不可，乃签字。已费时极久矣。"

1930 年的春天，黄岩县西江闸、温岭金清闸两处拒咸蓄淡工程的总设计师胡步川为设计方案的技术审查，自温岭至杭州公干，久搁不决的设计方案此行获批。胡先生心情大好，返程过钱塘，取道浙东运河，水路由萧山至绍兴，然后转陆路回温岭。此行胡先生写下了《春游山阴道（四首）》，以志其事。20 世纪 30 年代的浙江沿海各地已有公路、铁路、海路与宁波、杭州、上海相通，浙东运河失去了骨干水路的地位。彼时运河上仍有客船，但多是被称为"市船"的乌篷船，作为乡镇间出行之用，或作为干线交通末端的补充。作为两闸建设总负责的胡先生，在开工在即的情形下何以放弃便捷行程，选择了"小路"水陆兼行？胡先生的《春游山阴道》将 90 年前运河、山阴的近山远水，汪洋岸渺漫间的石梁纤路、荡桨船夫的手足兼用宛如画卷般徐徐铺陈开来。透过此诗、此景，我们得见"小路"水陆兼行的情景，承载了浙东走出的中国第一代水利工程师的故土情怀和文化丘壑。

浙东运河——山阴水道（20 世纪 30 年代）

穿越江河的追寻——胡步川及其日记

　　胡步川先生日记自 1917 年河海求学记至 1969 年止，持之以恒 52 年。晚年日记几乎是他全部的精神世界，他完全融入其中，不断重读日记，批注日记。尽管"文革"期间他为日记所累，仍然拥抱着它走完生命的最后一程。日记所记是胡先生的经历，但是在娟秀笔迹下比比皆是百年来中国在通向现代道路上的珍贵细节，这是现代水利起源的涓涓源流之一，从中更可以寻得中国第一代工程技术人才的养成之路。

一

与他有幸"相识"是这几年的事。其实与他最早"相遇"是一九八六年纪念水利史研究室成立五十周年纪念会。从会上得知一九五六年到一九六〇年期间，水利史研究室是有三十四人的研究所，是中国水利水电科学院最早建院的六所（水文、水工、河渠、结构、灌溉、水利史）之一。此时"胡步川"这个名字沉入了我心底深处。十年后，在《李仪祉水利论丛选集》中我读到了署名浙东门人胡步川所撰《李仪祉年谱》，才知道他是李仪祉先生在河海最早的一批学生。《年谱》流畅的文字透着我们这个年代久违的简练和古风，叙事张弛有度，又有老一辈工程师的专业和严谨。《年谱》将近代水利的历史徐徐铺陈开来，在我心中树起了胡先生气度非凡的学者印象。然而，彼时的胡步川是遥不可及的存在。

二〇二〇年，为筹备"致敬胡步川"的水利史研究会年会活动，我阅读了由河海大学出版社出版的胡步川所著《李仪祉先生年谱》和《新中国成立初期西北地区水利工程影像集》。河海版《年谱》收入了胡先生写于二十世纪三十年代至四十年代纪念李仪祉先生的文章，尤其是《艮斋纪事》（"艮斋"是李仪祉先生的书斋号），披露出胡步川自一九一七年在河海初识李仪祉先生，到一九三九年他成为当时中国少有的大型灌溉工程管理局局长的诸多往事。《影像集》是一九五〇年到一九五三年胡先生所参与的水利工程建设、大修或重建的记录。他以水利工程师的专业眼光记录下了重建前后宁夏引黄灌溉工程的全貌和进水口改造的细节，记录了泾惠渠、渭惠渠、沣惠渠等关中八惠运行十年后的工程风貌，以及传统河工材料和技术在渭河及支流堵口复堤中的运用情况。我阅读了《陕西省水利志》、民国时期关中八惠竣工的报道以及胡步川的部分论文和日记。这些史料串联起来，我终于与胡先生"相识"，有了无数次与他的对话。胡先生生于清晚期，在二十世纪生活了八十年，他是值得我们敬仰的前辈，更是可以亲近的前辈。敬仰他作为水利家的赤诚之心和道德操守，亲近于他不喜形于色，对山川、土地的一往情深。

胡步川先生自一九二○年投身水利事业，到一九八一年去世，少有人有他的经历。他从泾河、汉江、黄河的水文测量开始，三十一岁就是主持大型水闸工程建设的主任工程师，四十多岁时是管理灌溉面积六十万亩的渭惠渠管理局的局长。一九四九年以后，他任过西北水利委员会主任，在西安灞河、沣河率队抢险修复大堤。一九五三年任水利部西北水工试验所的所长。一九五七年以后他在北京工作了十二年。这就是胡先生的一生，出身清白农家，师从李仪祉先生学水利，中年以命相搏于江河之间，晚年淡定于研究所的办公室、图书馆，做不显山水但富有灵性的研究，以《李仪祉先生年谱》这部专著填补了近代史和近代水利史诸多空白。

二

胡步川先生前半生经历战争，后半生经历"运动"，屡屡步入险境，而又绝处逢生。他的一生都记在了日记里，这是值得仔细研读的历史书。一九一七年，二十四岁的胡先生考入南京河海工程专门学校，他是这所学校创立以来的第二届学生。发蒙于私塾的他，有很好的国文功底，而面对全英文工科课程的教学短板立现。他在河海日记中记下他的苦读，甚至在第一学期的日记里记下了每次考试的成绩。他记得最多是关于测量、英语、物理、数学几门课中的烦恼。然而苦行僧般的大学经历为他后来的工程师生涯打下了厚实的基础。那时候的河海，虽然是工科院校，但在教务长李仪祉先生的主持下，开明且文化多元。《胡步川日记》记下了"五四"运动前后，他听过的演讲以及演讲的主要内容；记下了学校的社团活动，以及游历加地质考察的课外活动。出身于普通农家，依靠哥哥接济的困顿与充满青春活力的大学生活，赋予了他后来人生开合的生存能力。当年，李仪祉先生器重这位刻苦又聪明的学生，相差十一岁的老师和学生因现代农田水利工程而成莫逆之交。《年谱》按语中胡步川先生写道："不计个人权力，不见异思迁，而能踏到枵腹从公之诺言，皆先生精神所感召也。"李仪祉先生高尚的人格魅力，对胡步川影响至深。胡步川对老师的敬仰贯穿他的一生，他终身奉老师为楷模，认认真真做事，认认真真做人。

二十世纪二十年代至四十年代，中国工程界开始谋划长江三峡大型水利水电工程的二十年间，有大批土木专业大学生出国深造，这些人学成回国后大都居于技术高位。胡步川先生不在其列，他大学毕业后，留校做了助教，然后追随李仪祉先生一头扎入水利建设最基础的工作中。一九二二年胡步川随李仪祉先生离开南京到陕西泾阳渭北水利工程局，从测量干起，负责泾惠渠、渭惠渠、汉惠渠的工程测量，以及泾河、渭河水文站的设置，开启了最早的工程水文测量。今天留存下来的早期陕西诸河水道地形图、河流水文资料，大多留有胡步川的手迹。尊他为陕西水文的开创者，一点都不为过。

一九二七年，引泾工程辍工后，胡步川随李仪祉先生去了天津，供职华北水利委员会，参与黄河水文站规划工作。这时，浙江省水利局向国内外招标兴建黄岩（今台州市黄岩区）西江闸、温岭新金清闸。胡步川没有征求李仪祉先生的意见，就放弃华北水利委员会的高薪和稳定的工作，回到浙东做了两闸建设工程处的主任工程师。西江闸位于今台州黄岩永宁江的支流西江上，新金清闸在黄岩县东南扼金清港出海水道。早在宋代，这两江的上游支流上就开始修建拒咸蓄淡功能的单孔或双孔石闸。在河口建闸，可以实现更大区域的洪水和咸潮节制，有效地保护城市、乡村和农田。现代水闸建造技术是建立在地质、河流水文勘查、工程设计，以及水泥、钢筋现代建筑材料运用基础上的。二十世纪初，在长江下游、珠江三角洲、海河口开始兴建现代结构的水闸，但是这些工程的设计、施工都是外国工程师主持负责的。胡步川是测量、工程设计、施工监理的技术总负责。西江闸于一九三一年十一月先期开工。次年一月，水闸基础施工中遭遇地下流沙层，新浇筑的岸墙坍塌。一时责言纷起，满城风雨。国民党县党部致函县政府，指责"轻率尝试，虚糜公帑"。当地乡绅六十余人上书，指责擅改古制。胡先生以工程师的名义发布《告全县人民书》，坦陈失事原因和处置方式，平息了鼎沸的舆论。一九三三年六月，西江闸、引河水道、故道堵口工程全面竣工。落成典礼上，当闸门开启时，乐曲鞭炮齐鸣，人们雀跃欢呼这潮起潮落的西江河口诞生了节制洪水、阻挡潮水的现代水闸。西江闸为八孔闸，灌溉面积八万亩，排涝面积十二万亩，设计最大流量一百四十一立方米每秒。西江闸之后规模更大的新金清闸开始建设。新金清闸为二十二孔闸，孔净宽二点五米。胡先生的设计方案以比荷兰公司方案省百分之五十投资而中标。一九三二年十月新金清闸开工，一九三四年八月竣工，新金清闸成为当时工程规模最大的拒咸蓄淡工程，建成后黄岩、温岭两县受益。西江闸、新金清闸的兴建开启了中国水利工程师设计、建设大型水利工程的历史。当年的胡步川为此积劳成疾，落下了困扰终身的肺病。当李仪祉先生专程到杭州看望大病未愈的胡步川时，师生彼此更加理解，感情更加醇厚。

一九六八年十月，胡步川先生在他的个人历史交代中写道：

"（一九二二年）李仪祉要从南京河海专校回到他的陕西故乡做泾惠渠等灌溉工程，当时河海同学中大都不愿到西北穷荒的地方去吃苦，我以为：（一）李仪祉先生有道德学问，跟他一起工作，可以得到他的教育和经验。（二）西北高原久苦干旱，我能到西北去做灌溉工程是西北农民所需，是学以致用。（三）长安是古都，我可以寻访古迹。我即辞母校助教职务，跟李先生去西北了。"西江闸、新金清闸建成后，胡先生功成名就，正当中年的他完全可以留在工作和生活条件更好的浙江。一九三五年，泾惠渠尚在建设中，而渭惠渠开工在即。李仪祉先生再次召胡步川西行，他又回到了渭北水利工程工地上，这一次在陕西工作了二十多年。

二十世纪三十年代，以泾惠渠渠首工程为标志，现代大坝工程开始起步。泾惠渠是有坝引水工程，在秦汉郑国渠进水口遗址上游泾河峡谷之中，这是李仪祉先生的引泾、洛、渭、梅、沣、黑、沺、涝等灌溉工程（后称之"关中八惠"）规划中第一个实施的工程，由外籍工程师担纲设计，泾惠渠之后，其他诸渠全部由中国工程师承担，大型灌区管理者也是由关中八惠培育出来。胡步川先生是渭惠渠建设的主要技术负责人之一。一九三八年李仪祉先生去世，胡步川任陕西水利局代局长，只很短时间他就离开西安到兴平县出任渭惠渠管理局局长。胡先生和他的同事们在抗战时期"固守岗位，各有护渠之责"，完好地使李仪祉先生水利事业的硕果存于陕西，"在狂风骇浪中渡过彼岸，而永久垂惠于人民"。这些水利工程技术人员以神圣的民族情感守护了关中兴建不到十年的灌溉工程。渭惠渠是关中八惠的第二大灌区，设计灌溉面积六十万亩。一九三三年从西安银行团贷款一百五十万元，以长安县营业税和泾惠渠水费为担保。一九三七年渭惠渠完工后开始以水费还贷。胡步川先生创造性地建立了灌区水老会自治组织，将水管理延伸到用水户。一九四〇年他又组织了灌区清丈，一一确认用水户的水权，当年交纳水费的注册灌溉面积达到五十七点六万亩。渭惠渠创造了水利工程投资模式，以及官方管理与灌区自治管理权、责、利三者结合的机制。

一九四九年中华人民共和国成立后，胡步川先生面对巨大的社会变革，以极大的热情投身于新时期的水利事业中。一九五〇年胡先生离开渭惠渠灌区，就任陕甘宁地区军政委员会水利部主任。此后他以军政委员会水利部主任的职务在西安沪河、灞河指挥过堵口复堤工程；在宁夏银川平原主持修复古老且失修多年的唐徕渠、汉延渠、惠农渠、大清渠等灌溉工程；他率队踏勘陕甘宁边区诸河，为兴建新的灌溉工程选点。一九五四年胡先生任职西北水工试验所。它位于陕西武功，成立于一九四〇年，是服务于西北抗战的水利科研所，原来只从事土工试验，至一九五〇年只有十五位在职人员。在胡先生任所长的两年，西北所水工、土工、灌溉三大试验迅速发展起来。胡先生利用渭惠渠跌水，为所里建了一处水电站，极大地改善科研条件。在他离开时在职研究人员已有一百一十一人，成为五十年代初期国内研究实力最强的水利科学研究机构。

三

到北京后，胡步川先生出任水利史所所长，他是院务委员、民主人士，经常参与水利部重大水利工程的技术咨询，还有许多社会活动。但是，他的关键角色是水利史研究的领军人物。胡先生从与钢筋混凝土打交道的水利工地，转身到研究所的书斋。舞台不一样，戏文也大相径庭。水利史所的前身是一九三六年在南京成立的整理水利文献委员会，二十世纪四十年代，完成了《江苏水利全书》，以及《再续行水金鉴》整编。一九五六年整理水利文献委员会整建制进入北京水科院。胡先生似乎不太适应北京的工作。他像突然闯入的外人，领导知识背景不同的学究们。当他技术审查、大型水利工程的咨询占用较多的时间，水利部的领导批评他，应该多作水利史的研究。他也曾被院长批评钻进了古书堆里，与社会脱节。部、院两级领导不同的要求，让他无所适从。一九五七年到一九六九年越来越频繁的运动，让旧社会过来的胡先生不适应乃至惶惑。在日记里他说情愿老死西北，恐不能写水利史了。

其实，六十多岁的胡步川先生是欣然从事水利史研究的。他有水利工程专业背景，有历史学和古文的根基。胡先生在一九五九年至一九六六年七年间的日记，记录了他研读过的水利史、历史地理和农史典籍。他遍读研究论文和学术专著，对学科现状了如指掌。他在日记里高度评价岑仲勉的《黄河变迁史》，称岑为他"浊世中的知己，可惜他不在世了"。这时候的胡先生是孤寂的，对事业追求也变得更加单纯，他需要理解，需要有人倾诉。或许是性格使然，他又很难与周遭相处。在所长位置上，他提议编纂《中国水利历史地图》《中国闸坝工程》计划无果，便将越来越多的精力投入到《行水金鉴》《畿辅河道水利丛书》等水利典籍的校注上。《李仪祉先生年谱》著书于一九四八年，批注和最后修改应是在那段时间完成的。一九六〇年以来他一直寻求可以出版《李仪祉先生遗著》的出版社，甚至还给陕西省副省长写信，寻求出版的支持。他的日记多次提到与副部长冯仲云的交往。这位他敬重的领导是清华数学系熊庆来的学生，一九二七年加入中国共产党的革命家。一九五三年，冯仲云由北京图书馆馆长调任水利部副部长，分管科研。冯副部长支持他的工作，欣赏他的才干。一九五九年十月二十七日胡步川在日记里特别详细地记录了冯仲云对都江堰鱼嘴电站规划的意见：㈠工程效益仍然灌溉为主，只许改好不能改坏；㈡保存古迹；㈢水电为辅，待今后建紫坪铺水电站时再议。这次让胡先生感到遇上了知己，后来两天的日记都和都江堰有关。

"水利遗产"一词是胡步川先生一九五六年首先提出来的。一九五六年九月在胡先生调往北京之前，他在西北水工试验所做了《从苏联未来的四大水利工程讲到我国的水利遗产》的学术报告。努力用新时代语言说话的胡先生，最后还是将主题放在了水利遗产——他的新议题上。他从《尚书》记载的大禹治水、九州平成，讲到元明清的长江、黄河的治理和河工著作。他列举周原沟洫、都江堰、宁夏平原引黄灌溉工程，以及灵渠、大运河等运河工程，以及古代水利文献，阐释水利遗产的学术范围。他分析水利遗产并阐发他的思想：水利可以学外国，但是有几千年历史的中国水利是有值得发掘的科学和技术的。他以宁夏汉延渠、唐徕渠为例，介绍了古代堰坝、引水长洴等古代灌溉工程技术特点和传统河工材料和结构。二十世纪以来西风东渐，现代水利工程师们膜拜现代坝工技术，这是一个恨不得把都江堰、唐徕渠之类古代水利工程全部改成钢筋混凝土的坝和闸的年代。而胡先生在报告里指出，水利遗产是无穷无尽的宝藏，他疾呼研究水利遗产的科学和技术，这是多么不合时宜。六十年后，当都江堰、宁夏引黄灌溉工程等古代水利工程列入世界文化遗产或世界灌溉遗产名录，不仅它们持续发挥既有的作用，而且成为地方文化旅游资源和振兴乡村的抓手。胡先生关于水利遗产的论述彰显出他的专业洞察力和把握学科全局发展的能力。显然，胡先生是胜任水利史所所长一职的。

　　一九六〇年开年不久，水利史所终于领到了来自水利部的三项任务：㈠华北历史旱情史料及分析；㈡古代水利工程技术史研究；㈢灌溉史研究。一九六〇年一月十七日，胡先生在日记中写道，他在前晚"夜不能寐，想及编水利史、灌溉史问题"。胡先生的工作热情激发起来。从一九六〇年到一九六六年上半年，胡先生是充实的。一九六一年胡先生辞去所长一职，他全身心开始为《水利工程技术史》《灌溉技术史》作准备，他制作资料卡片，率队到中央档案馆查资料。在他的日记里记下了发现黄淮运清口枢纽交汇图等史料时的欢欣。他跳出所里的圈子，面向高校物色适合担纲的人选。他的日记里记下了对小他二十岁、时在武汉水利电力学院任教的姚汉源先生的关注。1963年姚汉源《中国古代农田淤灌和放淤问题》的论文引起了水利界古为今用的思考。姚先生学水利出身，既注重考据，更强调水利史的学术内核，这与胡先生对水利史研究方法、研究任务的认识非常契合，而当时的水利史所还在延续整理水利文献委员会的传统。二十世纪七十年代以后，水利史研究走向多元，江河史、工程史、区域水利史的研究有突破性的进展。

一九六六年五月水利史所并入水文所，胡先生在日记里特别记下了院务会上黄河泥沙研究专家方宗岱先生的话："水利史是综合（科研）机构与各所室有关，兼管则可，若归并则不可。"相信这也是胡步川先生对这一调整的意见。这年八月以后胡先生不再有工作的机会。

"文革"前后已经有人了解胡步川先生的职业生涯，而每每以他曾经在旧政权下工作的经历让他接受屈辱。不久他交给水利电力出版社的《李仪祉遗著》遭遇毁版，日记、书画被抄。一九六九年，胡先生夫人蒙冤去世，他以历史反革命的戴罪之身被下放青海。一九七二年，耄耋之年的胡先生回到北京，次年退休后他只身回到浙江临海定居。在他落脚的故乡石鼓村，胡步川还做了基层水利员的事。在石鼓村始丰溪、永安溪两河汇合处的河滩上，他修了十一处挑水坝，用上了当年在西北治河的技术"挂柳"。临河凹岸的农田，表层的土壤和庄稼连年被洪水裹挟而去。胡步川的挑水坝，使河归于中泓，柳树扎根于河岸，农田归于安然。临终前他留下遗嘱，将自己批注过的雍正版《行水金鉴》、日记、书画等悉数捐给临海博物馆。他在居所近处的焦山上给自己觅得墓地，又自拟了墓志，然后平静地离世。墓志题刻是他的手书："生小居东海，天仙二水环。立身期禹稷，励志克辛艰。放浪形骸处，追逐台荡间。著书留爪印，埋骨傍焦山"。胡先生浪迹天下，最后回归山村，他以不同寻常方式与故土融为一体。

四

胡步川先生的日记是写给自己看的。日记里他记录自己，也审视自己。他记国家大事，技术或学术见解，与领导、同事相处的龃龉，等等，也记家务琐事和他不近情理的执拗。他的日记是坦荡的，读起来有读卢梭《忏悔录》的感觉。胡先生青年时代锐意进取，消极也是随时都有的情绪。晚年遭遇各种政治运动，明哲保身之际，亦未尝泯灭入世之心。唯有水利是他沁入骨髓的事业和精神寄托。在北京最后工作那几年里，他所期待的水利史和灌溉工程史研究都未能如愿开展。失落感让他无处化解，他陷于困顿难以自拔，家人屡屡受此连累。他将烦恼变成日记上的文字发泄出来。但是，在凌乱文字间分明能够看见他思想的畔岸，往往清浊分流，客观深邃。

二〇二〇年八月和十一月，我们拜访了浙江临海、黄岩、温岭及陕西咸阳、兴平等胡步川先生生活和工作的地方。这些地方到处都有他的印迹，似乎他仍活在其中的某个人迹不能到达的地方。浙江临海石鼓村焦山上，胡先生墓地的墓志碑是我们走近他人生的第一个里程碑，它又将我们导向西江和金清港岸边。他修建的西江闸、新金清闸今天还在那里，继续造福一方土地。他在西江闸为迁坟的亡灵捐出自己的薪水兴建的"魂兮归来"碑，还巍然矗立在那里，这是胡先生人生的第二个里程碑，见证了他作为水利工程师的第一次成功和仁爱之心。在陕西兴平县他工作时间最长的渭惠渠管理局旧址，那八十多年前他搭建的葡萄架、天天上班的办公室，和大家聚会的礼堂都在，只有一九三八年胡步川先生立的李仪祉先生纪念碑不见了踪迹，这原本可以是他人生第三个里程碑的见证。兴平大约是胡先生对自己人生最可怀念的地方。我们从渭惠渠渠首出发，穿行渭惠渠老灌区，路过八十年前胡先生巡渠的绛帐镇，这个地名出现在胡步川的诗《与水老张书语》中。车外闪过一片片的农田、一个个村庄。沟渠纵横、波光粼粼，冬灌为这四野的静谧带来了潺潺的水声。我们一行在车上诵读《与水老张书语》，似乎巡渠的胡先生和水老（管水员）张书由远及近就在面前。原来我们彼此已经那么熟悉，胡先生和张书用关中土话的对话，是那么生动有趣，好多不曾知道的学问让诵读的每一位耳目一新。

"大地春光好，渠水浮光漾。轻车人意乐，巡渠至绛帐。偶然遇张书，倾盖话舒畅。自言遭荒旱，穷苦难形状。竭力汲深井，土干水减量。六人溉一亩，终日不暇饷。翻怨祖宗业，何不置原上。原上井更深，汲浇本绝望。原下富底水，禾稼堪倚仗。此处间上下，不忍即弃放。然仍劳无功，不能抵干兀。公家开渭渠，民间集丁壮。三年勤奋夯，水从天上放。旱地始丰收，赓歌欣击壤。芸苔溉一亩，八斗收理想。每斗四十斤，榨油百六两。未灌者减半，盈亏毫不爽。苜蓿灌二水，可收三倍强。菀（豌）豆溉立夏，一亩一石奖。玉米勤浇水，亦与豆相仿。棉增四十倍，绒长利织纺。青辣与小蓝，辣重蓝偩傥。二麦需水微，仍须看气象。天气干且旱，灌溉如影响。八十三场雨，无雨渠助长。万物资生始，全赖渠浩漭。我聆其言喜，即以示诸掌。匹夫报国心，聊自慰俯仰。"

这是我至今读到最好的写水利工程的诗。诗里的水老张书诉说着修渭惠渠前遭遇荒旱时，原上、原下农家的无助，"翻怨祖宗业，何不置原上。原上井更深，汲浇本绝望"，转而他又欣喜渠成之后，"水从天上放""旱地始丰收"的欣喜。胡步川则细心地给我们一一讲述，小麦、芸薹、苜蓿、豌豆、玉米、棉花、辣椒和小蓝该有几灌，在灌溉的保障下可以增收几何。我似乎看见说起这些作物时，他那柔情的双眼饱含对西北土地和农民深厚的情感。芸苔是榨油的油菜，小蓝是制作染料的植物——蓝靛，这些还保留在关中农民口中的古老名称，是我后来查《齐民要术》才知道的。胡先生这样描述灌溉工程的效益，比书本和课堂要丰富、生动得多！胡先生不苟言笑？你听，"我聆其言喜，即以示诸掌。匹夫报国心，聊自慰俯仰"，分明是胡步川先生击掌、笑声在田间回荡！这是行走于人间的胡步川！我崇敬他的学问、坚韧不拔的性格，更有他对这世界所付出的至情至善。我在临海的焦山上，温岭金清港的岸边，兴平的渭河畔，还有绛帐的田间寻得先生的足迹；我从先生的日记、文章、诗歌中努力理解他，终于走近了他。

本文作于 2021 年 8 月，收入《胡步川先生日记》(上辑)，河海大学出版社，2021 年。

宋希尚[*]

宋希尚（1896—1982），字达庵，浙江省绍兴嵊县（今嵊州市）人，近代水利家。我国第一个提出开发三峡计划的人。1917 年毕业于南京河海工程专门学校（今河海大学）。1919 年赴美留学，入麻省理工学院，继入布朗大学，1924 年获工学硕士学位。后去德国、荷兰、比利时、英国、法国、瑞士等国考察水利建设。返国后，历任南通保坍会经理、浙江省道局主任工程师、江南水利局总工程

宋希尚

师。1928 年，任交通部扬子江水道整理委员会委员兼工程处长，同时兼任中央大学教授，主讲水文学。20 世纪 30 年代初，与有关专家组成我国首支长江三峡勘测队，拟定第一个三峡开发计划。当时选定建造水电站的坝址，大致与现在建成的葛洲坝水电站位置相吻合。1933 年秋，黄河陡涨，豫冀两省大堤决口，殃及 5 省 50 多个县的 400 万人民，危难之际，出任总工程师，负责堵口抢险，率万余民工，经过 6 个月昼夜施工，终使大坝合龙。1949 年去台湾，历任台湾大学教授、台北工专校长、逢甲大学水利系主任、淡江大学工学部灌溉系主任。1973 年、1977 年应聘任中国文化学院博士论文考试委员。

治水患求学水利

民国三年（1914）冬，上海各报登载南京河海工程专门学校招生广告，该校倡办目的主要是培养水利专门人才以供导淮之用。宋希尚长于嵊县，自幼目睹剡溪三年两次之水灾，田禾庐舍漂没之惨状及百姓听天由

＊　作者：王丽娟

命呼号无救之痛苦，遂有志于水利，经家长同意即前往应聘。考试之日，漫天大雪，试场门口由黄炎培唱名入场，经过考核，宋希尚有幸被录取。1915 年 3 月 15 日，宋希尚前往南京报到，校长是贵州人许肇南，开学典礼则由该校创办人全国水利局总裁张謇亲自主持，这也是宋希尚第一次见到恩师张謇。而学校教授水利的导师则是李仪祉先生。

1917 年，宋希尚在南京河海工程专门学校毕业。后到南通保坍会见习，同去同学另有三人。南通沿江各港口岸受上游流量冲击，每年出现坍塌，张謇组织南通保坍会以自卫自救，并延聘荷兰水利工程师特来克主持工作，筑柴排保坍。期间，其他同学因待遇问题等种种原因离开，而宋希尚安心学习以获取经验，与特来克相处融洽，并协助翻译明代《河防一览》等古版水利书籍以供特来克借鉴。见习期满，宋希尚留南通工作，监造小洋港闸工。1918、1919 年间，遥望港九孔大闸准备开建，南通、如皋两县水利会聘请特来克主持大闸工程，特来克邀请宋希尚协助。所有图样设计、施工规范、闸址测量等，宋希尚始终参与其中。开工之日，宋希尚自保坍会移住海滩，驻守工地，负责施工。民国八年（1919），特来克突在筑闸工程中感染霍乱而急病身亡，年仅 23 岁的宋希尚自觉义不容辞，毅然担起施工重任，努力维持工地现状。水利会原拟聘请的外国工程师，均因为待遇问题、环境问题、家眷问题等始终没有协商结果，迁延了一年多。在这期间，宋希尚带领大家小心合作，依照特来克的原定设计，按部就班逐步推进。经过齐心协力，一年后工程顺利竣工。工程典礼上，张謇对宋希尚倍加赞许。次日，颁奖两千银圆，宋希尚称是分内事而婉谢不受，只希望将来有机会赴美深造并考察欧美水利，充实自己。张謇对宋希尚勇于任事而薄于报酬的品德极为赞赏，对他更加器重。

1921 年，张謇以运河工程局名义，斥私资千金资助宋希尚赴美留学，考察水利。宋希尚先入麻省理工学院攻读，后随美国工程师学会会长费礼门博士学习，旋赴布朗大学深造，获工学硕士学位。1923 年秋，赴欧洲，游历德、荷、比、法等国考察水利，后经苏黎士运河回国。即被上海吴淞商埠局聘任为建筑科长。次年又应张謇之邀，去南通任保坍会经理，大胆尝试"树楗"之法保坍。1926 年夏历七月十七日，恩师张謇去世。1928 年，宋希尚出任交通部扬子江水道整理委员会委员兼工务处长，同时兼任中央大学教授，主讲水文学。

参与长江三峡水利开发规划

长江，一名扬子江，是我国最大河川，拥有航运之利、灌溉之益、水电之富，是不可多得的水资源。1918 年，孙中山先生发起实业计划；1919 年提及长江上游水利开发；1924 年明确说明应在三峡建坝发电。为实现国父实业计划，宋希尚在扬子江水道整理委员会工务处任上时，先是致力于全江水平、地形、流量、水位及一般性水文测量。经数年研究，对于扬子江自吴淞至汉口间，拟有整理计划呈报政府采择外，对扬子江水利开发问题，萦于脑海，刻不去怀。

20 世纪 30 年代初，全国电气事业集中于建设委员会，而主持者恽震是宋希尚在美国麻省理工学院时的同学。一日，恽震到访，提出扬子江水电问题，彼此交换意见。经检阅已测得的水文资料、图表等，大家更具信心，且一致认为三峡一带最适宜建设大坝。最后双方商议两家机关合作，决定组织勘测队进行实地勘测、设计，作一初步报告，贡献政府，以尽职责。由于初步勘测，有关土木方面较多，即由扬子江水道会调集美籍测量总工程师史笃培、技术员陈晋模及测量仪器赶赴宜昌，借宜昌海关为临时办公场所。并函商借助富有实地经验的山东建设厅技正曹瑞芝参与进来。于是史无前例的扬子江水电测勘队于 1932 年 10 月组织成立并开始工作。历时 3 个月，集合先后所测各项资料及宜昌海关历年水位报告等，综合写成《扬子江上游水力发电勘测报告》，发表于 1933 年出版的《工程》杂志第八卷第 3 号上。主要结论有："选定宜昌山峡黄陵庙或葛洲坝两处，为筑坝设厂地点，经地质钻探后决定；顾及国家财力及考虑电力销路市场起见，采用分期发展政策；同时与有关机构拟定若干国防工业、紧要重工业与大规模肥料厂以配合大量电力而促成之。"这是我国第一个三峡开发计划，选定的坝址大致与现已建成的葛洲坝水电站和三峡大坝位置相当，证明当时查勘选定的坝址是科学和正确的。足见宋希尚学识渊博、远见卓识。该项计划，由交通部会同全国建设委员会上报当局，申请拨款兴工，由于当局无力进行这项巨大建设工程，结果被搁置一旁。

抗战期间，宋希尚陪同美国设计工程师萨凡奇博士再次勘察三峡，拟定了除发电外兼及防洪灌溉、航运给水，包括沿江的工业、农业、旅游等内容的多元计划书。抗战后期，当局资源委员会在重庆成立全国发电工程处，进行筹备工作。因萨凡奇博士在美国工作繁忙，无法久留，改由其推荐的柯登来华主持工作。直到 1948 年，由于时局变化及资金等原因，此计划暂告结束。新中国成立后，葛洲坝电站建成，三峡大坝如今也已完工，发挥出巨大的作用。半个多世纪以前宋希尚先生梦寐以求的理想已实现了，倘若九泉有知，当感欣慰。

黄河堵口

黄河是世界著名河川之一，为我国第二大河，因它的水色黄浊、含泥沙量太多，所以称为"黄河"。又因河道屡次变迁，肇成惨痛灾害，民众谈虎色变，故又有"黄祸"之称。黄河水患，数千年来不断，人民倾家荡产、流离失所之痛苦不能言尽。

1933 秋，淫雨不已，黄河陡涨，豫冀两省大堤多处缺口，水势滔天，灾及五省逾四百万人口。在这危难之际，当局派黄河水利委员长李仪祉负责堵口抢险，恰逢李染病不能赴命，便力荐宋希尚代理，出任总工程师。由于形势危急，宋希尚立即赶往灾区察看险情，制定堵口计划，等待水位下降，即分别堵塞。其中冯楼口门一役最为艰险，为堵口工程重心所在。宋希尚采取缓溜、护岸、挑水坝、开辟引河、坠石柳坝、截流坝等工程手段进行处置应对。结合当地实际，大胆试用柳枝包石成捆，状如"春卷"，滚入口门；又凿引河，而以无数大石块储入铅丝笼，外缚柳枝似"河灯"，散布引河口，借以迫溜。两者同时并进，彼此一脉相连。率万余民工，日夜轮班施工，历时八个多月，终使大坝在第二年春汛前胜利合龙，使灾区人民重新安居乐业，被灾区老百姓尊称为今世大禹。事后，宋希尚总结经验供治黄工作参考。大致有："透水坝适宜于黄河堵口；坠石柳坝有助于挑水；引河工程宜特别重视；凌汛防范须事先准备；柴排工程有助于堵口；打桩工程须注意其应受力方向，等等。"

1934 年春后，宋希尚仍回交通部扬委会工作。公务之余，将这次黄河堵口经过写成《黄河冯楼堵口实录》，附以图表、照片等，黄河水利委员会委员长李仪祉为之作序。当时，中国水利工程学会总编辑汪君干特将堵口实录节录转载于学会刊物《水利》中。

水利著述

宋希尚一生勤奋治学，著述颇丰。他初到南通保坍会时，曾与特莱克合译明代水利文献《河防一览》，经两年译成。原稿存于荷兰的海牙国家图书馆。

20 世纪 20 年代初赴美留学及环游欧洲各国考察水利回国后，撰述有《欧美水利调查录》五卷。担任吴淞商埠建筑科长及在南通保坍会工作期间，受张謇导淮主张的影响，对治理淮河发生兴趣，收集相关资料，并在国外留学期间与美国费礼门博士和德国工程专家恩格思等商讨导淮问题。1929 年，他撰著《说淮》一书，详述自清末以来的导淮经过，汇集各专家导淮主张，拟订导淮方案，对研究治淮历史，具有一定价值。

自 20 世纪 20 年代末到 40 年代末，宋希尚先生曾在杂志上发表文章较多，大都刊登在《扬子江水道整理委员会月刊》《科学杂志》《水利月刊》《交通杂志》《港工》《工程周刊》等杂志上，约有四十篇。大多是论述有关扬子江水道整理、扬子江水力发电勘测及水利学术、培养水利人才、港政管理研究的文章。1938 年，宋希尚兼任中央大学教授，主讲水利工程。

1949 年宋希尚去台湾，仍从事水利工程教育工作，孜孜于下一代水利专才的培植。历任台湾大学教授、台北工专校长、逢甲大学水利系主任、淡江大学工学部灌溉系主任。1973 年、1977 年应聘任中国文化学院博士论文考试委员。

宋希尚著述，所见有《黄河堵口工程实录》《水文学》《灌溉工程讲话》《中国河川志》《台湾水利》《历代治水文献》《治水新论》《实业计画之水利研究》《长江通考》《地下水之研究》《卫生工程学》《水利论丛》等数十种，均有学术价值。另著有《张謇的生平》《李仪祉传》等传记及《河上人语》《值得回忆的事》等回忆录。

1982 年 5 月 21 日宋希尚病逝于台北，终年 87 岁。

董开章[*]

董开章（1897—1991），字继亮，浙江绍兴嵊县（今嵊州市）人，曾任浙江省水利局工程师、工程科长、副总工程师，华北水利委员会专门委员，福建沙溪工程处副处长兼副总工程师，钱塘江海塘工程局工程处长等职。1920年毕业于河海工程专门学校，1930年参与由胡步川主持的西江闸建设工程，1936年任浙江省萧绍塘闸工程处主任。1949年后，历任浙江省水利局、浙江省水利厅、水利电力厅及浙江省水利科学研究所工程师、高级工程师。在浙江任职期间，先后主持萧山闸堰海塘抛石护脚与潜坝挑溜保护海塘、绍兴三江应宿闸拆卸灌浆重建、萧山南沙头篷抢险护岸与丁坝等工程。1949年后，主持拆修重建绍兴宜桥闸等工程。从1928年起至1971年，除短期间断外，为钱塘江海塘的巩固尽职尽力，几乎贡献了毕生的精力，相关工程对浙东运河水系也产生了直接或重要影响。撰有《钱塘江海塘工程》《修筑绍兴三江闸工程报告》等。^①

董开章一生致力于钱塘江海塘的保护。萧绍平原地区自清代后期时有护沙冲激坍塌导致的水患，两岸乡民常因淤长沙地开挖爆发矛盾冲突。1936年6月14日，马鞍乡人率众千余人，驾大船八艘，鸣锣执旗，挖掘宣港，以保沙地。对岸南汇乡乡长王广川等即向浙江省建设厅上报此情形，董开章时任浙江省萧绍塘闸工程处主任兼工程师，奉命会同绍兴政府技术人员赵家豫以及地方士绅孙庆鳞、南汇乡乡长王广川、马鞍东南镇长陈康孙前往实地查勘，"勘得挖掘宣港，使曹娥江流向南汇方向改流，江流离闸港愈远，闸港易于涨塞，既以邻为壑，复有碍闸港淤塞"，平息了双方纠纷。1936年在三江闸第六次大修工程验收之际，董开章受邀参与绍兴城区河道实地查勘工作，与俞廷光、朱懋仙共同形成《疏浚绍兴城区河道之意见》，收录于《闸务全书三刻》中。他编著的《修筑绍兴三江闸工程报告》记录了三江闸第六次大修后的"鳞漏"之害：旱则内水易涸，失

* 作者：郭姝姝

灌溉之资。而闸外朔望二汛咸潮，经石缝涌入，尤伤田禾。且水啮石罅，石渐酥，水亦益驶，剥蚀亦益烈。常此失修，闸身将有逐渐就圮之势。

学术方面，董开章在近代中国创办的最具影响力的水利期刊、中国水利学会会刊《水利》上发表了科普文章《禹陵》（1934 年第 4 期），工程治理文章《修筑绍兴三江闸工程报告》（1933 年第 3 期）等，在《浙江水利志通讯》上发表了《钱塘江三矗的变迁》，考据记录了清朝时期钱塘江江流、海潮的演变，以及中小门引河挖掘工程变迁的历史，推动了水利科技知识的传播与普及，留下了民国时期水利状况的宝贵研究资料

董开章的学生时代正值国内新文化运动如火如荼展开的历史时期。在当时的南京河海工程专门学校中，董开章接受了新思潮的洗礼，积极参与了五四爱国运动。五四运动爆发时，"河海"成为了南京地区的中坚力量，校长许肇南先生被公推为南京学界联合会临时主席，张闻天、沈泽民、刘英士、丁绳武、董开章等学生成为南京学生联合会的骨干，他们忘我地投身运动，撰文抨击旧制度、旧道德、旧思想、旧习惯，宣传新思想、新文化，展现了进步青年的风貌和对革命的热情。

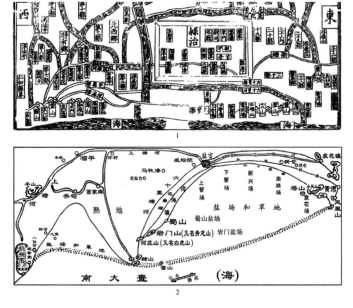

董开章据宋咸淳《临安志》绘制宋代钱塘江盐场分布图

姚汉源[*]

姚汉源（1913—2009），中国水利史学科的创建者和奠基人。山东钜野县人，1937年毕业于清华大学土木工程系，1937年至1949年先后任清华大学助教、重庆大学助教、四川大学讲师，1949年任南昌农业专科学校教授兼校务委员会主任，1953年至1963年任武汉水利电力学院教授兼副教务长，1963年起任北京水利水电学院教授兼副院

姚汉源

长，1982年至1987年任水利水电科学研究院教授，1987年退休后至1992年任水利水电科学研究院学术委员会委员。姚汉源毕生主要从事中国水利史研究。1956年，国家制订十二年科学发展规划时，他提出了用现代科学技术知识系统总结研究中国水利发展史、以为水利事业服务的学科建设规划；1962年开始培养水利史专业研究生；1982年发起创建中国首个水利史全国性学术团体——中国水利学会水利史研究会，并出任第一届、第二届研究会会长，1990年后任研究会名誉会长；倡导水利史与历史地理、农业史、气象史和文物考古学界的协作；提出与日本的中国水利史研究会的学术交流，推进水利史学科的深入发展。

姚汉源学术成果丰硕。1980—1990年代，先后主持并参加撰写《中国农业百科全书》、《中国大百科全书》（一版和二版）中的水利史条目，共30余万字。自1937年发表《黄河旧账的翻检》以来的50余年间，笔耕不辍，共发表论文70余篇。例如，鉴于黄河三门峡水库忽视泥沙问题造成的严重危害，1963年在《中国古代的农田淤灌及放淤问题》一文中，对黄河泥沙问题进行了深入的历史研究，认为古代人们并非一味将河流泥沙

---

* 作者：谭徐明

视作有害物质，而把多沙河流的水和土一并视作可利用资源。战国年间已认识到黄河"石水斗泥"的特征，利用水和泥沙"且溉且粪，长我禾黍"，起到淤灌肥田和放淤改良土壤的效果。由此，他提出变沙害为沙利的辩证统一的新思路，引起广泛的社会关注。之后，他又继续撰写河流泥沙利用之二、之三、之四，系统阐发了他的开创性学术见解。姚汉源治学严谨，缜密求实，在关于"王景治河后黄河800年安澜"的讨论中，在详细深入研究了这一时期黄河下游情况之后，秉持"以平淡无奇的观点，分析人人皆知的记载"的扎扎实实的学术风格，所得结论反而澄清了历史真相，得出了最有说服力的结论。他撰写了多部水利史研究专著，其中1987年出版的《中国水利史纲要》获当年国家图书一等奖；2006年又以《中国水利发展史》再版，成为系统全面的中国水利史权威专著。1998年出版了《京杭运河史》《浙东运河史考略》，奠定了姚汉源先生在中国大运河研究中的学术地位。姚汉源学术建树更延伸至历史地理学和古文字学方面，在《鄂君启节释文》《左传地名考释》等专著中，都有独到的见解。

在水利史教学中，他亲自执教中国历史文献和中国水利史课程，注重培养学生的大胸怀和大格局意识。他曾以北宋哲学家张载"为天地立心，为生民立命，为往圣继绝学，为万世开太平"，作为个人操守的座右铭并以此教导学生，他以不凡的治学精神和教育理念，被誉为中国水利史学科的一代宗师。

笔底春秋与运河学问

今天留存于中华大地的大运河，由京杭运河和浙东运河构成，即为元明清大运河。这条纵贯南北的水道，以钱塘江为界，其北：京杭运河勾连海河、黄河、淮河、长江四水；其南：浙东运河将钱塘江以南浦阳江、曹娥江、姚江、甬江诸水贯通，完成了大运河通江达海的最后段落。

大运河的历史贯穿于春秋战国以后的历史进程中。近现代运河论著多从历史学、历史地理学揭示大运河历史，对大运河的工程沿革，运河与区域江河湖泊的相互关系少有涉及。运河工程是其历史文化不可或缺的组成，是古代水利科学技术的载体，这一空白为姚汉源先生填补。姚汉源先生自 20 世纪 40 年代至 90 年代持续研究，最终以《京杭运河史》和《浙东运河史考略》将大运河史全面呈现出来，并逐段解析运河工程体系形成、完善的进程，或堙废、更替的历史片段。正是这样开拓性的工作和研究成果打开了从运河遗产本体全面认知大运河的窗口，为今天保护与利用遗产奠定了基础。

大运河是中国历史一个不能绕开的话题，也是当今的水利仍然需要重视的古代水利工程。如同对大运河的隔膜，便不可能通晓祖国历史，没有对大运河的起码了解，以及与之相关的江河湖泊演变及其影响，同样就无法了解传统水利工程的科学与文化价值。没有对大运河的起码了解，也难以有对江河水利问题的科学认知。姚汉源的《京杭运河史》和《浙东运河史考略》共 120 余万字，是大运河研究的问鼎之作，将两千多年间中国社会背景下，与江河演变、湖泊消长共命运的大运河历史铺陈开来，既有工程演变的清晰脉络也有工程运行机理的科学阐释，更有直面历史对运河负面影响的客观分析。所有的学术成就建立在丰厚的史料基础上，重考据，直入一个个研究对象的实质，是真正关于运河的学问。

自春秋战国至清朝政权消亡，在这长达两千五百多年历史时期，中国中东部平原曾经形成了两条纵贯南北，沟通东西的大运河，这是先后以隋唐长安、洛阳，北宋汴京（今开封市）为目的地的隋唐宋大运河，以元明清北京为目的地的京杭运河，它们共同承载的使命是漕运，即向都城运输粮食。前一条大运河的肇始是春秋战国由诸侯国向一统大国的过渡时期，终结于金兵南下和北宋政权瓦解。发生在北宋与南宋更替的历史节点的还有黄河大改道。1128 年北宋守军为阻止金兵南下而掘开开封黄河大堤，使处于改道前夕的黄河顺势而夺汴河、泗河，于淮安与淮河汇合，经由淮河下游水道入海。黄河这一改道历时 700 年，导致了黄淮海流域江河水系巨变。正是这一改道，成就了后一条运河即元明清大运河，现代所称的京杭运河的建设。

元代北京通惠河和山东会通河的开凿，将黄河改道湮废的前代运河重新联系起来。相比于隋唐宋大运河，京杭运河的技术问题更加复杂。江苏淮安至山东临清运河路线的缩短一半，带来了穿越黄淮海流域的山东西南丘陵区高达50米的地形高差，水源的供给、水道水位的控制等工程技术难题，还有黄河洪水及其巨大泥沙淤积对运河的干扰。为了确保大运河的使用，700年来，在运河沿线兴建的水利工程之多，类型之丰富，维护工程之艰巨前所未有。在黄河泥沙塑造下，在运河与黄河、淮河交集区域，不仅黄河两次、淮河一次大改道，还有与黄河相关的若干河流变迁、湖泊消长。可以说世界上没有一条运河能够像京杭运河承载如此多历史文化，经历沧海桑田的巨大演变，以及区域内有如此密集而富有创造力的古代水利工程。

大运河连通我国东部海河、黄河、淮河、长江、太湖、钱塘江、甬江，姚先生的研究，自运河起源期直至20世纪初漕运的终止，跨越2000多年。有很多运河河段或前生不知所源，或终迹茫然，是作专题研究的难点。运河沿线与自然河流、湖泊的连通区域往往是枢纽工程的所在。这些关键工程产生的自然环境，演变的进程，工程规划、工程建筑、运行机理等并无系统的记载，需要一一理清。此外运河的管理是一个自中央到地方的庞大组织体系，技术管理与行政管理交叉纵横。《京杭运河史》是第一部完整的运河工程史，按运河与天然河流的关系，将京杭运河自北而南分出：通惠河、北运河、南运河、会通河、淮扬运河、江南运河和浙东运河。《京杭运河史》按运河河段，循干道并延伸至支线，记述各段历史及其工程沿革，缕析出运河水道节制工程、运河与天然河流交汇的枢纽工程、水源工程，自春秋战国至清代无一疏漏。

姚汉源先生认为中国大运河是一个整体，既相互独立，又彼此关联。于是他将春秋至元代以前运河放在"古运河述略""历代政治经济关系"中论及其演变，对浙东运河则以考略纳入附编。《浙东运河史考略》共34000字，按时代分期，一一填补了浙东运河研究的诸多空白。《考略》对浙东段运河工程及演变的研究是开拓性的。凭借他的史学功力、超凡的记忆和专业素养，从经行于运河的历史人物中爬梳出尘封的史实，如北宋熙宁五年（1072）日本和尚成寻自杭州登岸，经行浙东运河至台州天台山；南宋建炎四年（1130）宋高宗由海路自余姚登岸，经行运河至绍兴；淳熙七年（1180），魏王赵恺卒于明州，还葬绍兴。在诸如此类纪实性记载中，还原出11—13世纪时浙东运河工程如水道、堰埭、斗门等分布，以及水利工程的运行机制。他如海运与内陆河的转运方式、水运设施及运输管理等方面的成果皆为《考略》首次披露。

姚汉源先生是水利出身，除文献功力之外，亦重视对研究对象的实地考察。他撰写《京杭运河史》虽然历时4年，却是他数十年执着研究的回报。1966年他自山东寿张现张秋镇出发，沿运河南下，经行会通河、中运河、淮扬运河、江南运河至苏州，这是1949年以后对大运河的第一次科学考察。20世纪80年代至90年代初，他撰写的有关运河、黄河、淮河和海河流域的研究论文有30多篇，其中对北京通惠河水源高梁河水系、南旺枢纽的研究尤其精辟，这些论文构成了《京杭运河史》的基本内容。姚先生厚重的考据功力在书中得以充分地展现。比如关于春秋战国时期古运河的起源书中仅不到3000多字，而注释部分竟大大超过正文，如果谁从书中相关问题的阐述和结论，去追问依据，就会发现无论是《京杭运河史》还是《浙东运河史考略》皆有丰厚的史料基础，还有作者对资料的消化和解析能力。专著中关于会通河、浙东运河最精彩的部分，是他对水道工程、枢纽工程、水源工程的复原，这都是凭借他专业的学术能力实现的。

姚先生治学是仁者治学，随时记得为后学铺路。他在《京杭运河史》中设了文献要略章，系统地梳理了元明清三代运河文献，这是进行深入研究的重要资料引领。大运河复杂纷繁的工程设施、水道演变，与黄河不断决溢形成的泛道纠缠在一起，与淮河和海河诸水系形成相互影响和制约。当研究者跨入其中，谁都会感到头绪纷杂。姚先生根据运河与自然河流的关系、工程设施的特点，将京杭运河分为8个河段，浙东运河以曹娥江为界，分为两个河段。他这一开拓性的运河工程分类，清晰地将对运河的宏观把握与微观研判融为一体，成为今天研究者的共识，为更多人认知运河指出了路径。2006 年至 2014 年大运河申遗时，对遗产价值分析和保护方案的拟定即受益于此。

20 世纪初漕运终止，大运河固有使命随之完成。没有国家强制性的运河水资源调配，大运河不同河段后来的命运不尽相同。大运河似乎与现代社会渐行渐远，但依然是今天水利事业的重要部分。通惠河是今天北京重要的防洪水道，北运河、南运河分别是海河北系和南系的干流，淮扬运河是淮河入江水道，济宁以南至杭州运河至今仍然通航。南水北调东线工程有约 60% 河段利用了运河水道。浙东运河更是完整地保留下来。

徐乾清院士生前曾经指出运河工程和运用对黄淮平原自然环境有很多负面作用并影响至今，这是需要从历史研究的角度来认识的。如果不对运河史有所了解，很难读懂他对黄淮海平原水灾害根源的分析。大运河研究是有关江河、历史、水利科学的学问，只要从事水利工作，都有研究的必要。对不同学养、知识或专业背景的人来说，阅读《京杭运河史》《浙东运河史考略》，可能会有多方面的收获，但是它们又不是可以让人轻松阅读的专著和论文，考证和阐述往往是出白对多个来源史料的消化，集合了水利学、历史学等多视角的分析，行文可能失于雕琢，与时下风格也有出入。曾有人建议在此书的基础上，做条理性的归纳，并增加对难点技术的注释，使之便于阅读，其实大可不必。《京杭运河史》《浙东运河史考略》体现了姚先生的学问风格，从中可得见古代水利的博大与精深，通过认真阅读和消化，或可引出更多与运河相关的研究问题，从而将大运河的研究引向更为深入、广阔的天地。

文献辑存

浙东运河水道及其工程设施的形成与完善

姚汉源

一、概述

越地多水，江河纵横，稍加人工修整，航运就能四通八达。这些人工修浚往往规模不大，因而缺乏记载。越中人工开渠河可上溯至春秋越时。如《越绝书》所记："勾践采锡山为炭，称炭聚，载从炭渎至练塘。各因事名之，去县五十里。"练塘是"勾践炼冶铜锡之处。采炭于南山，故其间有炭渎"。当时越人水运发达，东浮大海，北袭吴都，西溯江淮。近地水运，《越绝书》记："山阴故水道，出东郭，从郡阳春亭，去县五十里。"可能是自城阳春亭五十里，更别有水道远航，似即后浙东运河一段。又记："山阴大城者，范蠡所筑治也，今俗谓之蠡城。陆门三，水门三。""勾践小城，山阴城也，周二里二百二十三步，陆门四，水门一。"城陆门与水门并重。又"阳城里者，范蠡城也。西至水路，水门一，陆门二。""美人宫，周五百九十步，陆门二，水门一。"小城镇亦有水门，这都由于水运通航。所以又记："勾践喟然叹曰：'夫越性脆而愚，水行而山处。以船为车，以楫为马，往若飘风，去则难从。锐兵任死，越之常性也。'"可见水运是主要的。

东汉以后下至南北朝时，江浙开发迅猛，水道以渠化天然河道为主，大规模开凿仍少。渠化以堰埭、斗、闸等建筑为多。宋《嘉泰会稽志》记浙东运河为"晋司徒贺循临郡（指会稽郡，治今绍兴），凿此以溉田"。贺循（260—319）是会稽山阴人（会稽郡附郭），于永嘉元年（307年）为会稽相，又为吴国内史，运河或始开于此时。但用以溉田，可能是郡城附近的一段。南北朝时，东土会稽为经济要区，水路行旅繁忙，运河似已略具规模，下至南宋都临安，为重要漕渠之一，整修较多，规模颇完备。

南宋都临安（杭州市），其水运通四方，水道除东自钱塘入海外，内河漕运则"秀（嘉兴）、常、湖州，江阴军，平江府（苏州），系平河行运；衢、婺（金华）、严（建德）州，系自溪入江；明州（宁波）、绍兴府，运河车堰，渡江"。各水道各有特征。

综上所述，南北朝、南宋是浙东运河发展的重要节点，本文以此切入，讨论各历史区段浙东运河代表性水道及其关键工程。

二、南北朝至五代

1. 南北朝堰埭

浙东运河一带河道特征，南北朝时已形成。当时堰埭津渡很多，有公有私，公营的堰渡收过堰过渡税，主要的往往设专官管理。私家的亦收费。当时有关记载不少。浙东运道上南齐时主要堰埭自东向西有浦阳南津埭、浦阳北津埭、西陵埭、柳浦埭。浦阳南津埭即后之梁湖堰，在今上虞县（百官镇）东南十里许运河上。北津埭在曹娥江西，后名曹娥堰。西陵埭即后代之西兴堰，在萧山县西二十里。柳浦埭在旧杭州城东南五里许钱塘江北岸，自杭州候潮水门至江岸旧有运河名里河，长七里，过柳浦埭入里河，水运穿杭州可北至湖州。当时四埭均为牛埭，是水运要道。每埭每年收过埭税百余万，为政府一大笔收入。

《梁书·何胤传》记梁天监十三年（514年）衡阳王萧元简离会稽太守任，与胤告别。胤"道至都赐埭，去郡三里"。后绍兴城屡经扩修，城东水门曰都泗门，都泗即都赐，系晋时王憺修，门有堰即都泗堰在运河上，南控鉴湖水，使不致倾泄。

西陵埭，陈代又名奉公埭，为浙江东面的第一埭，似废于唐时。唐末已不见记载。

与河道有关修建，较早者有刘宋大明时（457—464年），会稽山阴人孔灵符为本郡太守，于上虞县（即今治）东郭外渔浦湖曾筑埭开渎通南津。《水经注·渐江水》记："湖之南即江（曹娥江）津也。江南有上唐、阳中二里隔在湖南，常有水患。太守孔灵符遏蜂山前湖以为埭，埭下开渎直指南津。又作水楗二所以舍此江，得无淹渍之害。"此埭当距南津埭不远，湖或为运道补充水源，楗应即挑水坝，所以挑江溜。

2. 唐代兴建工程

唐代据《新唐书·地理志》山阴县（今绍兴西境）"北五里有新河，西北十里有运道塘，皆元和十年（815年）观察使孟简开。"新河后因绍兴城扩大仅距城二里，似即旧运道之改道或支河。后代地方志以为与运河相合。运道塘，后代地方志以为即后之中塘，自绍兴西郭水门直至萧山。后宋、明、清各代都有增筑。又地方志载界塘在府城西五十里，唐垂拱二年（686年）始筑，与萧山县分界。塘亦在运道上。其余如西小江（钱清江）塘等多是宋以后修筑。唯西兴塘"在萧山县西十里，五代时钱镠始筑以过海潮，内障江水"，明、清亦有增筑。

三、宋代的浙东运河

1. 运河起止

浙东运河虽为常见名称，但不如京杭运河之通用。一因人工开凿段不长，工程规模不大，历史工程记载不清楚；二因浙东堰埭特多，渠化河段不少，各河段有的是局部渠化，也有的是连续渠化，历史记载亦不甚明；三因余姚以东及曹娥江上游亦有局部渠化，有渠化段是否即算运河，看法不一，以致运河范围颇有不同说法。

宋《元丰九域志》始记有运河名称。于两浙路，越州之萧山、上虞两县下均注有运河，于山阴县下注有莲河，亦似运河之误。

雍正《浙江通志》卷五十七《绍兴府水利》谓"运河在府西一里，自西兴抵曹娥江亘二百余里，历三县（萧山、山阴、会稽）界，经府城中"，东至曹娥江止。但曹娥以东仍有运河之称。又同卷《上虞县·水利》："运河在县治（今丰惠镇）通衢之南，东接通明堰，西距梁湖坝，绵亘三十里。"更西与曹娥堰接。所以运河应为西自西兴东至通明堰。

清《嘉庆一统志》绍兴府一·山川："运河，自萧山县西西兴镇，东流经萧山县治北，又东接钱清江，凡五十里。又东北至府城西，长五十五里。复自城西，东南出，经会稽县（今绍兴市东境）界，东流入上虞县界，接曹娥江，长一百里，皆南宋时漕渠故道也。其在上虞县者自县西三十里梁湖堰，流至通明坝，入姚江，横亘三十余里。"通明坝在上虞县（今丰惠镇）东三里，置于宋嘉泰元年（1201年）。此说系调停分运河为二之费解。实曹娥江以西为南宋漕渠故道，以东亦故道。

顾祖禹《读史方舆纪要》卷九十二《浙江·绍兴府·运河》又小异："运河在城西，自西兴渡，历萧山县而东接钱清江，长五十里，又东经府城长五十五里。复自城西，东南出，又东而入上虞县，接曹娥江，长一百里。自府城而南至嵩坝长八十里，则为嵊县之运河矣。盖运河纵广俱二百里。宋绍兴初以余姚县言运道浅涩，诏自都泗堰至曹娥塔桥发卒修浚。此即宋时漕渠故址也。今道，出府西北十里，谓之官渎，其余大抵仍旧道云。"此说把溯曹娥江（一名上虞江）南至嵊县纳入运河系统。嵩坝在会稽东南七十里，以近嵩山得名，为台州、绍兴交通要道，在今上虞县城（百官）之南（参附图）。《方舆纪要》上虞县·通明江条亦以通明坝西为运河，以坝为运河东端。

2. 河上堰坝及渡口

《嘉泰会稽志》卷十记："通明江在（上虞）县（今丰惠镇）东十里，源出余姚江，其西自运河入于江（由曹娥江之西入钱塘江）。有堰曰通明堰。"蔡舍人肇《明州（治今宁波）谢上表》云："'三江重复，百怪垂涎，七堰相望，万牛回首。'盖自杭经越至明凡三绝江，七度堰，此其一也。"江以堰得名，东通余姚江，西通运河，实际与运河为一水道，所谓三绝江，即渡钱塘、浦阳、曹娥三江。七堰自西而东宋代有钱清堰、都泗堰、曹娥堰、梁湖堰、通明堰。其余二堰似指宁波之西渡堰及钱清夹江之另一堰。

蔡肇字天启，丹阳人，崇宁元、二年（1102—1103）自中书舍人出知明州。当时前列五堰俱存。顾炎武《天下郡国利病书》引明代地方志以通明堰为自西而东之第五坝（但误以为新通明坝，详下文），以六、七两坝在余姚、宁波境。通明之东有大江口坝一名新坝在余姚西南三十五里。通明坝（旧坝）又名中坝，大江口坝又名下坝，二者相距十八里。惟下坝不见宋代记载似建于明初。更东至今宁波境，据宋《开庆四明续志》有西渡堰。"东距（宁波）望京门（西门）二十里，西入慈溪江（今余姚江下游），舳舻相衔，下上堰无虚日。盖明、越往来者必经由之地。淳祐间稍加茸治。"此应即七堰之一。

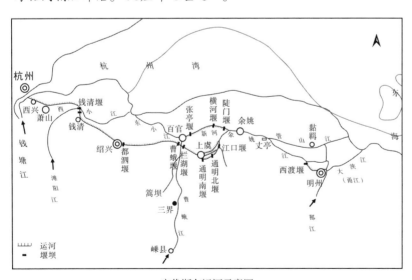

宋代浙东运河示意图

又同书另有北津堰，"旧图经曰北清，在鄞县西北二里。堰多历年所……宝祐六年（1258 年）二月……因其旧增高焉。内分两傍，各砌堰臂七层，鼎新造车屋四间"。此亦或七堰之一。

如下坝与中坝同建于宋代，则下坝可能为七堰之一，否则鄞县北津堰当为其中之一。

以建有堰埭及通航情况说，余姚江亦为渠化河道。浙东运河可以延长至宁波通海，不限于通明坝西。

自绍兴东经蒿坝（在城东南七十里）南溯曹娥江之嵊县（古名剡县），六朝以来为船行通道。东晋王徽之山阴访戴故事记："王子猷居山阴，夜大雪，眠觉，……忽忆戴安道（戴逵）。时戴在剡，即使夜乘小船就之，经宿方至，造门不前而返……兴尽而返。"是过了一夜才到，冬日水小，逆流，大概是两天两夜。宋代亦为绍兴至台州通途。

御河南宋另一人工运河为御河，在府城东南十五里，自城东七里之董家堰至宝山，宝山为南宋攒宫（帝后陵墓）所在，距城40 里（明弘治《绍兴府志》在会稽县东二十五里）。

3. 水运情况

《嘉泰会稽志》记运河及东小江（曹娥江）及西小江（浦阳江，下游为钱清江）等水运情况是：

运河自山阴县（今绍兴市西境）界西入萧山县，在萧山长 62里，西抵钱塘江；在山阴县长 50 余里。能行 200 石船。又自余姚县界，西入上虞县界，在上虞县长 53 里 60 步；又西入会稽县界，在会稽长 92 里。能行 200 石船。

余姚县余姚江在县南十步，源出上虞通明堰，东流十余里入境。县境水路长 55 里，东入慈溪、鄞县界至海，宽 40 丈，感潮段 200 余里，而水不咸。能行 500 石船。通明江在上虞旧县（丰惠镇）东十里，源出余姚江，其西通运河。运河在上虞旧县南220 步，源出七里湖（即西溪湖，在旧县西南二里）、渔门浦，自皂李湖（在县西北5里）均汇于河。运河西至梁湖堰，东至通明堰，长35里。

上虞江在旧县（丰惠镇）西28里，南自嵊县界入境，县境水路长190里，西为会稽县界，大汛潮能行500石船，小汛潮能行200石船。上虞江通称曹娥江或东小江，在会稽县东南70余里，因曹娥得名。相对大江及西小江说，又名东小江。上源为剡溪，至上虞名上虞江。又一说至曹娥庙（在府城东92里）前始名曹娥，北至百官镇又名百官江，更北至龙山（即龙头山在旧县西北三十里）下名舜江。各说并无严格定义，常混称。

曹娥江自上虞县西北入会稽县界，在会稽长40里，北入海，能行500石船。

萧山界，浦阳江在县东，源出浦江，北流自诸暨县界入境，在境长156里，东北入山阴县界至海，俗称西小江，一名钱清江。能行200石船。

……

5. 宋高宗所行运河水程

南宋初宋高宗避金兵，据《建炎以来系年要录》等记载：建炎三年（1129年）十月癸未（初七日）自平江（苏州）水路至临安。至庚寅复乘船向浙东，壬辰至越州行两日。十一月己巳（二十五日）由越州回至钱清堰，闻金兵渡长江，次日庚午复回越州，决定入海。辛未（二十七日）移御舟过都泗堰，船大不能过，遂劈碎御舟换小船，癸酉（二十九日）由越州东航至十二月己卯（初五日）至明州。自越至明共七日。

《三朝北盟会编》记自越至明，十一月二十七日通泗堰（都泗堰）因神舟（宋大船往往称神舟）太大不能过，令卫士拖曳，下级军官有怨言，宰相亲自指挥。仍未奏效，遂毁御舟。

建炎四年（1130年）四月甲戌（初二日）宋高宗因金兵已退，自海上回至明州城外，次日（乙亥）由明州向越。又次日

（丙子）至余姚县，以海船太大，不能西航，改换小船。癸未（十一日）至越州自明至越共九日，余姚江段系逆水上行。

绍兴二年（1132年）正月十日自越登舟，十一日西行宿钱清镇，十二日宿萧山县，十三日候潮渡江，十四日至临安府。

四、宋代浙东运河关键工程及其演变

1. 堰坝

由西兴至明州，北宋末称有七堰（见前）。王应麟引《国史职官志》，记北宋漕运水路21堰各设监官一人。其余皆属于州县。江南运河有6堰，淮扬运河有8堰，浙东运河为曹娥、梁湖、钱清3堰，其余4堰，泰州有2处，孟州1处，汝州1处。

浙东运道上自西向东，西兴堰早废。

钱清堰在萧山、山阴二县交界处，北宋所建者称钱清旧堰，在萧山县城东50里，东南距山阴亦50里。实际是在西小江南北两岸各建一堰。南宋时商旅拥挤，遇潮汛西下，常堵塞不通。嘉泰元年（1201年）提举浙东茶盐叶籈别建新堰，距萧山、山阴各51里，亦为南北两堰。堰旁建住房及牛棚，新旧两堰并用，水路始畅通。成寻记过堰时用牛四头（左右各二），及绞盘绳索，拖船过堰。人则自上游浮桥过江。《嘉泰志》记两堰设堰营，有堰兵50人戍守车坝。

清康熙十八年（1679年）黄宗羲作《余姚至省下路程沿革记》，指出宋代过钱清江甚艰险，引南宋周必大《思陵录》谓江西经诸暨东至三江口约300里，阔十余丈。"运河半贯其中，高于江水丈余，故南北皆筑堰，上水别设浮桥渡行旅。大舟例剥载，小舟则拖堰而过。"淳熙十六年（1189年）葬高宗会稽山宝山，过江时"梓官（棺）船欲渡，待其潮水平漫，开闸，水势奔注，久之稍定。两岸以索牵制，始放御舟。将达南闸，大升舆继之。御舟受触，幸而篙工能事，得入闸口。舆舟不能入，横截南岸。册宝又往，江流湍急，舟人力不能加，直冲其腰。继而灵主亦来，复冲册宝，势尤可畏。运使赵不流顿足垂涕，几欲赴水"。明代成化中，钱清江自上流改入钱塘江。三江口筑闸，潮水亦不能至钱清江。江与运河相混，无复险阻，有江之名，无江之实。曹娥之西至萧山，较其东难易悬殊。黄氏所记宋人语，说明堰旁有闸门可启闭。

都泗堰：都泗堰建于六朝时，亦作都赐堰，在绍兴都泗门（绍兴东水门）。成寻记过堰时用牛二头。堰设营，有堰兵25人。

曹娥堰：曹娥堰在会稽县东南72里，即六朝之浦阳北津埭。北宋治平中（1064—1067年）齐祖之撰《曹娥重修庙宇记》称"自阳武之越堤，开封之翟桥，总为堰者二十七，曹娥其一也"。成寻至嵊县时记用牛二头拖上堰，再用牛四头引入江。但次年返日本时，记用牛12头越堰。设堰营，有兵25人。

梁湖堰：梁湖堰即六朝时之浦阳南津埭，在上虞旧县西25里，设堰营，有兵25人。成寻未记过此堰事。地方志记堰之西即曹娥江东岸，风涛冲洗，常移建。元代向西迁移，明嘉靖间，江潮西徙，涨沙七里，县令郑芸开浚成河，移坝江边。

通明堰：通明堰有南北二堰，北堰建于北宋，在上虞旧县东十里许（或说十二里）。《嘉泰志》记此处景德中（1004—1007年）建有通明闸，嘉泰前已废。此堰或系同时或稍后建成。有堰营，设兵25人。成寻记熙宁六年过堰时以牛十六头拖曳。嘉泰元年建通明南堰，在上虞旧县东三里。当时由于海潮自余姚江口溯江历宁波、余姚等县，至北堰约四百里，地势太高，退潮太快，盐运等重载船需待大汛潮时通行，平时重船横江，小船亦受壅阻，往往十几天才能过去。于是建南堰疏导，通官民商旅，北堰专通盐船。

北堰明初移郑监山下，名郑监山坝，又名新通明坝，又名中坝。明永乐时南堰之东四里许阻塞难通，开县（旧县）后旧沟名后新河，自西黄浦桥（在旧县西三里许）抵郑监山堰。又向东开十八里河直至江口坝，通官民船，路不甚便捷，但不需候潮。嘉靖三年（1524年）知县杨绍芳清理城内被侵占河道并加修浚，改建西黄浦桥，船复经城中。但自黄浦桥至十八里河的水道仍维持不废。

明初以前原有新河在旧县东北十里，西可自百官（今县治）渡，东航至菁江。菁江在余姚县西十五里，汇县西乡及上虞县东乡水入余姚江。旧地方志称"北由百官渡抵菁江，南由曹娥渡抵通明江"，是两条平行的水路。

《余姚至省下路程沿革记》："曹娥而东未入姚江，率数十里而一堰。船之大者不能容数十斛，不然则不可以拖堰，……故行者为甚难。自余姚至曹娥其路有二：分于城西二十里之曹墅桥。溯姚江而行，谓之南路。进曹墅桥入支港而行谓之北路。"北即菁江水路。

黄记又称："南路二十里至下坝又分为二，挽坝而上，旁渣湖（又作漳湖，今在上虞县境）行支港中，十八里至新坝，挽坝而上十里即上虞县治（旧治）也。"此即明代所开之后新河接十八里河通江口坝（下坝）水路，后改经郑监山堰行旧治城中者。黄记中所谓支港即十八里河，新坝即新通明坝又名中坝或郑监山坝者。

黄记续称："不挽下坝仍溯姚江而行，三十里至通明坝始挽而上，至上虞县城（旧县城）与支港之路会，又三十里乃至曹娥。"通明坝即通明南堰，所经水路即宋嘉泰以后之通途。

黄记又称十八里河之支港创始于南宋淳熙七年（1180年），魏王赵恺卒于明州，还葬越州，知上虞县汪大定以通明坝太高，潮汐易退，过数舟，水即涸落。另于支港建小堰通船，用夫役200人，挽大船入堰，引所浚渣湖水灌之，水满平堰。再挽丧舟等前进。"自是以来，反以支港为通衢，非大旱水涸则无有由通明者矣。史传史弥远所开，有恩多怨多之谣非也。"此说有误。此处通明坝应指北堰，淳熙中所过之堰亦即北堰，所由水路即通明江。汪大定所采过大船方法，实为由临时小堰形成临时船闸（澳闸），拖船入闸室（支港）后，用湖水灌满，水面几平北堰，舟绕越堰后而过。但闸室一段支港可能为明代修十八里河中一段的前身。淳熙远在嘉泰以前，嘉泰始有南堰，明初有十八里河支港，嘉靖时始有黄氏所记十八里河过新北堰（郑监山堰）至上虞旧县一路。黄氏所指支港一路，即嘉靖后情况。

黄氏又指出北路较南路近十里，经陡门、横河、驿亭三堰，夏盖湖之南。驿亭堰在上虞县境，横河在余姚县西30里。夏盖湖在上虞旧城西北40里。

黄氏又指出，南路各堰挽舟设辘轳，北路各堰则徒手拖拉，船较南路更小。北路至百官（今上虞县治）渡江，"陆行二里至塔桥与南路会"。塔桥即曹娥塔桥，在运河旁。

江口坝中坝之东十里为下坝，东距余姚县城35里（一说40里），又称江口坝（或大江口坝）或新坝，在十八里河入余姚江处。东为姚江，西为十八里河。旧地志称"河高于江丈有五尺"。坝当建于明永乐开十八里河时。清代屡次重修。今运河至此多弯道以平水势。

西渡堰在宁波西门（望京门）西20里。《宝庆四明志》记自鄞县西航，"逾西渡堰入慈溪江（余姚江），舟行历慈溪、余姚以至上虞县之通明堰，率视潮候"。堰似即今之大西坝，由姚江分支通宁波城，堰在分支处。潮水自东入江上行，江水深浅视潮汛而定。

志又载："管堰洪子原管一十八名。每名月支和雇钱二贯文。牛畜原额八头，每头月支料钱一贯文。索缆月支三贯文。"后管理不善，"宝庆三年（1227年）洪子存者十三名，牛存者一头，舟上下甚艰"。遂买牛增人，有改善。

北津堰亦由姚江分支通城者。

余姚江在今余姚县东丈亭镇有一较大分支，东穿慈溪旧县（城在丈亭东北45里，即今宁波市之慈溪镇），名官山江，南宋时曾修浚建闸，东历今镇海县又分支入海。余姚江尾同在宁波市东会奉化江下为甬江入海。甬江宋代名大江浃。

曹娥江旁有蒿坝长十丈，在会稽县东南70里（一作80里），上虞旧治西南40里，以近蒿山得名。

2. 主要闸、渡及水门等

（1）渡自杭至越、明两州，宋代主要渡口为钱塘江渡，主要官渡有两处。一为浙江渡，对岸为西兴渡；二为龙山渡，对岸为萧山渔浦渡。浙江渡在杭州城东南候潮门外浙江亭江边，亭北即六朝时之柳浦埭所在。龙山渡在六和塔下江边。渔浦渡在萧山县西南35里，西兴渡在萧山县西十二里。

北宋天圣四年（1026年）修杭州江岸斗门，通温州、台州等水路。浙江、龙山两渡之北有运河，河上有清水、浑水等闸及龙山清、浑闸等。

钱塘渡口唐代已有官渡，宋有专官监察。绍兴六年（1136年）六月右司谏王缙上奏钱塘江船渡原为防"覆溺，差使臣以察之，而百端阻节，往来反受其害"，已是日久弊生，贪婪索贿。

绍兴三十年（1160年）诏："浙江、西兴镇两处监渡官系枢密院差到使臣。今后一年一替。……依绍兴七年六月四日立定，渡船三百料许载空手一百人，二百料六十人，一百料三十人，一百料之下递减。如有担仗比二人。其龙山、渔浦监镇并是兼管，不得专一。今后渔浦依旧就委监镇巡检，依浙江卖牌发渡。龙山渡从朝廷选差枢密使臣一年一替。赏罚并依浙江、西兴体例。"

主要渡口，浙江、西兴两处是由中央专差武职官一员，任期一年。龙山、渔浦两处次要，是监镇官兼管。绍兴三十年龙山渡升格设专职武官。后渔浦渡亦设专官。至嘉泰二年（1202年）改武职官为文官。至开禧三年（1207年）仍改为武官。

所用船只据庆元二年（1196）两浙漕臣王溉奏，改照镇江都统制司所造扬子江现用渡随式样打造。船有大小，有三百、二百、一百及一百以下各料。每料容重60斤，按一人加随身物品重200斤计，一百料船容重6000斤，所以可载30人。三百、二百料类推。

行旅过渡需买牌上船。又据嘉泰元年临安府奏，按规定每牌卖三十一文足钱，担杖、轿马亦折成人数买牌。官吏、军兵、茶、盐、钞客、乞丐、僧道可免买牌。

当时四渡有转运司船35只，临安府所管16只。以一成牌钱分给两官府作修船用，九成归官库及船工开支。

黄宗羲引宋孙觌记，知临安府汪思恩以钱塘东渡会稽，私渡舟子半途勒索，或超载行船，更造大船十余，每一船按能容人数编号，各船号色不同，行旅购号登船。号有定价。设官监督。卖号收入以十分之一修船。此当即绍兴中整顿钱塘四渡事，所记稍有不同。

据《嘉泰志》除钱塘江四渡外，尚有曹娥江四渡，西岸属会稽界，曹娥渡在县东72里，东小江渡在县东南90里。东岸属上虞县，百官渡在旧县西30里，梁湖渡在旧县西北25里。其相对位置东小江与百官渡并不相对。曹娥渡与梁湖渡相对。后代相对位置也与宋代不同。后代四渡历久不废，但里程与位置均有变动。如《雍正浙江通志》引明《绍兴府志》记曹娥渡在府城东90里。引明《上虞县志》梁湖渡在旧县西曹娥庙前。而曹娥庙在绍兴府东92里。渡船由驿站管理。钱清堰处据成寻及黄宗羲所记，有浮桥，过西小江。元明清均曾重建。

（2）闸、斗门、水门。

三者常混称，但严格说实有区别，闸有门可启闭通舟船，水门为铁椇窗。可上下启闭通船，斗门与闸不易区别，但浙东通舟船者常不名斗门。

闸，据《嘉泰志》萧山县西十里二百步有清水闸，县西12里有浑水闸，均为景德三年（1006年）知越州王砺建，系为湘湖蓄水而设。浑水闸因受江水致浑。后移江边，名龙口闸。景德中湘湖未建，所拦蓄为以后湘湖水源。上虞旧县东10里有通明闸，景德中置，嘉泰时已废。会稽县东南72里有曹娥闸。

另据《宋会要辑稿》，记都泗堰有闸，系宣和时（1119—1125年）为便于高丽使臣来往而设。后因堰兵避免车堰。经常开闸放船，走泄鉴湖蓄水，隆兴二年（1164年）经绍兴知府吴芾奏准废塞。

据成寻所记，西兴船行十里始入河口，口有水门名定清门。有古闸基石。再行15里至第二水门名五云门。古闸基石座，似即古闸堰所在。《宋史·河渠志》西兴有通江两闸，为江沙壅塞，舟楫不通。乾道三年疏浚西兴至大堰沙河20里，并浚闸里运河30里，通纲运。后闸又废，亦似淤积结果。至嘉定十七年汪纲重建闸。自成寻见古闸基，其他之闸，几经兴废。至明万历时建永兴闸。

熙宁六年成寻回日本时，于六月二日至越州西门闸外泊，次日始开闸入州。越州西门有闸，似即迎恩水门。

据黄宗羲引宋周必大《思陵录》，钱清南北岸各有闸。

水门：沿浙东运河之萧山、绍兴、上虞旧县，余姚、慈溪旧县、宁波，凡有城墙的，都有水门通船。绍兴城宋有陆门五，水门四，东门陆名五云，水门即都泗门；东南陆名稽山，水门名东郭；南门陆名殖利，水门名偏门；另有西门名迎恩，西南门名长春，北门名三江。皆见宋《宝庆会稽续志》，唯成寻记迎恩门有水门，《嘉泰志》记殖利门有南埭，俗称南堰；水偏门有陶家埭二门相距一里，是殖利另有水门。三江门后名昌安门，《嘉泰志》记

"北门引众水入于海"，亦有三江门外堰，是亦有水门。所以实际有六水门，但西、南、北无专名，故《宝庆志》不载。

《嘉泰志》谓东及南门有堰，如都泗堰、东郭堰、南堰等，都是防护鉴湖水入运河走泄。西门等都是导湖水入运河西通钱塘江。北门则引水入海。

据清《嘉庆一统志》等书载：萧山旧城久废，明嘉靖三十二年创建有陆门四，下设三水门；余姚城始建于三国吴时，元末复修建有陆门五，水门二，明嘉靖中又于余姚江南岸建新城，有陆门四、水门二；上虞旧县古元城元末始建，有陆门五，水门二；宁波城于唐末创修，陆门六，水门二，慈溪旧城嘉靖三十五年创筑有陆门七。仅有退潮河水水门二。

五、宋代运河与鉴湖

1. 河湖相对位置

绍兴运河东西横亘。鉴湖水北接运河，东通东小江，西通西小江，蓄泄均与运河有关。北宋曾巩于熙宁二年（1069年）作《越州鉴湖图序》记湖"南并山，北属州城漕渠，东西距江"，北以城及运河为界，东为东小江，西为西小江。"州之东自城至于东江，其北堤石砫二。阴沟十有九，通民田。田之南属漕渠，北、东、西属江者皆溉之。"

北堤后为官塘之东段，自城至东小江九十余里。石砫即今之溢流堰，洪水过高即溢出，阴沟均为小沟，通田间排灌沟洫，北堤之北为运河，灌溉面积南以漕渠为限，东西北分抵两小江为限，石砫溢水入运河，阴沟也穿运河。

"州之东六十里，自东城至于东江，其南堤阴沟十有四，通民田。田之北抵漕渠，南并山，西并堤，东属江者皆溉之。"东城系地名，有驿站，距府城六十里，以南堤阴沟溉田，南堤似西自东城附近开始，东南抵小江。所溉田东抵江，北抵漕渠。似湖之南灌区，南至山为限，西则至东湖（鉴湖东半）东南堤。

"州之西三十里，曰柯山斗门，通民田，田之东并城，南并堤，北并漕渠，西属江者皆溉之。"所溉田在运河及湖北堤之间。后世官塘西段自城至广陵斗门长六十余里，即湖之北堤。又有运道塘自城抵萧山，为运河堤，柯山斗门为引灌斗门，未提及阴沟，是时西湖（鉴湖西半）水似尚多。

2. 湖水蓄泄与运河排洪系统

东湖顺南堤东流，自曹娥斗门及蒿口斗门入东小江。曹娥斗门在城东南 72 里，此处有曹娥堰及曹娥闸，堰闸可能建在一起。斗门则在附近，蒿口斗门在城东六十六里。

湖水顺北堤，自广陵斗门，新径斗门入西小江，广陵斗门在山阴西北 64 里，新径斗门在西北 46 里。

《嘉泰会稽志》载当时人徐次铎"复鉴湖议"，记湖堤东自五云门至曹娥江 72 里。西自常喜门至西小江 45 里。又记绍熙五年（1194 年）冬宋孝宗灵柩自运河东至绍兴，"府县惧漕河浅涸，尽塞诸斗门，因护诸堰闸。虽当霜降水涸之时，不雨者逾月，而湖水仅减一、二寸。湖田被浸者久之。讫事、决堤、开堰放斗门，水乃得去"。这说明运河水来自鉴湖，河湖相通。堤堰所以蓄水，闸、斗门可蓄可泄。文献中堰闸有时指与堰建在一起的闸。斗门泄水最利，堰闸通运河或较小河流泄水迂远。阴沟通田间泄水最缓。徐次铎说到鉴湖主要斗门、堰闸，在会稽者有四所斗门，四个闸，十五处堰，其中十三处堰在官塘上，两堰在城内。在山阴者三斗门，三个闸，十三所堰，其中十一处堰在官塘上，两堰在城内。上文已述及在城之堰，凡在东南者防湖水入运河，在西门者导水入运河。

防湖水入运河泄走，《宋史·河渠志》及《宋会要·食货·八》均记隆兴二年知绍兴府吴芾奏鉴湖依靠斗门、堰闸蓄水，"都泗堰闸，尤为要害，凡遇纲运及监司使命，舟船经过，堰兵避免车打，必欲开闸通放，以致启闭无时，决泄湖水"。请废塞，得到批准。这一例说明河湖关系，湖通河，湖水经河闸启放则由河下泄，都泗闸可理解为都泗堰上之闸。堰本身只蓄不泄。如果有溢流段则可排洪。堰上多带有闸，如钱清、都泗、东郭、曹娥、通明（闸后废）等皆有记载。

六、宋代运河的管理

1. 疏浚

绍兴元年十月十三日，仓部员外郎成大亨等上奏说两浙运使徐康国前上报上虞梁湖堰东运河浅淀一里半，奉旨令工部限一日相度，申尚书省。成奉命前往勘查得梁湖堰至住家坝一里一百八十丈（？）淤浅深度尺寸不一，计积242100尺（立方尺），每工开土运土40尺，共合用6502工开浚，令户部支用钱米，本县令、佐监督施工，不得拖延。

十六日又以越州至余姚运河淤浅，闸坝堕坏，阻滞纲运，着徐康国等一月内前去查勘，拟定施工次序及日程，报尚书省。徐等列报会稽都泗堰至曹娥塔桥应修浚河身及夹塘，共用71201工。诏令雇募人夫开掘，限十日竣工。转运司开支钱米，如缺乏可由户部借支。这两次掘浚为会稽境内，又上虞境内梁湖堰东一段。乾道三年（1167）以萧山镇西兴闸为江沙雍塞，地方官募夫自西兴至大江浚沙河二十里，又浚闸里运河三十里，又恐潮水再填淤"且通江六堰，纲运至多"，差官吏一人，专管开捞西兴沙河，拨捍江兵士专浚沙浦，仍建营房居住。据《嘉泰志》西兴营房有200人，这是特拨50人捞沙。

2. 建筑物

淳熙十六年（1189年）六月七日浙东提举袁说友奏浙东路易旱，由于河渠陂塘久不开浚，斗门堰闸失于修建，不能蓄水溉田，台州临海县、明州鄞县、绍兴府上虞县三处已修建竣工。绍兴府上虞县运河，梁湖堰至通明堰35里，本县准备先修塘岸，次立减水石砝。现已劝谕三乡上户出桩筱施工修完塘岸。石砝俟农闲时再修，这里指出运河上有石砝溢洪。嘉定后期（约1220年前后）知绍兴府主管浙东安抚司公事兼提点刑狱汪纲以萧山运河沙涨三十余里，碍航行，开浚八千余丈，复于江口创建闸门控制泥沙入河

七、杭州湾与浙东运河

吴自牧《梦粱录·江海船舰》谓："浙江乃通江渡海之津道，且如海商之船大小不等，大者五千料，可载五六百人，中等二千料至一千料，亦可载二三百人。余者谓之钻风，大小六橹或八橹，每船可载百余人。"所说人数系水手、商人等，以载货物为主，不是空手渡船。这些船系自海入杭州湾至杭州。水路与走运河可以说是平行的。成寻来时即自海道先至杭州，去时则自运河出宁波入海。成寻于熙宁五年三月二十六日抵明州列岛徐翁山（今崎岖岛之徐公山）因候风、候潮辗转至四月四日始至明州。当时不能入明州随出海赴越州，五日在明州界换小船两只入越州界，六日至越州思胡浦，停至十一日登船，十二日西航至萧山，十三日至杭州凑口入河，沿途多候潮出入。

海船自余姚江上航只能到余姚县，建炎四年宋高宗即系乘海船自余姚换小船至绍兴。至绍兴二年正月始由绍兴回临安。在绍兴两年。

当年四月绍兴府上奏：两年以来闽、广、温、台海运米粮，财物供应绍兴，都是在余姚县卸下剥运，因余姚县船少往往不能及时接运，海船需停泊等待卸交。现即移住临安，拟由海直运到那里。唯定海县至临安海道中多沙碛，不能通南方各海船，需调发沿海居民各船只。明州现有剥运商货湖船甚多，拟请派官员将闽、广、温、台等处运来财务粮米在明州交卸。雇湖船剥运，由

海道直航临安，既省诸县民力，海船又可迅速返航，粮米亦可及时至杭州。这一办法经批准实施。这里可以看出杭州湾海运情况。

据《万历绍兴志》，商贾苦内河劳费，或以海路径捷，谓走海路为"登潬"。潬即海中沙，遇风平浪静瞬息万里。大风骤起亦易覆没，或漂流远去。

节选自姚汉源《浙东运河考略》上篇，全文载于《京杭运河史》。《考略》划分了浙东运河发展的历史阶段，指出相应阶段代表性水道、关键工程，后续的演变轨迹。上篇考证浙东运河肇始至运河工程体系完备的进程，弥补浙东运河史研究的空白，是姚汉源先生大运河史研究的扛鼎之作。文题为本条目作者拟定，并在概述部分略作修改。

高山仰首，流水静听

姚汉源

绍兴多水，南宋以前鉴湖为其肠胃。自春秋越王勾践生聚教训，越地开发已着眼于塘堰水利。东汉马臻修鉴湖是大江以南最早最大的塘堰工程，灌田9000顷。虽自有开发以来，非一朝一夕之功，但湖成后，水乡之水害益少，利益多，是绍兴地区开发的一大跃进。既庶且富，文教勃兴。晋以后水利，东通海有西兴运河，北扦潮有海塘千百里。南有三十六水，南镇诸山是水源头；中有鉴湖为蓄水之腹，下灌良田万顷。所谓见于面，盎于背，施于四体为水之浸润。尾闾聚于塘闸以达于大江海，声气四通以运河为腰膂。

宋以后鉴湖散而为桑田，为百川，为泽为泊。闸堰、斗门、堤防、桥梁调节水势，增建以千计；御咸蓄淡，海塘可以代湖塘，均为人力代天功。浙东水利大形势仍维持不衰。于此见绍兴水利实集水工之大全。山可以建水库，施水土保持之功；平原水网，静所以为湖泽，为圩田，动可以为水运，无远弗届。沿海可以御大潮，束航道。城市并衢路为河流，既供居民之饮盥，涤污洗垢，又可以舟船为车马。千桥之名城为谈城市水利者所乐道。

综合山、原、湖、海之地形，星罗棋布之水体，历史上历千百年之开发，水利形成一独特格局。将来进一步开发，就自然形势，就前人成绩，用现代科学技术，全盘规划，正大有广阔天地，足以构成一雄丽典范，使马侯之泽绵延千古。

诸同志来绍兴，拜大禹陵思治水之祖，睹越王庙思开发之功，纪念马侯则思继禹之绩，掌握开发关键。晋人谓，东土会稽一郡丰收，三吴不饥，号为乐土。人多英杰而地效其灵，水利实为乐土之物质基础。

另一面的水利，为近人常说之水足以美化环境。其意义为水对人的精神启发。古语谓"仁者乐山"，见山之崎而兴内蕴宝藏，外育动植之情；"仁者寿"，是历久不磨。"智者乐水"，见渊渟川流而兴照澈内外，无所不润之感；"智者乐"，是变化动静无不沛及之悦怡。行山阴道上，应接不暇，非特指文人墨客的一觞一咏，独乐其乐。实山示人以雄浑壮丽，水感人以清幽秀美，波涛宏阔而惊其动天地。山川孕育，地灵而人亦杰。汉有王充，吴有虞翻，两晋南北朝人物荟萃，文采风流照耀千古，或挺生斯土，或流寓仕宦，及唐有贺监，宋有放翁。谓不由于自然环境酝酿化育不可。德、智、体、美四育并列，均与所处环境有关。自然条件，水最重要。《管子·水地》极重水，谓水为地之血气，万物本原，治世的枢纽在于水。所论是非，谈水利者不可不深思。

推而广之，宋明新儒学之兴，宋有浙东杨（简）袁（燮）舒（璘）沈（焕）四先生为陆象山（九渊）之高弟；明有王阳明（守仁）良知之学，一振颓靡之风，刘蕺山（宗周）为理学后劲。晚明清初学术争鸣，仅次于先秦，不溯源于阳明之说不可。浙东明末抗清之惨烈，要不使先进文化堕于落后。所谓天下兴亡，匹夫有责者在此。清代章实斋（学诚）盛称浙东学术，以经世之志不愿列于吴皖朴学之林，尊黄梨洲（宗羲）全谢山（祖望）等。其影响及于晚清，革命贤哲先后辈出，亦皆不欲文化之落后于先进。其事迹宣传纪念，彰彰在人耳目，来游者随处可见。凡此种种要非偶然，所谓人杰地灵，地灵人亦杰。治水者尤不能忘情奠定物质基础，兴发精神感召之水。

生平遍走南北，常慕浙东贤豪，山阴风物以不得一睹为憾。今幸得从诸同志之后，论浙东水利，探马侯业绩，盈耳濡目无非启我深思，教我不逮。尘障不沐而自净，衷心不慊而自谦。孰能望高山不仰首，聆流水不静听？纪念论文集成编，谨赘数语，抒不能自已之情，愿勿见哂于大方。

此系姚汉源先生为《鉴湖与绍兴水利》（盛鸿浪主编，中国书店，1991 年）所作序，成文于 1990 年 8 月，文题为本条目作者拟定。

论水利志

姚汉源

鄞县水利志编纂同志惠寄水利志稿一部，内容共八篇，篇若干章，共三十九章。举凡天时、地理、人事无不具载。水利之规划、设计、施工、管理无不悉备。于志之首重存史一义发挥无余，可谓得其窾要。存史既详尽则资治、教化皆见诸实事而不徒托空言。徒托空言，词费而效微。存史实则必前有所承，志虽记当代事而史贵连续如本志之上溯晋唐，追源探始不忘其祖也。存史实亦必后有所启，继往而不开来，不得谓之史。启发将来见于志之资治及教化。述当代之长短得失，善恶贤不肖，使后来者扬长避短，得益多、失益少所谓资治也；使人见贤思齐，见不肖而自警所谓兴教化也。故曰志有三作用，存史其首要。

就鄞县水利志言，由于地处沿海，有江河，有溪涧，多湖泊，多闸坝、碶碀；海塘以防潮，堰闸以御咸蓄淡等，自成独特格局与内地水利设施显多不同。尝谓浙东与闽粤沿海水利有大同处。因其大同，虽一地一县之经验实可推广于三数省份，非只嘉惠于本邑本地。此志中之资治可因事自见也。

以教化言，水之为利于人者非一端。自然环境中水最能陶冶人性情，如川水长流使人兴自强不息之叹，波澜壮阔足以开拓人之心胸，观沧海而兴乘长风破万里浪之感，水清幽而人多秀，水无不润而人多智等，化育无形而影响深远，此一义也。及水利之功施，人德其惠，长思报于无穷，如王元暐之于它山堰，人尊而祀之，尊前贤所以励后人。饮水思源思创始之不易，工程罗布驯水于掌股思群力之伟大，闻先烈之苦身劳形起欣慕愿效之衷怀，此皆水利之教深入人心之另一义也。

古今之志大别为省志、为市县志，可称为一地区之总志；一地区各类政事各有专志如水利志、交通志等等不下数十、百种，可称为专志。按门类系统一县之专志上属于一市之专志，一市者上属于一省，各省专志汇而为全国之专志。上下连属可称为统志。如水利志之统属于江河流域志亦统志也。块块分包系总志与专志，条条一贯系统志与专志。古之水利专志如南宋《四明它山水利备览》，清代之《甬上水利志》等。总志则全国各省、府、县，古无不有之，为我国特有之文献。古之统志如二十五史中之河渠志既分记江河或各省水利，又统为某一代全国水利志，系最显著例证。

时移世易，古代志体不能全用于今志，亦不能全舍古体而有所谓今志。今志古志有共性，有特性。不探讨古今志之同异，有自矜新异，实不免拾他人牙慧者。专志与总志亦有共性、特性。不论专志、总志之异同，混同一色，不能无舛差赘漏。论同异需兼及关系。不论总志与专志关系，往往不易合多数专志为一有机之总志。不论统志与专志关系，不能不杂然并陈，或事倍功半，或乖互矛盾，专而无属，统不能统。往往江河志成，于某一工程，某一事业，某一区域水利开发等等之系统关系不甚明晰，缺乏指导性准则。

或以为百花齐放，各以创新为主，无妨各自为政。然全国修志，投入人力数十、百万，历时且十年，成书稿以数千计，工作已深入。由实践而归纳探讨、提炼上升为理论，亦今日当务之急，必然之势。尝试绎总志存史、资治、教化三作用，如何适用于专志而概括无遗？有无因特点而增减？以水利专志言，是否对总志、统志应力求成为一个系统，为其中之有机部分？体例、内容可供总志、统志之归纳采择。专志之此等作用，可以称为"备志"。水利为一门重要科学技术，各地区、各时代因自然条件及历史背景之不同而各有特点。水利专志各记其特点，汇实践而归纳为理论，即可丰富其科学内容。如本志中：海塘工程固海塘工程学一部分，特点不可不突出；沿海江河溪涧以闸堰御潮、蓄潮，综合各地实践可成为沿海水利学；其他如东钱湖之兴衰为湖泊水利学重要内容；它山堰为堰坝之先河等等，皆可称为"成学"。故水利专志之作用，可以概括为五项：存史、资治、教化、备志、成学。

推而广之，似又不限于五。由工程而及水利事业与当代政治经济及社会形态关系，亦皆为治社会科学者所不废。此则总志、统志均有之，可尽入存史一项中，亦水利专志所注意。以鄞志之详且备，凡此种种，事具而意自见，不待赘言。

本志之成，盖历时十余年，撰文百万言，剪裁加工而后定。以"征求意见"标题，实自谦也。本年初夏，游甬上，蒙缪复元主编等同志，殷殷招待，盛情可感。嘱撰拙序于前。某不文且未深入学习，不能略致芹献。泛泛致意，中心愧悒，所幸若有不足，诸同志当已更上一层楼，使尽善尽美矣。

此系姚汉源先生为《鄞县水利志》（缪复元等著，海河大学出版社，1992年）所作的序，成文于1990年8月，文题为本条目作者拟定。

陈桥驿*

陈桥驿（1923—2015），原名陈庆均，浙江绍兴人，历史地理学家、郦学家，九三学社社员，浙江大学地球科学系终身教授。1957年加入九三学社，任九三学社浙江省第一、二、三届委员会委员。第六届全国人大代表，第六、七届浙江省政协常委。1932年入浙江省立第五中学附属小学二年级；1936—1941年，于多所中学就读。1942年5月，至绍兴柯桥阮社小学任校长。1944年9月考入国立中正大学（设于江西赣州）社会教育

陈桥驿

学系；三个月后，弃学从军，参加"青年远征军"，曾任所在部队英语教官。1946年受聘于嘉兴青年职业学校，任英语教师。1948年春应聘担任新昌中学教导主任，兼教地理等科目。1954年受聘于浙江师范学院（1958年后定名为杭州大学，1998年后合并入浙江大学）地理系，任讲师，后兼经济地理教研室主任。1978年，任杭州大学副教授，区域地理教研室主任，历史地理研究中心主任。1983年晋升教授。1994年，国家人事部转省人事厅文件，规定无限期不退休，"继续研究，继续写作"。1998年8月后，为浙江大学地球科学系终身教授。1985年至1996年连续三届出任中国地理学会历史地理专业委员会主任，1984年至2000年连续四届出任浙江省地理学会理事长。曾任国际地理联合会（IGU）历史地理专业委员会咨询委员，英国剑桥国际传记中心荣誉委员，中国古都学会副会长，中国地名研究会学术顾问，浙江省中国文化研究会会长，浙江省乡土教育研究会会长等。2010年5月，荣获浙江大学最高学术奖项——"竺可桢奖"；2012年10月，《水经注校证》荣获第六届"吴玉章人文社会科学奖"优秀奖；

---

* 作者：郭姝姝

2013 年 10 月，荣获中国地理学会"中国地理科学成就奖"。

陈桥驿先生一生笔耕不辍，著述颇丰，出版各类著述 70 余种，超过 2000 万字。其中《淮河流域》《祖国的河流》《绍兴地方文献考录》《水经注研究》《水经注疏》《郦道元评传》《水经注校释》《吴越文化论丛》《郦学札记》《水经注校证》《水经注地名汇编》等学术专著及古籍点校著作近 40 种，主编《中国自然地理·历史自然地理》《中国历史名城》《浙江古今地名词典》《中国七大古都》《中国都城辞典》等著述 10 余种，另有外文及古籍译作 10 余种，并在《中国社会科学》《地理学报》《历史研究》《中国历史地理论丛》《文史》《中华文史论丛》《光明日报》等报刊上发表学术论文和其他文章数百篇。1986 年，包括《中国自然地理·历史自然地理》在内的《中国自然地理》获中国科学院科学技术进步奖一等奖；2003 年，《水经注校释》获第三届中国高校人文社会科学研究优秀成果奖一等奖。1991 年，陈桥驿先生被国务院授予"为发展我国高等教育事业作出突出贡献"的学者，并享受政府特殊津贴；2010 年，他被浙江大学授予该校最高学术荣誉——"竺可桢奖"；2013 年，他被中国地理学会授予地理学界最高荣誉——"中国地理科学成就奖"。

陈桥驿是继谭其骧、侯仁之、史念海三位先生之后，对中国当代历史地理学的建立和发展作出卓越贡献的学者，主要研究领域为浙江宁绍地区历史地理、历史城市地理及《水经注》研究。

越地与宁绍地区地学研究成就

陈桥驿的历史地理学研究是从对宁绍地区的研究起家的。他从小区域入手，进行区域历史自然地理和人文地理的综合研究，揭示了宁绍地区的水系演变、植被更替、土地利用、聚落分布、城市兴衰等的规律，有关研究堪称典范。20 世纪 60 年代前期，陈桥驿在《地理学报》上相继发表《古代鉴湖兴废与山会平原农田水利》和《古代绍兴地区天然森林的破坏及其对农业的影响》两篇文章，在总体上把历史学的根底和地理学的手段紧密融为一体；在具体研究过程中，把历史自然地理的要素和历史经济地理的内容，联结成为有机的统一体。文章眼光独到，论证精湛，至今仍有重要意义；特别是对于在历史地理学研究中占有很大比重的地方性区域研究来说，更是无与伦比。他还进一步对江南和长江下游地区环境演变进行研究，阐发了三次"海进""海退"说，并深入分析了本区域远古文明兴衰的地理原因，论述了古越族群的人口、语言、聚落、经济等方面的特征以及流布状态。同时，他秉持"经世致用"的理念，对地方的经济社会发展、文化建设、生态保护等方面，也倾注了大量的热情和心力。相关研究成果集中体现在其论文集《吴越文化论丛》（中华书局，1999年版）之中。他积极参与了现代阶段历史地理学的学术研究实践和学科理论建构的过程，并在新时期与有关学者一起，组织、领导了历史地理学的学术团体、研究机构的恢复和建立，以及主要学术期刊的创编和若干重大项目的进行。

在对宁绍地区历史地理进行深入研究的基础上，陈桥驿进一步扩展研究领域，对浙江省不同地区乃至国内其他地区也进行过若干宏观性研究，并形成了其对历史地理学诸如学科属性、研究方法等若干理论问题的观点。其中最为重要者，是其在1970年代末期，协助谭其骧、史念海等先生主持编撰的《中国自然地理·历史自然地理》（科学出版社，1982年版），并执笔撰写了总论部分和植被、水系的部分章节。该书标志着历史自然地理学作为历史地理学分支学科的确立和成熟，也是中国历史地理学在现代阶段所取得的最高成就之一。

陈桥驿先生以弘扬传统文化为己任，在历史地理学、方志学、地名学、古都学及城市研究等方面造诣精深，成就卓著。在历史人文地理学诸多分支学科中，陈桥驿尤其对历史城市地理学（包括"古都学"）用力最多。他较早对宁绍地区乃至浙江省的聚落、城市等的发展、演变，进行了系统的研究，对中国的城市、古都等也进行了宏观的论述，主持编写、翻译了一批有影响的著作，如先后主编《中国六大古都》《中国历史名城》

《中国七大古都》《中国都城辞典》等，主持翻译了《中华帝国晚期的城市》等。他对"古都""大古都"的标准所进行的论述以及对中国"大古都"的认定，得到学术界和社会各界的接受和认可。陈桥驿还较早系统地展开对方志学、地名学的研究。他在1950年代末期就曾经在大学地理系开设方志学方面的课程；1980年代以来，他长期参与指导地方志、地名志的编纂工作，引进了多部流失海外的地方志。他发表了大量关于地方志、地名学研究的论述，并且提出了很多具有建设性的意见；如方志编纂中卷目设置上的"自然地理卷"应为"自然环境卷"的观点，动植物名称应统一用"双名法"和志书应编制"索引"等主张，以后都为地方志修撰实践所接受；在关于《水经注》的地名学成就、越语方言地名等方面也有深入的论述。他还直接参与修撰实践，主编了多部志书与地名词典等。

在陈桥驿诸多研究领域之中，最受世人瞩目的是他的"郦学"研究成果。陈桥驿早年即对《水经注》产生了浓厚的兴趣；从事学术活动之后，最初从地理学的角度加以深研，系统整理了《水经注》中的各类地理学资料；进而对文献流传的过程进行探究，厘清诸多郦学史上的疑案，纠正了历史上《水经注》研究中的不少谬误；再进一步从思想、文化角度，对郦道元其人、其书以及在文化史、地理学史上的重大意义等做了精辟的阐释，提出了"地理大交流"的观点，而且阐发了诸多前人之所未发的见解，令人耳目一新。在此过程中，还整理、出版了多种《水经注》的点校、注释的新版本。这些学术成就，集中体现在他的4部《水经注研究》等论文集以及如《水经注校证》（中华书局，2007年版）等新版本中。正是这数十年持之以恒、终身以之的深钻精研，陈桥驿成为中国当代最负盛名的《水经注》研究学者，并将郦学研究推向一个新的高峰。

情系浙东，运河遗产保护的开拓者

陈桥驿在学术上坚持将浙东运河纳入京杭运河体系。浙东运河西在萧山接钱塘江，经绍兴、余姚而直达宁波甬江，是中国最早开凿的运河之一，史称"山阴水道"。但是山阴水道并不能涵盖运河全程，现代人称之"浙东运河"，以其经行命名也。陈桥驿则从学术的角度梳理历史，阐释其历史沿革，工程兴废。他的浙东运河研究，充实了中国大运河文化遗产内涵，为后来的保护奠定了基础。

陈桥驿是绍籍学者，对家乡的浙东运河倾注了更多的情感。20世纪50年代，陈桥驿在高校担任地理系的经济地理教研室主任，每年他都要带领一个班级的高年级学生和教研室教师在浙东地区，包括偏僻的山区和舟山群岛，开展长达两月的田野调查和教学实习。他用自己的双腿走遍浙东，从杭州钱塘江边的西兴码头一直走到宁波镇海的招宝山下。陈桥驿更是以学者的严谨，数十年如一日地潜心研究浙东运河，毫无保留地将自己的研究成果提供学界共享。1986年，受当时历史地理学界前辈史念海先生的嘱咐，陈桥驿将多年的研究成果写成《浙东运河的变迁》，收入唐宋运河考察队主编的《运河访古》中。这篇论文从历史地理视角对浙东运河的区域变迁进行了详尽的阐述。2014年，邱志荣、陈鹏儿两位绍兴水利专家，撰写完成了《浙东运河史》，陈桥驿先生欣然为《浙东运河史》作序，评价此书为"以浙东水环境为基础的区域百科全书，为中国大运河申遗成功献上的一份厚礼"。

2003年7月，九三学社北京市委机关报《九三北京社讯》发表了九三学社社员王昆所写的《关于京杭大运河申报世界文化遗产的建议》，被媒体称为我国最早提出大运河申遗的建议，并迅速引起全国关注和各运河城市纷纷响应、社会各界广泛支持，申遗建议最终被有关部门采纳。2006年，由全国政协委员、文史专家等150余人组成的考察团开始进行历史上第一次全局性调研活动，从北京出发抵达杭州，千里走运河，从长度上丈量了这条历史意义重大的河。"我们的大运河，除了通航作用，还有历史价值和文物价值，它是世界其他运河所不可比拟的！"作为考察团成员之一，时已84岁高龄的陈桥驿如是看待中国大运河的价值与研究地位。陈桥驿以留住历史文化遗产的根脉为己任，不辞辛苦，一路走，一路看，一路思考，一路建言。每到一地，陈老总要详细询问种种数据，时不时地要与介绍情况的当地同志交锋几个回合。5 月 24 日，经过反复修改最后达成一致的《京杭大运河保护与"申遗"杭州宣言》正式发布，这也意味着京杭大运河保护与"申遗"工作全面启动。随着研究工作的不断深入，大运河的深厚底蕴和辉煌历史被层层剖析。2007 年 6 月 20 日，有学者建议将隋唐时洛阳的运河段也扩充进来，京杭大运河于是"扩容"为中国大运河进行申遗。此后，陈桥驿和诸多专家多方呼吁，要求将浙东运河也纳入中国大运河申遗的范畴。但这种要求和呼吁绝对不是出于一己私利，而是有着充足的理论支撑和事实根据。早在 2003 年，陈桥驿就提出了"浙东运河"是中国大运河南端这一观点。2005 年，陈老在《南北大运河——兼论运河文化的研究和保护》一文中详细指出："必须特别指出的是，我国的南北运河，除了上述北段以外，还有从杭州越钱塘江经绍兴到宁波的一段。……浙东运河如上所述，其中不少段落是先秦运河，原是我国最古老的运河系统之一。"陈桥驿重申自己对南北大运河的见解：这是一条沟通南北的伟大运河，它北起北京，南到宁波，事实上应称"京甬运河"更为恰当。2008 年 11 月，浙东运河最终列入中国大运河申遗清单，改变了此前学术界把杭州作为大运河最南端的看法，确定了宁波是大运河的最南端，是通江达海的"海上丝绸之路"关键环节。2014 年，京杭运河与隋唐运河、浙东运河一起，作为"中国大运河"被列入第七批全国重点文物保护单位，申报世界文化遗产。2014 年 6 月 22 日，在卡塔尔多哈举行的联合国教科文组织第 38 届世界遗产委员会会议上，中国大运河整体成功申报世界文化遗产，也最终形成了今天完整的中国大运河遗产体系。

《中国运河文化史》是陈桥驿先生的代表作之一。中国运河的兴建、运行和管理，贯穿于春秋战国以来的中国历史时期，有关大运河的历史文献资料浩如烟海，但是中国大运河全域性的基础研究工作还相对较为薄弱。20 世纪前国内外已经出版的关于大运河的专著中，属于严谨考据、系统整理历史文献和通过田野调查完成的专类研究书籍并不多。2008 年，陈桥驿受杭州市委、市政府委托，邀请国内从事运河研究的一流学者，共同编纂《中国运河开发史》，2008 年由中华书局出版。这部著作从历史地理学角度对运河进行全面深入的研究。著作分黄河北侧运河、山东运河、里运河、关中豫东与皖北皖中运河、江南运河、大运河杭州段、浙东运河、灵渠等篇章，非常系统地梳理了中国大运河的河道变迁、区域环境和社会风俗等，为首部中国大运河百科全书。在《中国运河开发史》序中，陈桥驿对运河、大运河、Canal、Grand Canal 等概念进行了溯源，引经据典，说明了"运河"一词在北宋已经使用，按时代实早于西方的"Canal"。而 Grand Canal 的释义却有两条，其一是中国的南北运河，其二是意大利的威尼斯运河。并风趣地写道"以特地在此一提，对一些不大注意国际行情的人打个招呼"。他继而指出，我国是世界上遗存运河历史最长，跨度最大的国家，我们对古代运河的开发、运用和管理的研究还很薄弱，需要持之以恒地开展研究。陈桥驿认为：中国运河的"开发"包括"开凿"，但不等于"开凿"。中国的运河之中，有大量河段都是在天然河流的基础上加以人工的疏凿整治而成的。疏凿工程在平原河网地区可能轻而易举，但是在山地丘陵之中，为了便于航运，也有必要疏凿天然河流，工程就非常艰巨。以历史鉴今天、未来，陈桥驿希望今天的人们在为运河自豪之余，也能够对古人开发利用运河的经验教训有所思考和借鉴。

一生执教，诲人不倦

陈桥驿自 1954 年起在大学执教，1980 年代，指导历史地理专业的硕士研究生。1980 至 1990 年代，曾多次受聘参与全国各地历史地理专业的博士、硕士研究生的论文评阅及答辩工作。教书育人，奖掖后学，不遗余力。陈桥驿热心学术活动，积极参与了现代阶段历史地理学的学术研究实践和学科理论建构的过程，并在新时期与有关学者一起，组织、领导了历史地理学的学术团体、研究机构的恢复和建立，以及主要学术期刊的创编和若干重大项目的进行，对历史地理学 1980 年以来在中国的发展起到了非常突出的作用。他长期担任中国地理学会历史地理专业委员会的主任委员（1985—1996），1982 年至 2002 年连续四届出任浙江省地理学会理事长；亦曾任中国古都学会副会长、中国地名研究会学术顾问、浙江省中国文化研究会会长、浙江省乡土教育研究会会长等；还曾担任《历史地理》《中国历史地理论丛》等学术刊物的副主编、主编、顾问等。

陈桥驿也是改革开放后较早参与国际学术交流的地理学者。1982 年，陈桥驿出席巴西里约热内卢的国际地理学会，宣读《一千年来杭州的发展》论文。1983 年出席日本京都的国际人文科学学术讨论会，担任"前现代城市"学科组执行主席。此后多次应邀赴日，先后担任关西大学、国立大阪大学、国立广岛大学客座教授，并在东京大学、京都大学，九州大学等校讲学。20 世纪 90 年代访问北美，在加拿大和美国从事研究和讲学。他经常接受国内外学者进修研究，国外学者如美国瓦尔巴莱索大学历史系主任萧邦齐副教授（R. K. Sehoppa）、日本广岛大学教授寺地遵、日本广岛女子大学副教授堤正信等，均曾有较长时间在陈桥驿的指导下进修研究。陈桥驿参与国内外学术活动甚多，主要有：中国地理学会历史地理专业委员会主任及国际地理学会（IGU）历史地理专业委员，每两年都要主持一次国际历史地理学术讨论会，已先后在兰州、太原、上海、长沙、北京等地举行会议，每次都有许多国际学者参加。为其他学者出版的专著作序，每年达 10 篇左右，为中国的地理学和历史地理学走向世界作出了重要贡献，在国际上产生了广泛影响。

陈桥驿天资卓异，心性纯良，虽未完整接受正规大学教育，中年之前又多遭流离之苦及动荡之害，但仍矢志不渝，致力问学，终成一代大家。即使耄耋之年，仍坚持每日伏案，辛勤笔耕，直至生命的终点。他曾说过："读书、写作，是我一生的习惯。"

潘家铮[*]

潘家铮（1927—2012），浙江绍兴人，中国水工结构和水电建设专家，科幻小说作家，中国科学院院士、中国工程院院士。潘家铮一生从事水力发电建设工作。1950 年 8 月毕业于浙江大学土木工程专业，后在钱塘江水力发电勘测处参加革命工作至 1953 年；1954 年至 1955 年在水电总局工作；1955 年至 1965 年历任上海水力发电勘测设计院工程师、设计总工程师；1965 年至 1966 年任水电部锦屏水电工程指挥部设计室

潘家铮

副主任；1966 年至 1977 年任水电部十二局勘测设计院工程师；1977 年至 1979 年任水电部规划设计管理局副总工程师；1979 年至 1982 年任电力部水电总局副总工程师；1982 年至 1985 年历任水利水电规划设计院、水利水电建设总公司总工程师；1985 年至 1988 年任水利电力部总工程师；1988 年至 1993 年任能源部水电总工程师；1993 年至 1994 年任电力部技术顾问、长江三峡总公司技术委员会主任。1994 年 6 月至 1997 年 1 月任电力部技术顾问、中国工程院副院长；1997 年 1 月至 2002 年 6 月任国家电力公司顾问、中国工程院副院长；2002 年 6 月起，历任国家电力公司顾问、国家电网公司高级顾问；2012 年 7 月 13 日中午 12 时 01 分因病在北京逝世，享年85 岁。

潘家铮学识渊博，贡献卓著，获得了党和人民给予的多种荣誉。1993年、1998 年先后当选为政协第八届、九届全国委员会委员，1980 年当选为中国科学院院士（学部委员），1984 年被评为有突出贡献的中青年专家，1990 年被建设部授予设计大师称号，1994 年遴选为中国工程院首批院士。

---

* 作者：郭姝姝

曾担任国务院学位委员会委员，中国大坝委员会主席，中国岩石力学和工程学会理事长，国务院三峡工程质量检查专家组组长，国务院南水北调办公室专家委员会主任，清华大学教授、博士生导师。曾获得何梁何利科技进步奖、光华工程科技奖和国际岩土工程学会杰出贡献奖等，2012 年 6 月，获得第九届光华工程科技奖"成就奖"。

1927 年 10 月 19 日，潘家铮生于浙江绍兴一个破落的书香门第，由富有"民俗才气"的祖母一手带大，并以数不尽的山歌或灯谜启蒙幼小的心灵。于是，小家铮从小就在心田里种下了喜爱诗词的根苗。在小学 5 年级时，潘家铮随父逃避日寇到海滨马鞍村。父亲将他关在楼上背"四书五经"等古文，但小家铮却乐于掏摸古诗和古典小说，憧憬自己将来成为一个诗人，并如饥似渴地读着古典文学名著和诗词。在大量阅读中，潘家铮练就了"一目十行"的硬功夫。在海滨山村避难两年后，潘家铮断断续续读到初中二年级。1942 年 5 月，日寇大举进攻浙东，潘家铮与几个同学一起过上了流亡的求学生涯。1944 年初秋，潘家铮忍受不了敌占区当"良民"的屈辱，毅然到抗日游击区舜阳中学当文书，为师生刻写钢板蜡纸，半年后又到一个乡村小学当教员，时年 17 岁。在中小学供职期间，他除了自学数学等知识外，仍与诗词形影不离，并写出不少好诗，如《山居偶成》。抗日战争的胜利，开启了潘家铮进一步自学的大门。他忍痛暂断诗词的创作，重新捡起几何、代数、物理和化学等，并如愿进入浙大航空系学习，大二时又"违心"地转学土木工程系。1950 年，他从土木工程系毕业，成为新中国第一代水电人，开始触摸一生的梦想：开发水电，造福人民，与水电事业结下了不解之缘。

1950 年 7 月，潘家铮在钱令希教授推介下来到杭州燃料工业部任钱塘江勘测处技术员，从设计和施工 200 千瓦的金华湖海塘水电站做起，一步步学习和掌握水电开发技术，同时，他还夜以继日地进修数学和力学知识，注重将书本知识和国外资料上的知识应用于实践，又从工作实践中吸取经验、找出问题，逐步形成了自己独特的设计思想。

1954 年元月，他奉调到北京水电建设总局，继续从事浙江黄坛口水电站的设计工作。由于地质、水文资料的不足，致使黄坛口左岸坝头（西山）滑坡，电站建设遇到挫折，走了弯路。潘家铮凭借深厚的数学、力学基础知识，对滑坡进行分析，并对重力坝、土坝、引水系统以及厂房等水工建筑物的应力分布作深入研究，写出《木笼围堰的理论和设计》等多篇专业论文，发表在学术刊物上，引起了国内同行的关注。

1955年初，潘家铮奉调到水利电力部上海勘测设计院，任技术员、工程设计副总工程师等职。血气方刚的潘家铮，勇挑重担，主动在设计院内办起了学术讲座，发表了许多独到的见解和设计、分析方法，给更年轻的同志进行系统业务"充电"，受到好评。此后，他将讲稿整理成一套《水工结构应力分析丛书》，对推动我国水工结构设计水平的提高起了重要作用。

1956年，他参加了广东流溪河水电站的水工设计、海南东方水电站的修复工作，又有一系列的创新。40余年的运行和多次溢流考验证明，他的创新设计是正确的。1958年他在中苏朝蒙四国水利学习会议上，就流溪河拱坝设计中几个主要问题提交了有分量的论文，得到与会专家的一致好评。

1957年，潘家铮出任新安江水电站设计副总工程师，自1958年至1960年兼任现场设计组组长，常驻工地，具体领导工程设计与施工技术工作。新安江水电站的建成，为我国水电事业树立了第一座丰碑。潘家铮创新的宽缝重力坝成了国内广泛采用的坝型，此后为古田一级等10余座大坝所采用。

1965年初夏，他响应党中央支援三线建设的号召奔赴荒无人烟的雅砻江和大渡河，负责锦屏、龚咀磨房沟等水电站的勘测和设计工作。面对如此恶劣而危险的环境，他写下了30余篇论文，出版了《重力坝的设计和计算》等多部学术著作，迎来了他设计生涯的黄金时代。

1970年6月22日，潘家铮再次踏上去锦屏山磨房沟之路。在那里，他全身心地扑在工作上，并和战友们共同努力，不到一年时间，就使这座"文革"中惨遭破坏、满目疮痍的工程竣工发电，创造了一个奇迹。1973

年春，北京水电部对外司把他从四川"借调"到部里工作，并参加了许多国内外水电站设计和审查工作。1975年和1976年，他曾两次前往菲尔泽（阿尔巴尼亚）和拉格都（喀麦隆）参加设计审查和指导工作，使两座电站很快造福于两国人民。几十年来，潘家铮踏遍了祖国的山山水水，可以说，在中国较大的水电坝址和工地上几乎都留下过他的足迹和汗水。他以其精湛的技术、丰富的经验和过人的胆识，创造性地解决过无数技术难题，提出过许多重大建议，作出过不少关键性的决策。

潘家铮将毕生精力倾注到我国的水电工程建设事业中。他一生从事水电设计、建设、科研和管理工作，从设计、施工200千瓦的小水电站做起，刻苦钻研数学和力学等方面的知识，逐步形成了独特的设计思想。他从基层生产一线干起，扎实工作，勤于学习，勇于创新，逐步成长为我国水电战线卓越的专家学者。他参与了大量的水电工程，先后参加和主持黄坛口、流溪河、东方、新安江、富春江、乌溪江、磨房沟、锦屏等大中型水电站的设计工作，参与乌江渡、龚嘴、葛洲坝、凤滩、陈村等工程的审查研究工作，指导龙羊峡、东江、岩滩、二滩、龙滩、三峡等大型水电工程的设计工作。他负责的水电工程创造了多项国内第一和国际领先。其中流溪河是我国第一座坝顶溢流的薄拱坝，新安江是我国第一座自行设计施工的大型水电站，同时在设计中采用世界上最大的溢流厂房、宽缝重力坝、大底孔导流等新技术并首创抽排理论，大大节约了工程量。龙羊峡是我国已建的最高大坝，二滩是当时世界第三高双曲拱坝，三峡枢纽更是跨世纪工程。

他擅长结构力学，多年来在学术上致力于创造性地运用力学理论解决实际设计问题。对许多复杂的结构如地下结构、地基梁与框架、土石坝的心墙斜墙、调压井衬砌、岔管和法兰以及滑坡产生的涌浪等进行了系统研究，应用结构理论、弹性理论或板壳理论以及运用特殊函数，提出了新的计算理论和方法，并广泛应用于工程设计中。注意采用新技术、新结构，推动技术的发展。研究和推导出不稳定场压力和封闭式排水设计理论等，著有《重力坝设计》等20多种专著和近百篇技术论文。他勇于实践，团结和带领电力生产、科研、设计工作者，为中国水电事业的发展作出了突出贡献。一直到 80 多岁，他依然工作在我国水电事业的前线上，经常深入水电工程现场进行考察。始终关心我国能源和电力工业的改革、发展，多次建言献策，呼吁支持特高压输电技术研发和特高压工程建设。作为科技工作者，潘家铮拒绝从单一方向思考问题。2002 年，在《水利建设中的哲学思考》一文中，他提出水利建设要突破保守和教条，必须借助哲学思维方式。他用"照镜子、坐飞机、服中药、管孩子、吃螃蟹"来喻证，分析"利弊权衡、风险评估、辨证诊治、规范设定、技术转化"等内在规律，为业内提供了工程图纸和学术论文之外的启迪。

潘家铮爱才、惜才，他随时提携青年工程师，他喜欢和年轻人在一起，共同切磋进步。对于一切要求进步的有志青年，他总是从心底里喜爱他们、不遗余力地帮助他们：教课、赠书、改稿、审稿、推荐发表、回答来信来访……他曾以自己父亲潘之赓的名义，与其妹潘家英共同在绍兴一中设立"潘之赓奖学金"，专门资助成绩优秀的贫困学子。以其名字命名的"潘家铮奖"，面向全国的水电水利工程师、科学家，激励水电水利领域的杰出工程科技人才积极投身水电建设事业。2008 年，由中国水力发电工程学会和中国水电工程顾问集团公司联合倡议发起，建立了以潘家铮为名的浙江大学教育基金会潘家铮水电科技基金，简称"潘家铮基金"，奖励对水利水电有贡献的学生。每一次潘家铮都亲自写来贺信，表达对未来人才的期许和祝福。清华大学百年校庆前夕，他对清华学子提出期望："步入清华园读书是每一个莘莘学子的梦想！你们看到了祖国的伟大复兴。你们是最棒的。在此我提出三要：一是要有爱国心，每个人可以考虑自己的事业、琐事，但是底线是爱国。如果中国不发达，中国不复兴，其他人就没有指望了，甚至连海外华人都没有指望了；二是要有事业心，要相信水利对国家民族的振兴的重要性，要顶住困难，克服困难，并战胜困难；三是要有进取心，要在前辈的基础上有所改进有所创新，有所发现，有所发明。不要有浮躁心，一分耕耘，一分收获。勿投机，要重应用。学术要端正。三类人做不得：骗子，小偷，强盗。锲而不舍，功到自然成！"

潘家铮才情四溢。在水利水电事业之外，他始终情系自己的文学爱好，他忙里偷闲，把自己的水电生涯凝诸笔端，写出了《春梦秋云录》。他把文学比作自己的初恋，"深情永远"，而工作则是"先结婚后恋爱"。工作之余，他常是一卷相随，自得其趣。他孜孜不倦在研读中国的正史、野史、名家的文集、诗集，稍有余暇余款，总是要钻到旧书店中去搜寻他心爱的旧书。他有喜怒哀乐，总要抒之于文，寓之于诗，先后写了《新安江竹枝词》《读报志感》《蓼莪吟》《锦屏诗稿》等诗作，还在博览众说的基础上，写成一部《积木山房诗话》。

对文学的热爱也体现在他对科学传播和科学普及的热情上。潘家铮致力于科幻小说本土化、世俗化和教育化，是中国唯一一位院士科幻作家。曾出版过《千秋功罪话水坝》《潘家铮院士文选》《一千年前的谋杀案》和《偷脑的贼》《老生常谈集》等多部科普著作。他的作品构思巧妙、想象大胆，科学性严密、人情味浓，文笔生动凝练，语言幽默调侃，选材和描写不落俗套、令人惊心动魄、遐想联翩，在传播科学精神和知识的同时，也涉及社会生活的方方面面，深受读者喜爱，被称为"社会科幻小说"。

20世纪90年代初，潘家铮与友人探讨机器人仿真问题，担忧机器人会威胁人类的生存。他以此新题材写了科幻小说处女作《康柯小姐的悲剧》，表达自己积存心头的想法，受到广泛关注与好评。1993年8月，他又出版了科幻小说集《一千年前的谋杀案》。1997年，他撰写的科幻小说集《偷脑的贼》荣获2001年度全国优秀科普作品奖一等奖和国家图书奖提名奖。2006年，中国少年儿童出版社推出的《潘家铮院士科幻作品集》，于2007年被授予中国新闻出版领域的最高奖——首届中国出版政府奖。

潘家铮曾多次在不同场合呼吁，科学家和文学家都应当支持科幻事业，依凭渊博的科学知识和生花妙笔创造出更能引人入胜的高层次科幻作品，寓教于读，寓教于乐，使孩子们读后能够扩展胸襟、增长知识、识别善恶、热爱科学。他提出我们国家比其他国家更需要科普与科幻，因为"科幻不是梦想，不是空想，不是神话，而是有科学根据的幻想，是一种超前于现实但在将来——哪怕是遥远的将来能够实现的事实"，好的科幻作品能够预先描绘科技发展的方向和成就，启发读者的想象开拓能力，树立和坚持钻研科学的决心，还能通过阅读得到精神上的享受与觉悟上的提高，比说教式的科普读物更容易让人接受，产生"润物细无声"的效果。他提出目前年轻人的思想中存在故步自封、墨守成规，思想不活跃，创新与创造意识不强，内心浮躁、想入非非，总想突发灵感、一鸣惊人，不愿做艰苦的基础性的工作等问题，认为科普和科幻创作需要并重兼行，"既有利于人们解除思想枷锁、敢于超越现实，但又不致误导人走上'幻想联翩、不务正业'的错误境地"。

他总结自己在科幻小说写作中有四条原则：第一，少写太离谱的、近乎空想的内容（如在银河系外与外星人战斗等）。他比较喜欢从身边现实生活中去找科幻题材，使作品具有更多的真实感和亲切感。第二，科幻应有一定的理论根据，今后（哪怕要在极其漫长的时间后）确有可能实现。第三，通过科幻小说，尽量使读者能够了解一些科技发展的前沿和一些具体的科技常识，哪怕只是用了一些名词或者概念也好。第四，注意在小说里描写人间真情和善恶斗争，针砭时弊，使读者特别是青少年读者了解科技发展既能造福于人类，也能引起祸害。他曾幻想"如果有一本书，上半册是一篇引人入胜的科幻佳作，下半册是一篇优美的有关学科的科普作品，使人在翱翔于幻想的天界后，再受现实的科普洗礼，知道幻想与现实间的差距和障碍，知道为战胜这些障碍要付出多少汗水和多大的代价，知道在攀登科学高峰时没有捷径和秘诀，更不可能无中生有和不劳而获，该有多好！"这也是他关心科学人才培养和教育工作的一个切片。

他是中国水电事业的"当事人"，以开发水电、实现西电东送为平生夙愿，主持了中国几十座大坝的设计与建设；他是三峡工程论证和建设的"当事人"，工程建设的每一个节点，面对各种疑虑，他坦诚相见，力排众议；他是自己人生的"当事"人，80多年的人生旅途，他把对科学理论的研究、水电建设的实践和文学创作的追求做到了极致。

绍兴风物赋予了潘家铮丰富的文化情怀，他一直钟情故土山水。20世纪末家乡整治浙东运河令他欣喜不已，为此撰书诵赋，其赋激情奔放，爱乡、恋乡、诵乡、咏水和为古越文化自豪的感奋之情跃然纸上。其赋名《浙东古运河整治纪盛》：舟船辐辏，纤道蜿蜒。工商并茂，河海相连。新容旧貌，碧水蓝天。懿欤盛世，欲赋忘言。

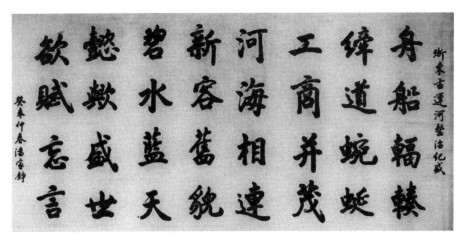

潘家铮院士撰并书《浙东古运河整治纪胜》

后　记

　　本书是浙东运河历史文化丛书之一，也是绍兴市社科课题"浙东运河历史文化名人"的研究成果。浙东运河历史悠久，在中国大运河体系中有着特殊的历史、科技和文化地位。浙东地区人文荟萃、文化昌荣，区域历史文化论著成果非常丰富，历史文化名人灿若繁星。以往关于浙东运河历史文化的研究不少，但尚未有一部专门系统梳理浙东运河历史文化名人的著作。本书在开题时，首先要解决的一个问题即如何界定"浙东运河历史文化名人"。经过课题组反复讨论斟酌，确定人物不能求多而泛，遴选标准要以与浙东运河有一定相关性为第一原则，侧重水利相关、但不严格局限于此，在关于名人的论述内容中也要求强调人物与浙东运河有何渊源。本书力求从另一侧面展现浙东运河的文化内涵与文化影响，是水利史、水文化研究挖掘与传播的新尝试。

　　本书的编写由中国水利学会水利史与水利遗产专委会组织，由谭徐明会长领衔，并由李云鹏、陈方舟、郭姝姝、王丽娟、汪毅、邱志荣、童志洪等委员或会员分工编写，全书由谭徐明、李云鹏统稿，绍兴市鉴湖研究会等在资料和协调方面给予大力支持，在此一并致以谢忱。

　　鉴于水平有限，书中不免有错漏之处，敬请读者批评指正。

编　者

2023 年 7 月 7 日

图书在版编目（CIP）数据

浙东运河名人传纪 / 谭徐明等著. -- 杭州 ： 浙江
大学出版社，2024. 9. -- ISBN 978-7-308-25266-9

Ⅰ．K820.855

中国国家版本馆 CIP 数据核字第 2024UB5000 号

浙东运河名人传纪

谭徐明　李云鹏　陈方舟　等著

策划编辑	金更达　宋旭华
责任编辑	蔡　帆
责任校对	徐凯凯
封面设计	杭州浙信文化传播有限公司
出版发行	浙江大学出版社
	（杭州市天目山路148号　邮政编码310007）
	（网址:http://www.zjupress.com）
排　　版	杭州林智广告有限公司
印　　刷	绍兴市越生彩印有限公司
开　　本	710mm×1000mm　1/16
印　　张	23
字　　数	316千
版 印 次	2024年9月第1版　2024年9月第1次印刷
书　　号	ISBN 978-7-308-25266-9
定　　价	98.00元

审 图 号　GS(2024)4446号